我有關

聲譽、財富和權勢

的簡單思索

唐諾

目錄

說明

二〇一〇香港書展，梁文道特別找了個我們兩人可抽菸的說話地方，很大一部分時間我們談一個大致已消失掉的書種，「小冊子」——原生地是歐陸，時間是感覺有事發生、人得做點事的現實風雨時日。小冊子一度是遍在的，很代表性的是昔日英國的「費邊社」，幾個熱切關注現實世界又要自己保持耐心沉靜和理智的讀書人，一本書只專注的、徹底的談一個問題，把整個世界仔細拆解開來一樣一樣對付。我記得我們還鄭重約定一起來寫小冊子，香港、台灣、中國大陸三地都各有難題且又糾結一團，當然是梁文道約我定。

我們也都曉得這並不容易執行，梁文道缺的是足夠大塊完整的時間，我缺的則是足夠的熱切之心，習慣退後半步（可能不止）、習慣旁觀，但這個二〇一〇香港約定是季札掛劍……

是以，這本《我有關聲譽、財富和權勢的簡單思索》，便是始生於那個熱天午後的香港露天咖啡座，是我始終記得要寫的小冊子（世事蜩螗，書寫題目當然一直換來換去、隨風而轉），快六年了。

只是不知道這樣是否算交差、達到梁文道的起碼要求？

簡單，是小冊子書寫的基本守則，它設定的書寫位置得更低一些、更近一點——這本《我有關聲譽、財富和權勢的簡單思索》，我於是把自己限定於一般常識的層面，沒有任何深奧的東西（說穿了，我也深奧不起來），包括書寫內容，包括文字選擇，也包括使用的實例和文本。這回，我引述的書，像《華爾騰湖》《基度山恩仇記》《環遊世界八十天》等等，盡可能選用一般人讀過的、至少有印象的（更通俗的書就真的有困難了，實在沒什麼可說可用的東西），如果這樣話還講不明白，那就單純是能力問題了。

常識，正是梁文道一本重要著作的書名（我尤其推薦他的自序那篇精采文字）。我自己這麼想——常識，從其來歷看，其實原來多是一個一個深奧高遠乃至於會嚇到人的東西，這是我們一般所說從睿智界到常識界的必要轉變，很長一段時日只存在於某人、某些人不懈的猜想、觀察、反覆思索修整之中，也是一般人們需要很久很久時間才總算弄懂或依然不太懂但安心接受的東西，像地球繞著太陽轉這一來自瀕死的伽利略（以及更早那幾位智者哲人）的今日常識便是。常識的結晶出來，因此多是結論性的，不帶著它的思索發現過程，只留其然不留其所以然，最終往往就是獨立的一句話，一個教訓，一個命令，空蕩蕩的，這個常識和那個常識彼此不銜接，其間處處是空白。

極可能不只是彼此不相銜接而已。正因為原是一個一個特定思維末端的結論東西，在這樣一個必然諸神衝突的人類現實世界裡，像源自於李嘉圖和源自於馬克思的基本常識極可能便是矛盾的、彼此吵架的，我們該聽誰的呢？當然，我們一般總是徹底實用主義的，看哪個當下合用、當下舒服或有利說哪個，但我想，我們生活中、生命裡總會有一些不好這麼混下去的特殊時刻、特殊問題（我近年來很喜歡、很有感於這句國王新衣也似的坦白話語：「台灣真的打算一直這樣混下去嗎？」），總會碰到非認真一點不可的問題，總也有需要弄得更清楚的時候。

回憶常識的生成過程，我們也許會想到更多事情，比方，常識因此可能是不足的、是錯的，是一種難以察知的時代限制，不因為有過多的人信它為真就自動正確，我們多少得警覺它可能謬誤又無礙其強大的不恰當力量；常識是需要不斷更新的，它的真正價值，毋甯在於人相信、並要自己保持明智、開放、不偏不倚的心，而不是特定哪句話，太過黏著蠻橫的常識有另一個或更合適的名字：愚行，集體的愚行；常識也是有限的，相對於人的認知進展有過早的盡頭、過早的結論，它的邊界就是人集體的公約數認知，從另一面來看是限縮的，人類真正的思維成果可遠遠不止如此；還有，我們是否也因此想起來並稍微感激為我們發覺它、最早說出來的那個人？以及不斷說明它的那些人？並因此給予今天仍奮力往更深處更正確處探問的人一點空間、一點最起碼的敬意，以及一點合情合理的支持——但不急，我們一樣一樣來吧。

認定這本《我有關聲譽、財富和權勢的簡單思索》是小冊子，把自己限制在一般常識層面上，用常識性材料工作，並時時問自己某一個很簡單但其實並沒太認真想過的問題，原來這樣的書寫也是很有樂趣的。也許我這麼說有點怪怪的，這有著某種手工匠人的樂趣，把船划好把魚釣好，我因此想到日本一位大陶藝師匠的感想：「不能一直只想藝術作品，偶爾也該燒一些日常實用東西，這樣作品才不會不知不覺變得單薄。」——這一整年，我腦中的釘子戶字詞是「稠密」，卡爾維諾想好了但來不及講出的題目（他會怎麼說呢？）。我用我自己會的方式，努力把這一個個四下散落的常識試著聚攏起來、連綴起來，找東西填補其間的空白，盡可能夯打結實，並希望它們各自「回到」自己較恰當的位置上。當這些認識和判斷、這一個個勸戒和命令不再四海皆準，縮小回它們各自原來的尺寸大小，果然如吳清源講的（「當碁子在正確的位置，每一顆都閃閃發光」），它們不僅更加明智，還帶著柔和準確的關懷光亮，是講給哪些人或怎麼一種處境時刻的人聽的。

只是我完全曉得，這本《我有關聲譽、財富和權勢的簡單思索》無法真的是一本小冊子。小冊子根本上是辯論的、說服的，有著堅決如矢的糾正企圖，而這是我不可能做到的——我很早（遠早於知道愛默森所說辯論無法真正說服人這句話）就不怎麼相信辯論和說服，我最遠只相信到「說明」這一步。就連說明都是有條件有前提的，人得對文字語言保有最起碼的信任和善意才行，並共同服膺一些傳統的（波赫士用語）、其實也就是人思維言說在悠悠時間裡凝結的「規矩」（也是其途徑），這樣才進行得下去。沒看錯的話，這正是我們此時此刻不斷在失去的東西，我們相當意義上正回返古早的部落時代，就連我們這些最抗拒、並意圖消解部落主義的人都無可避免被擠成個部落，封閉並不斷縮小的部落。

托克維爾講過這樣一番話，容易誤解但實在說得太好了：「一旦我認為一件事是真理，我就不想讓它捲入辯論的危險裡，我覺得那好像一盞燈，來回搖晃就可能熄滅。」

「所有的言詞都需要一種共同的經驗。」波赫士這句話，我注意到是寫在《莎士比亞的記憶》這本奇妙的書裡，可以很簡單，也可以很深刻——人的經驗也許指的不只是實際上經歷過的事而已，經驗的獲取和存有，仍得取決於人在事情發生當時的心思狀態、意識狀態，以及稍後的回想整理。人一直在遺忘，自然的，當然也常常是有益的；記憶則多少有勉強刻意的成分，也屢屢帶點痛楚和不堪負荷之感。所以說，就連常識也會得而復失，隨著共同經驗、共同記憶不再，背反於我們對常識只增不減、只更新不遺失的開朗習見。

那為什麼還寫呢？是啊。如今，我把人類的書寫、人類的智識成果想成某個小池子（曾經都說是大海，但我恰當的縮小了它，這樣似乎也可用來許願了），我們只是一個一個、一代一代把自己的書寫結果丟進去，單向的，不問後果後續。報稱不發生於我們單一個人上、單一作品上，這包含在一整個更大、更長時間的循環裡。也許真正的事實是倒過來的，每一個書寫者一無例外都是讀者、先是讀者，我們每個人都先拿走報償，不斷從這一任意取用的池子裡拿走自己要的，由此構成現在的一整個自己。所以，不是給予，而是要還的。

接近於一種義務。

從漢娜・鄂蘭的憤怒開始

因為渥特・本雅明的緣故，漢娜・鄂蘭對「死後聲譽」這東西憤恨不已，她確實有理由這麼生氣，甚至感覺噁心。人們在本雅明死後多年才一擁而來的那些或已超過的讚譽和崇拜（有相當比例是真誠的），要是能夠分一點到他生前，本雅明就不必如此狼狽一生，也可以不用四十幾歲就絕望自殺於法西邊界的庇里牛斯山區。當然，能幫助他救援他的不直接是聲譽，而是聲譽帶來的或說可換得的東西，一些錢，或一本護照。

諸如此類的故事我們其實還能想到許多，比方梵谷也是，還有艾德格・愛倫・坡。馬克思的喪禮當時沒有各國政要也沒洪水般湧到全世界團結起來的工人，事實上一共只有十一個人，比起耶穌的最後晚餐出席人數還少一個，也許我們該把心懷不同企圖而來如官方臥底的猶大給扣除掉，讓十一成為我們該牢牢記住的一個數字，一個有關聲譽生前模樣的歷史常數。

漢娜・鄂蘭其實還寫過另一篇文章，很容易和她寫本雅明的文章想在一起——羅莎・盧森堡，和本雅明一樣不到五十歲就死去，但這位遠比本雅明勇敢、有生命韌性的了不起女士是被殺害的，盧森堡遇害處的碑文寫著：「一九一九年一月十五日，卡爾・李卜克內西博士和羅莎・盧森堡博士遭到騎步兵衛隊的毒打及暗殺。當時已死或僅是身受重傷的羅莎・盧森堡被拋入列支敦士登橋附近的運河。」

盧森堡也有她的死後聲譽，當然比本雅明的黯淡多了，也不真誠多了：「除了在俄國革命初期對於布爾什維克政治的精確、令人驚詫的批評之外，羅莎・盧森堡所寫所說的全都沒流傳下來，而它們之所以被保留，是因為那些持『上帝失敗了』論調的人們可以將其當作方便而且完全不恰當的武器來攻擊史大林。她的新崇拜者並不比那些誹謗她的人與她本人有更多共同之處。」——這是鄂蘭對死後聲譽這東西的另一種憤怒（或者說已憤怒無效到成為沮喪了），不僅總是來得太遲，還總是不正確也不乾不淨。

盧森堡的《資本累積論》是一部應該傳世的書。有關馬克思所說資本主義將因為自身的經濟矛盾而自行崩毀的樂觀歷史預言始終全無跡象，盧森堡早早（有點太早了，太早總是只讓自己身陷困境和險境，這是通則）察覺，說出並提出她的解釋，這裡，她駁斥了黑格爾和馬克思的簡易辯證法，以為資本主義的再生產並非進行於一個封閉系統裡面，資本主義會持續向外擴張，藉由吞噬地球上的其他地區其他國度來緩解生產矛盾，也就不創造出對立面進入到所謂的革命情境（如盧森堡指出「現代無產者的確貧窮但還不至於窮困潦倒」，也就是不只剩腳鐐手銬而已）；盧森堡以為資本主義會不斷吸收外部養分來維持其順利運轉，就算談自我毀滅，那也得等到整個地球被其征服和占據之後。

一百年後的今天看，當然是盧森堡對——盧森堡總是比較對，包括對蘇維埃革命的種種憂慮，她預見了「道德的崩潰」，指出「革命的扭曲比革命的失敗更加可怕」。

時至今日，我們對本雅明的基本認識算是正確的，只是深刻度、細膩度的問題而已；但對盧森堡，一百年時間依然如鄂蘭所說的，充斥著謬誤——她依然被說成是所謂的「紅色羅莎」，一個狂暴的、動輒失控還喋喋不休的可怕女人云云。盧森堡其實是個溫柔而且沉靜的人，愛鳥、愛花，「有著單純感人的仁慈以及詩意的美好」，她對文學、對詩也有極佳的鑑賞力和閱讀習慣，所以鄂蘭說她，「只是個天生的『書呆子』，如果不是這個世界冒犯了她對於公平和自由的感受，她更甯可埋頭在動物學、植物學，或者歷史學、經濟學和數學之中」。

羅莎・盧森堡最堂皇的墓誌銘出自列寧，這是非常著名的一番話並已成歷史掌故：「讓我們以一個古老的俄國寓言來回答：一隻鷹有時候飛得比雞還低，但是一隻雞永遠飛不到鷹那麼高。羅莎・盧森堡儘管有錯誤，但是她過去和現在仍然是一頭雄鷹。」但有趣的是，盧森堡自己選的卻是另一隻鳥，尋常的大山雀，一九一七年二月她在柏林的監牢裡寫給瑪蒂爾德・雅可布的信：「我的墓碑上只能寫兩個音節『zwi-zwi』。這兩個音節就是大山雀的叫聲，我能夠模仿得很像，一聽到我的聲音，牠們馬上就會飛來。您想想看，這兩個音節往往像閃亮的鋼釘一樣直率而平淡，而從最近幾天以來則帶有一點膽小的顫音，一點細微的胸腔音。雅可布小姐，您知道這意味著什麼嗎？這是即將到來的春天輕輕吹來的第一縷氣息——儘管備受冰雪和孤獨之苦，但我們（大山雀和我）覺得——春天來了！如果我因為煩躁活不到那一天，不要忘記在我的墓碑上刻『zwi-zwi』……除此以外什麼都不要寫。」

大山雀羅莎・盧森堡，一八七一年三月五日生（所以是南魚座人），一九一九年一月十五日死。

千萬不要誤會漢娜・鄂蘭的憤怒，她不是要砸毀聲譽這沒用東西，剛剛好相反，她在乎而且護衛。鄂蘭完全知道這關乎著、牢牢繫著多少極重要的東西，包括基本真相，以及隨真相而來的歷史公平正義講究，還有，只有憑藉著盡可能正確宜當的聲譽，我們才能記得、找到某一個值得記住的人，以及他的作為和作品云云。正因為這樣，鄂蘭不免心急了起來——這一切不能早點完成嗎？趁著他還活著時，讓他安慰的知道自己做到了什麼，可以的話，也讓他過得稍微好一點，凡此。

消逝中的死後聲譽

這裡，我們可能也會多留意到一件事，那就是這種生前幾乎無人識得、死後哪天（幾年、幾十年）世人才突然恍然大悟進而驚動、撼動一整個世界的悲傷例子，好像都不免有點「古老」，比方本雅明之後你還想到有誰？至少該給我們一個名字吧，這好像意味著事情有變，有東西在離我們遠去。

聲譽、財富、權勢（玩紫微斗數的人稱之為科、祿、權，人命盤上三個熠熠發亮的點，誰全都擁有便稱之為「三奇嘉會」，意思是最好命的那種人），其中最飄忽不定的應該就是聲譽了，而且還步履蹣跚。權勢和財富都在人生前完成，是活人的東西；只有聲譽，很長一段時間人們普遍相信是人相對短促生命一場盛裝不下也確定不了的，只能和其他我們自知做不完、窮盡一生想不清楚的事一併交代給後世。這不來自於猜測，而是來自於數不清幾乎沒例外的實證。於是，「真正的」聲譽既是死者的殊榮，也同時意味著某一「真相」的終於水落石出，是歷史大河裡結晶打磨出來的某一成果及其奪目光芒，這個人讓我們得著它所以理應讚譽，或我們把它歸給這個人，為的是確認、保有這個珍罕成果。

聲譽的此一時間延遲本質，不同時代不同生存地方的人們用各自的話語重複來說，每個人類學者幾乎都能在他研究的社群社會裡找到相似的格言（意即每個社會皆要求自己深深記住此事），像我們習慣說蓋棺論定（也不免伴隨著或深或淺的狐疑，真正能論定嗎？），英國人則說「真相是時間的女兒」，真相由時間孕生下來（但也會不孕或流產嗎？），已到此一世紀今天，我們仍會讀到諸如此類的審慎提醒：「不應該在媒體迅速反應的『非法法庭』中評判它，而是應該在緩慢的歷史法庭中心平氣和的考慮所有可以利用的證據。」

如果說「死後聲譽」確確實實是在消逝之中，那必定是：或一、我們已發展出更強更有效率的辨識能力了，我們已能趕在人還活著就把聲譽贈予他，不必再惹漢娜・鄂蘭生氣了；或另一，我們已取消了（他者）、放棄了（自己）「死後聲譽」這東西，看穿了它的虛妄（「都是捕風，都是虛空」——《聖經・傳道書》），連同我們對身後世界種種的大量取消和放棄，我們傾向於相信人死後是沒知覺的。年輕時候的小說家張愛玲曾俏皮的說出名要趁早啊，得趕在年輕時還能享用它時，等人不能動了不能談戀愛了不敢吃這吃那再出名有什麼意思呢？不是虛空到真的就只剩虛榮了嗎？是的，聲譽對老去的人已用途不大（意即換取不了什麼可用的東西），多想下去還感覺有點猥褻，更何況已經死去、什麼都用不著的人。

會是哪一個呢？還是兩者都有？

說的是死後聲譽，其實我們能想的當然還是活人的世界，漢娜・鄂蘭的憤怒顯然也是發向活人的世界，可以計較的事情全發生在活人世界裡。

補充一下。我們也能試著這麼看——聲譽、權勢和財富，理應各自對應著三個思維、工作領域，分別是歷史學、政治學（也許已轉向大眾傳播）和經濟學（也許已是金融了），我們從這三個領域的冷熱消長，便再清楚也不過的看出聲譽、權勢和財富的現實相關變動；如果有人反對這一對應而且言之成理，比方說聲譽哪能再歸屬於歷史，明明也已取決於大眾傳播了，那更代表著我們對聲譽、權勢和財富的基本認知必須大幅度修改才行，比方這三者是否已不能平行並置了，而是呈現出某種附從、依存關係。

歷史，在我們活著的世界裡，比諸政治和經濟當然早已是個冷去的、沒落的領域，就不用再去比大眾傳播和金融了，誰要看不出這個，很難相信他仍是個活著的人。

契訶夫的笑聲

截斷時間，讓聲響僅止於活人世界會是怎樣？

漢娜・鄂蘭的憤怒，在一百年前的契訶夫小說裡化為一陣笑聲。這篇小說名叫〈發現〉，是一八八六年他二十六歲時的作品，講五品文官工程師巴赫羅木金活到五十二歲，「像被蛇咬了一口似的」，忽然發現自己原來有極不尋常的繪畫才分，搞不好還能寫詩，他於是陷入了半天時間的連續沉思和想像裡，從那個黃昏一直到入睡。

活著時的聲響模樣。

契訶夫數以千計的短篇小說一向焦點集中直指核心，像是一次只處理一個問題，這有點笛卡兒乃至於羅蘭・巴特的味道（為什麼不可以把蓬鬆混亂的人生徹底分解開來，每個點都單一是一篇小說？）。但契訶夫通常會多寫一個「開頭」，興也，觸發也，先從某一件確實常會發生的意外寫起，由此轉入的小說遂只是人尋常生活的偶然一道岔路、一次奇想、一個水花，乃至於只是個夢。其戲劇性不損害也不替代人日復一日的真實生活，再怎麼放聲大笑都無妨，也因此小說如此自由，就像我們不講出來、人們也無從察知的時時刻刻心思自由流動，就像我們內心裡的笑聲。

巴赫羅木金在那一天午後誰家舞會上遇見了他二十年乃至二十五年前愛上過的一名女子，但昔日美人（「她就能用笑容把一支正熄滅的蠟燭重又點燃」）如今是個乾瘦、虛弱、又喋喋不休的老太婆了。「這真是豈有此理，任什麼凶惡的意志也不能像大自然這麼糟蹋人。要是這個美人當初就知道日後會變得這麼猥瑣不堪，她會嚇死的……」巴赫羅木金一邊這麼想，一邊隨手在紙上畫，便是在這一刻，他發現自己竟然極傳神的畫出來那個他愛過的、如今只存於他記憶裡的美麗女子頭像，稍後，他又畫出她如今的老婦頭像。

由此，巴赫羅木金（由僕人侍候，吃下一整隻松雞，喝了兩大杯昂貴的法國布爾岡紅葡萄酒晚餐後）跌入一種渾身軟綿綿的沉思裡，雲端夢遊般的想像如果自己當了畫家或詩人會是怎樣一種光景——他先想到的是自由，可以過一種不尋常的自由自在生活，「不受一切官品和勳章的約束……而且只有出類拔萃的人物才能評斷他們的活動」；然後，是榮譽和名望，「不管我在機關裡的工作多麼出人頭地，也不管我爬到什麼官品，可是我的名望越不出這個螞蟻窩……他們就不同了……詩人或者畫家，心平氣和的睡覺也罷，喝得醺醺大醉也罷。反正連他自己也不知道，在城裡或鄉下，總有人背誦他們的詩，或者觀賞他們的畫……誰不知道他們的姓名，誰就會被人認為缺乏教養，無知……Mauvais ton……」

最終，在巴赫羅木金躺上床那一刻，這幾小時的想像彷彿凝聚了、完成了，剪接成這樣一個完整而且具體的連續畫面出來，像一部真實紀錄片——這時候他，畫家或者詩人，正在黑夜裡一步步走回家去……有才能的人往往沒有馬車，那麼不管你願意不願意，只好步行……他，這個可憐的人，就一步步的走著，身上穿著褪成紅褐色的大衣，說不定連套靴也沒得穿……公寓門口有個看門人，這個粗魯的畜生開了門，看也沒看他一眼……在那邊，在社會人士當中，詩人或者畫家的名字受到尊崇，然而那種尊崇卻沒給他帶來什麼好處：看門人並沒有因此客氣些，僕人們也沒因此和氣些，家裡人更沒有寬容些……他的名字固然受到尊崇，可是他本人卻遭到白眼……如今他筋疲力盡，飢腸轆轆，終於走進他又黑又悶的房間裡……他想吃點什麼，喝點什麼，可是嗚呼！松雞和布爾岡酒都沒有……他睏倦極了，連眼皮都合上，腦袋都耷拉到胸口上了，可是他的床又硬又冷，大有旅館的味道……他得親手給自己倒水，親手給自己脫衣服……光著腳在冰冷的地板上走來走去……最後他不住的顫抖、昏昏睡去，知道他沒有雪茄，沒有馬車……知道他書桌的中間抽屜裡沒有漢娜勳章和斯坦尼斯拉夫勳章，下邊抽屜裡也沒有支票簿……

已經是夢話了，巴赫羅木金舒舒服服的睡著了：「去他的！去他……的吧……幸好我年輕時沒有那個……沒有發現我的才能……」

有趣的是，二十六歲已看到此一事實的年輕契訶夫，居然日後還不疑也不懈的繼續書寫下去，有偏向虎山行的毅然而然味道，他不是也該趁早改行嗎？

一個預言性的時代真相

這篇小說乍看有點奇怪。一八八六年，還叫俄羅斯，還是沙皇統治，也是讓E．M．佛斯特讚歎「全世界最會寫小說的幾乎全是俄國人」的那個時代，彼時俄國的大書寫者不都是過好日子的人嗎？比方普希金、托爾斯泰、屠格涅夫、赫爾岑等等，就連杜斯妥也夫斯基本來也不是窮人，他也許有過小說中所描述的那種生活甚至更慘，但那是他不節制的生活方式、他近乎自毀的性格使然。

倒是因為契訶夫的這篇小說才讓我們察覺此一事實真相——原來舊俄這些大書寫者高當時人們一大截的特殊生活，是來自於本來就有的、世襲的財富和權勢，是有閑但聽從某種異樣召喚的富人貴族去寫詩寫小說，而不是寫詩寫小說的收入及其聲譽讓他們搖身成為富人和貴族。指出此一時代真相，我們這裡絕無一絲一毫嘲諷輕蔑之意，事實上，我以為這些人是了不起的，他們原本可以繼續累積財富和權勢，但他們各自看到了某些比個人財富和權勢更重要也更迫切的東西，生命遂從這裡岔出去，走上某一道有種種不可知風險、甚至再回不了頭的人稀之徑，可能指向流亡和死亡（如赫爾岑），也可能直下最底層過那種一無所有的生活（如親王身分的克魯泡特金），至少，今天我們慣看的財富中人、權勢中人還有誰這樣？托爾斯泰的《復活》，說的正是聶黑留道夫這個年輕貴族的「懺悔」，只為了營救被不公義審判被放逐到西伯利亞的妓女卡莎佳，拋開一切直追進那個冰封、窮苦、絕望人們的世界裡，這樣的故事今天不能再寫了，因為不成立，我們會說這太假了，太一廂情願、太戲劇性到難以忍受，就連電視肥皂劇裡都不存在這種人這種事。

這也可能讓我們想到，同為財富和權勢中人，老貴族和資本主義新富豪可能還是大有不同的，就像馬克思和恩格斯在《共產黨宣言》裡指出的那樣，還是有不少好東西在這一歷史替換中掉落了。李維-史陀也說，資本主義時代最明顯的現象之一便是人「美德」（他真的用美德這個古老板正的詞）的不斷流失——資本主義對它的獲利者從不做任何其他要求，唯一的教諭便是繼續投資、擴張、賺錢。

契訶夫是百分之百的窮人出身，在今天還看得到的書信集裡，我們反覆看到他計算著稿費收入，一行幾戈比云云，他於是比任何一個當時的書寫者更知道詩、小說乃至於聲譽的真正物質價值。而這也成了歷史預言，每個國家每個社會步伐不一，但遲早都會走到這裡，顯現此一真相：一個，套用昆德拉的話，後詩、後小說、後聲譽的時代。

愈來愈不可能掉入的陷阱

如此，我們知道了，何以巴赫羅木金的發現「像被蛇咬了一口似的」——這蛇同時也是第一條蛇，《聖經・創世記》裡那條蛇。正確來說，不是蛇咬，而是被蛇誘惑去咬了一口讓人眼睛明亮起來的禁忌之果，對活於財富和權勢伊甸園的人來說，這是不赦之罪。

契訶夫本人，窮了一生，他祖父仍是農奴，父親自由了卻是個破產逃債的卑微小商人。契訶夫十六歲到莫斯科，做兩件事，一是念醫學院，一是想辦法賺錢寄回去養活一家老小兼還債，一直要到四十歲以後才算緩緩從貧窮掙脫出來，但他的人生很像那種破爛連續劇裡的好人，受苦受冤二十九集多，最後五分鐘才平反獲得幸福，令人生氣的在幸福終於到來那一刻戲就結束了，這樣誰都想當壞人不是？——契訶夫只活四十四歲，死於肺病痼疾，在那個冰天雪地的國家，這是一種窮人病、社會病。

但真的很少看到精神上、心智上這麼明亮健康的人（契訶夫因此是我生命裡最重要的自憐自傷醫治者），若說絕無僅有只他一個，會不會太沮喪太犬儒了些？契訶夫認真、謙遜而且寫的東西充滿笑聲，溫暖的開心的笑聲，像花乾乾淨淨開在最陰濕髒污的角落——他是最摧毀佛洛伊德不實理論的人，童年那一堆（還不只一個、一種）所謂的創傷經歷，只是他寫小說的源源不絕堅實材料，他用來理解別人同情別人，看懂其他那些貴族出身小說家不易看到也不易看懂的廣大俄國下層世界，「化為幸福的詩歌」如波赫士所說的文學工作。唯一致命的一處創傷在肺部，也真的要了他的命。

契訶夫一直是我最喜愛的小說家，這話後頭若加上「之一」，也不超過五個（張大春則說是三個，他也極喜愛契訶夫）。我不常談論他的小說，只一直反覆讀他的小說如一個生命友伴，好看而且維持心智健康。尤其近幾年，我已遠遠安然活超過他的全部年歲，是個比他年紀大的人了，更感覺這個年輕人真是了不起。

嚴格來說，契訶夫比本雅明「不幸」多了，這意思是，他的不幸是生命本身的不公正，本雅明則多多少少該為他的如此人生負點責（性格，以及行為）。契訶夫從不拿自己的不幸去揮舞，不是那種我窮過（老大，那都三十年前了）所以我貪婪有理；我被「傷害」（更不止四十年了）所以可以耍賴、可以合理化自己的惡行。契訶夫甚至沒看不起這樣的人（很慚愧，這我實在就做不到了）。

巴赫羅木金真正發現的，也就不止於自己錯失的天分而已。這個發現持續前行柳暗花明，從一個某一天的白日夢緩緩掉頭回到現實人生裡，還發現了我們其實也不難自己發現的更多東西——包括這個，巴赫羅木金推絕了誘惑，如同什麼事也沒發生的繼續他五品文官舒舒服服人生。一百五十年後的今天，我們也沒看到有誰真的落進這個美麗陷阱，而是完全倒過來，更多年輕時日就知道自己寫詩小說不凡天分的人，奮力從中掙扎出來，奮力走向巴赫羅木金五品文官式的新人生，為年輕的錯誤發現做出彌補，正因為起步慢了，往往更積極更堅定也更敢。

進一步，財富和權勢的擁有者，大都想望並積極培養兒女接班（還好不一定成功），子子孫孫永寶用，這是財富和權勢「世襲化」傾向的最根本推動力量；但是，我環顧我周遭這一干了不起的書寫者朋友，能做得到的話，全都努力不讓下一代繼續自己的路，這有點令人悲傷，會是竟然不相信自己一生所做的這件事嗎？應該還不至於，但一言難盡——

人們的行為如此一致，可能就無法用個人抉擇來解釋，甚至難以訴諸單一特殊社會，這裡必定有更恆定更經常的道理存在。

幸福以自身為目的

老年的波赫士這麼說，文學工作，是努力把人世間的不幸一一化為幸福的詩歌，而幸福是以自身為目的。

這話本來是近乎自明的基本道理，但愈來愈像是勸告和提醒。

幸福以自身為目的，意思大約是，幸福才是最終的，是真正落回到人身上，是完成了、不再外於我們的一種「美好的狀態」，舉凡聲譽、權勢和財富都不是或還沒有；也是說，幸福不必再轉變為、或說用來換取其他東西，相反的，是其他東西應該（自然的，但也得是明智的）轉為幸福，成為有助於幸福的某種東西，就像雲化為雨水降到大地。

波赫士的話，如果我們聽出來其中的勸告、提醒成分，那必定是，要我們別只停在、糾纏於那些猶待換取的、還不是我們人身可直接「吸收」的雨雲狀東西半途；還有，提醒我們事情不只如此，人需要的遠遠不只是物質性的東西而已，否則我們今天還憂煩些什麼呢？就物質的種類、數量和品質而言，我們這個時代即便不在天堂，至少也已經來到人類歷史上最靠近天堂的地方了（當然，也還有諸多不屬於天堂之地，還存在煉獄和地獄），可我們仍得解釋並且處理，我們的確有著人類歷史未曾有過的普遍憂煩、躁鬱和茫然，屢屢感覺這也是個離幸福最遠、人連過生活都不大會的時代。

波赫士說詩歌幫人們處理不幸，詩歌也是讓人幸福的必要之物，這在今天聽來也許古老而且有點好笑，但其實是真的，只是不容易了而已——倒過來說事情就明白多了。人無法拒絕不幸，如古希臘人相信不幸來自於喜怒無常的天上諸神，人只能設法忍受、處理時時襲來的不幸，如果能夠的話，最好還能讓不幸生出價值來，成為某種有用的生命材料，這正是詩歌對不幸的「處理方式」，所以古希臘人才進一步這麼講，「諸神在人間創造種種不幸，為的是讓詩人有東西可歌詠。」這當然不是一句風涼話，而是身處不幸之中的人所奮力認清的一個道理。

丁尼生也這麼說過：「所有的悲傷都可以忍受，如果你把它們放在故事裡，或是訴說一個關於它們的故事。」

不幸成為生命材料，就有著不完全一樣的意思及其形貌了。人，尤其是工作者，對材料有種自自然然的特殊體認，相當程度能承受它的髒污、沉重、糾結和傷害，材料甚至是人該自己主動去找尋、發見和搜集的（由此從一己逐漸及於他者，進入世界）。因為它是「有用」的，生出了價值，還生成了種種我們難能從別處獲取的理解和意義，悲慟也許只是必要的代價，甚至是一道獨特的、深刻的小徑，引領人走到尋常日子裡挖開不了、抵達不到的某一點，遠方，或身體深處，人也就不只是單純受苦而已。不幸，尤其在工作完成、成品出現那一刻，會只是一個個回憶，一個個被包裹起來已沒有鋒利稜角的東西，只剩沉沉的重量。弘一法師臨終寫的那四個著名的字：「悲欣交集」，這是相當相當準確的幸福模樣描述。

波赫士說詩歌讓人幸福，更多指的是閱讀、吟誦詩的人而不是寫詩的人，吟誦的人以較少受苦的代價，得到幾乎完全一樣的成果和安慰。

我們覺得古老，也許只是普遍遺忘了這門久遠的處理不幸手藝而已，不再講究，不再相信，也就不會了。

波赫士命名為〈幫凶〉（詩人是大自然不幸的幫凶）的這首詩有這幾句：「我承受著宇宙、屈辱、歡樂的全部重負。／我應該為損害我的一切辯解。／我的幸與不幸無關緊要。／我是詩人。」

人們愈來愈把幸福單一賭在物質上，這有其道理，但顯然並不夠。

所謂的絕對需求

How do you catch a cloud and pin it down——押在物質，也就是人最根本的生物需求上，我們便得問，聲譽、權勢和財富這三朵雨雲，哪個離地最近？

在契訶夫〈發現〉這篇小說裡，巴赫羅木金原本以為擁有了畫家或詩人那樣的聲譽直接就等於幸福，但在睡著之前他終於成功的看出這兩者的距離了，而且，這之間有一個失落的「環節」，那就是財富，或直接說就是物質性的種種東西（松雞、布爾岡酒、溫暖的房間、軟的床、馬車、雪茄、支票等），似乎是說，聲譽要兌換成可享用的人生幸福之前，可能得先通過兌換為財富這道必要手續才行，至少有一部分非得如此不可，這是幸福的「兩替」基本規則裡最森嚴的一條。

這極可能是非得承認不可的一個真相，韋伯所說「不舒服的事實」，不承認它處理它，所有我們對人、對世界的進一步善意設想不免都顯得輕佻——在所有可能轉換為最終幸福的好東西裡，財富的確是最靠近幸福的一個，最先的，也是涵蓋面最廣的。承認它，我們才能看得懂很多事包括可能的未來，尤其是聲譽、權勢和財富的逐步統一趨向，當然是以財富為核心，由財富來統一。

至少有一部分非得先兌換為物質性財貨不可，這就是人生存所需的東西，經濟學稱之為第一類需求，或更加重語調稱之為絕對需求，如凱因斯所說的：「人類的需求可能是沒有邊際的，但大體上能分為兩種，一是人們在任何情況下都感到不可或缺的絕對需求；另一是相對意義上的，能使我們超過他人，感到優越自尊的那一類需求，即滿足人優越感的需求，很可能是永無止境的……但絕對需求不是這樣。」

超出絕對需求的「多出來」部分，便是經濟學家所說人可以「自由支配」的部分，或直接簡稱為自由。

但這個自由支配的部分，依凱因斯所言，卻一直被限制被導引，投入（應該可用「投入」這積極一詞）到「能使我們超過他人」的競爭之中——凱因斯說的完全是事實。

往上去就是自由

「絕對需求」這道森嚴到無可商量的界線，從古至今一再被人類意識到如陰魂不散，包括才不過半世紀前的馬丁·路德·金恩博士，這個有著黑人自由集體大夢的人，在成功爭得美國國會通過全美各州適用的「民權法案」之後，毫不自我陶醉的第一時間就把目標轉向經濟，以為工作遠遠沒完成，黑人自由的下一個障礙是財富。他太熟悉那種擠在貧民窟裡、宿命般毀滅於罪惡大街的遍在黑人家庭，法律也許已保障（或說還給）黑人可以自由搭車選座位、進游泳池（美國一直是游泳項目的全球霸主，但相較於其他運動項目甚至是最貴族味的高爾夫球和網球，至今仍未出現任何一位像回事的黑人游泳選手，這可能無法只用生理條件來解釋）、進餐館、進百貨公司，「梅西百貨的大門為每個人而開——」，破折號後面當然是：只要你付錢。

很可惜，金恩很快就被個白人瘋子暗殺，大夢未酬；但也可能因此避免了失敗，畢竟，作為自由的障礙，這真的比讓美國國會通過民權法案要難多了，財富遠比權勢難對付。

吾之有大患為吾有身，老子說的是這個身體的存在，也說的是維持這個身體底線也似的絕對需求，無法用思維、用意志、用精神力量、用某種大徹大悟來替代；豁達、自由自在而且精神狀態強韌如莊子，也有他實在撐不住的時刻，據說他不得不去跟他的老朋友惠施要過這些東西，並把自己說成是一條困在乾溝裡、亟需一點點水好活命的魚——這最低數量的水，就是「在任何情況下都感到不可或缺」的絕對需求。

這道以絕對為名的界線分割得如此森嚴，讓人沮喪、痛苦，但另一面來看，卻也讓人感覺簡單、乾脆，目標明確如靶而且充滿希望——如此，不也正是說人類問題的關鍵，就在於讓人們滿足這個絕對需求嗎？只要做好這件事，往上去，就不是我們必須太關心甚至太關心不見得好的事了。納瓦荷族這麼說一種人：「他就是那種教羊吃哪一種草的人。」

人掙斷生存鐵鍊，自由了，依據個人資質、能力、心志和興趣云云，頂多再加上運氣成分，能走多遠，這任何進一步的成就都是「多出來」的、錦上添花的。自由自在如四面八方而去的個體，和因此自自然然不斷豐盈起來的人類集體世界，不緊張、不勉強、不矛盾、不存在非怎樣不可的種種壓力以及誘導欺瞞——卡爾・馬克思是最接近這樣思維的人，這個屢屢掉落於生存線以下、看似狂暴陰鬱的大思維者，其實內心樂觀安詳。日後的社會主義者最關心分配問題到已成其旗幟，一如另一側資本主義者總奉發展為名，但馬克思眾所周知的幾乎不談分配，不需要談分配。簡易一點來說，馬克思是對人類生產力進展最富信心的人（相對於最陰森、悲觀、感覺盡頭已不遠的馬爾薩斯。馬克思甚至不認為得靠私有化的人的自利之心來驅動），而且可見的將來只會更快、更多、更不成其為問題（意即已超出而且勢必遠遠超出人類的全部絕對需求），出問題的只是生產關係，從結構上糾正這個即可（從原理層面技術層面就可完成，所以也就不必動用道德力量）。馬克思因此也不費心描述未來的理想世界模樣，他只模糊的（或輕快無比的）說上午寫詩下午釣魚云云，以某種接近「嗜好」的方式，勞動的大量「剩餘」讓勞動彷彿也個人化、嗜好化，意思是人全然的脫困和自由，也幾乎是無可限量的，人人釋放出他的全部可能，這豈是我們現在能夠、應該預想的？馬克思沒有任一幅未來的烏托邦圖像，但也可以說，他有著人類從沒有也再沒有的最好烏托邦圖像。

孔子、子路、顏淵

這裡，我們把聲譽、權勢和財富（暫時）比喻為雨雲，並不是指控它們皆華而不實，只是說「還沒下來」而已，仍是某種嚮往的形態。人們很早就經驗的察知雲和雨的關係，雲不是視覺幻象，雲實實在在帶來了、飽蓄著人們仰頭等待祈求的雨水，雲層的高低及其特定形狀決定著雨水的有無和多寡。中國的「夏」字原是巫者祈雨之舞的直接象形摹寫，和其他春、秋、冬三季的取自於大自然景觀變化（如小草萌生、如枝條結冰）不同，奇特的轉而強調人的行為甚至說行動，有一種緊張感，似乎說這是一年內三個月裡最攸關著生死的大事情，人為此不惜獻祭各種寶物，甚至殺生殺人。

當然，雨也不能下太多，那是另一種災難，人們同樣從經驗一再察知。

以雲為喻，很容易想起孔子——是啊孔子呢？他大致上怎麼想這些事？以一個兩千多年前的智者。

孔子話說得如此輕快，帶一點點玩笑性的自謙，彷彿只是言志，並沒要壓迫人說服人——富貴（財富和權勢）之於他是浮雲也似的東西，能夠的話他也很想要，只是距離未免遙遠了點，而且不自由得做些讓自己不舒服的事，因此也就有點不划算了，他此時此際還有一堆想做的、愛做的、急著去做的事。確實，他也一直是個多才多藝的人，對人充滿著好奇，實然的，以及可能的；還有，他的思維裡充滿著「他者」，有一種接近於授命性（來自上天或內心裡的無上命令聲音）的責任感，一些生命的素樸義務。

如此的輕快之感很相似於馬克思，我猜想，這有那麼一點「劫後餘生」的意味，是因為人類世界一直掙扎浮沉於這道名為絕對需求的生存線水面上下，始終無法真正安心，一次天災、一場人禍（比方戰爭或統治者增稅）、一個不運或僅僅是人自身的失慎，就又把人壓回水裡去；絕對需求沉重如桎梏，滿足它如同掙斷它、好不容易擺脫掉它，當下有一種海天空闊、人世間再無其他難事之感。

但和馬克思不一樣的是，更多時候，孔子努力在描述人掙開生存桎梏之後能做什麼，這上頭他還比馬克思審慎、理性、該說是悲觀還是實際。生存線以上就是個生存線之上才顫巍巍展開的人類世界而已，並非就是天堂——人滿足了最基本的需求，人還有諸多進一步的需求得料理得煩惱。極有趣的倒過來了，這裡孔子反而更貼近我們今天。

孔子一生，就我們有限所知，屢屢遭逢著挫敗和困阨，但此一絕對需求應該不是他的困擾（除了陳蔡那幾天），而他顯然也善用了自己這個優勢或幸運，讓他成為他那個時代做最多（種）事、行為行動如此自由到時時屆臨危險的人。

已站在生存線之上了，「士志於道而恥惡衣惡食者未足與議也。」這句話其實是極理性的。無所不在的邊際效益遞減法則，最靈敏的便在於人吃飽喝足保暖的生物性需求，其效益會快速歸零甚至成為負值（看看日本電視大胃王比賽必有的痛苦不堪畫面吧），孔子勸人別把自己綁回去，比較划算的做法應該是，把有限的生命資源如時間如心智移往其他，讓生命效益總值極大化。

若想進一步看清楚孔子對此一絕對需求底線的態度和處理，不從他身上，而是他的學生，兩個，最窮的顏淵，以及最孝順的子路——

子路的生存需求是摩擦性的、一時的（這麼說會不會有點不敬？），因為年老的父母得奉養。孔子講，這種時候二話不說去找工作去賺錢，而且對工作別挑剔別選擇，天大的事也得先忍著擱著。不誇張不矯情不委屈、悲憤、說東說西，也沒說生命就只限於這樣、永遠這樣，事情儘管不免相互限制妨礙，但耐心點細膩點，仍是可以兩全的，最重要的是，別成為藉口。

顏淵則自身是堪堪浮出於這一生存水面的人，讓人看著害怕，漫漫人生，畢竟總有下雨的日子。「一簞食一瓢飲，人不堪其憂，回也不改其樂。」這說的已是一道不能再底線的生活底線，接近最嚴格意義的絕對需求；也說的是顏淵自己的選擇，包含他的不豫備，連憂心都不必、都是浪費的。依《論語》，顏淵並不是那種好而笨的人（曾參也許還比較像這樣），也不至於是那種拙於其他一切的亞斯伯格人，他的聰明看得出有極機智靈動的亮光成分，往往還帶著頗凌厲的鋒芒（一不小心就割到一旁的子路和子貢，這發生不只一次），要說不能過稍稍像樣安全的生活是不可思議的。孔子最喜歡他的專注，幾乎是佩服了，那樣寧靜、澄明、無雜質無陰影的鏡子一樣的心思狀態，還非常持久，穿透了日月星辰流轉；孔子以為這無人能及，可能包括總是憂心悄悄的自己。

如果我們（理想的或武斷的）直直劃下這道所謂絕對需求的線，讓人在界線之上得著完全的自由，最接近這樣的人可能就是顏淵——很可惜這裡有一個破口，那就是顏淵早死，不能說一定和他的生活方式有關（諸如營養不良什麼的），但人總難免這麼嘀咕，特別是覺得自己有點嚮往又自知做不到時。

兩個立即可見的困難

到這裡，至少已經有兩個大問題了。

其一、如凱因斯那樣，在概念上我們熱刀切奶油般很容易劃下這道絕對需求之線，以接近數學線的模樣，但回到我們每個人的實際生活裡卻不是這樣——所謂維持生命基本所需究竟是什麼意思？一杯淡水河裡直接舀出來的水，對某個困在阿塔卡馬沙漠（號稱全世界最乾的沙漠，曾整整四百年沒下過一滴雨，天啊！）的人可能是仁慈的、符合定義的，但我們並不主張這麼做。

但丁《神曲》裡以三十五歲為人生正中央一點，是人生命之旅的折返點，寫詩當時但丁正跨過這個交界，如同詩裡他跨入地獄、淨界和天堂，所以人壽是35×2的七十歲。很長一段時日一直到才昨天（大約有個幾千年吧），七十歲大致上是人們普遍同意的正常人壽終點，再多活下去的人就稀少了，如中國人所說的。

但七十人壽其實是人類世界的，之前更長時間的生物世界並非如此。證諸考古學人類學的挖掘和田野調查報告，也佐以生物世界沒有老年、生殖能力終止大致等同於生命終點的通則，五十歲左右應該是合理的數字。而今天這個大家努力活著的新世界，我們提高到八九十歲應該不過分——所以絕對需求，究竟是維持一個使用五十年、七十年抑或九十年的身體？

其二、我們始終（也可能永遠，馬爾薩斯幽靈徘徊不去）無法說人類世界已解決、已完全脫離了絕對需求問題——還需要一一提出證據嗎？這使得進一步的討論變得很尷尬很困難，人類世界的進展從來不同步，世界是厚厚一疊化石層，同時存在著「正常人壽」是五十歲、七十歲、九十歲以及一些非活超過一百歲不可的人（基本上和財富的數字呈現高度的重疊，誰要看不出這個就太瞎了），這讓人很難暢所欲言的檢討生存線以上世界的各式棘手難題，只因為對財富現象、經濟擴張現象的必要質疑，總會冒犯到仍掙扎於生存線下的人們，腦中自動響起「何不食肉糜」（中國）「為什麼不吃蛋糕」（法國）的道德責怪聲音。而那些站在財富世界頂端的人也很懂這個，這些被他們欺負得最慘的人同時也是他們的人質，有人仍在挨餓受凍，怎麼可以不繼續創造財富呢？

誠心討論民主政治問題也是這樣。道德是強大的自我約束力量，在意它的人很難講贏不在意它的人，沒辦法，這是令人極不舒服的另一個歷史通則。

一次有關絕對需求的實驗

有一本書，其實說的就是這一道絕對需求底線，而且不光是說，還實際活給我們看；坐而言之前是起而行，是此一行動的記錄報告，也因此，書的真正說服力量不來自於其稍嫌輕快的說理，而是行動本身及其結果，坦克車也似強力的從我們的懷疑不安上頭輾過去。人果然可以就這麼過活，而且完好無缺的活了兩年之久（從一八四五年七月四日到一八四七年九月六日）——這就是《華爾騰湖》，人人熟知的一本書，寫書的「美國顏淵」是年輕氣盛、其實沒什麼隱士感倒像個拓荒者的亨利・大衛・梭羅。

「人人熟知的一本書」，是嗎？還是嗎？

《華爾騰湖》是一二次戰前猶未蛻變、仍屬窮鄉僻壤（尤其文化上，誠正的清教徒能有多少文化？）的美國少數拿得出來的東西，大致上就是霍桑和馬克・吐溫的小說，梅爾維爾的《白鯨記》和韋布倫的《有閑階級論》等等，波赫士會為我們再加三個：愛倫・坡、愛默森和惠特曼。當然，這些書和這些人都是精采的，但也是因為日後美國的重要性變得無與倫比，了解這個大國成為全世界人們的必要功課，這些書、這些人也跟著得到回溯式、補償式的注目、閱讀、詮釋和心嚮往之

（死後聲譽），不定能從中找到美國強大的奧祕。

《華爾騰湖》如今在海峽兩岸有著截然不同的處境——台灣，基本上這也是一本已消亡的書了；大陸，比方我們可從最大網路書店當當網的文學類五百大暢銷證實，《瓦爾登湖》（大陸譯名）一直雄據榜上不衰退，還好幾個版本並列，時不時衝進前十，長銷而且暢銷（出版工作者心中最美麗的賣書方式），這意思是，人們仍把它看成是那種「必須要讀的書」，包含在你生活於某個當下社會所有「必須知道、參與的事物」裡面，意識著一個公共領域公共空間，不管實際上的閱讀狀態如何（只買不看、只看了五頁，或有看沒有懂……）。說到這裡，我們也許得換一種講法才對：不是哪一本書在台灣消失，而是台灣逐漸沒有了「必須要讀的書」這種東西和這個概念。換個講法有益的把我們的注意力，從對某一本書命運的惋惜哀悼，移轉到對自身所在社會的種種確實認識，是積極的。我們可能會因此再想到，這同時意味著公共領域公共空間在台灣的持續萎弱，公共性的東西幾乎只剩市場，從實質內容的抽空開始，空洞到只剩衝動和情緒（情緒是這些年大量流出到處處淹沒的東西），不裝什麼可供繼續想下去討論下去的東西。

「真的可能這樣子一直混下去嗎？」——這是我一名老友對台灣未來的含笑疑問。這些年我們也慢慢學聰明了，不疾言厲色，不心急，不懷期待免得好像在求誰，什麼事都笑著說。

也許，兩岸並非截然不同吧，只是分別站在「當代社會」的不同時間階段而已，一如台灣也曾經熱切的或義務的買這本書翻讀這本書。說真的，我實在看不出大陸對此有什麼特殊的抵禦力以及足夠的抵擋意願，僅僅是延遲而已；而且，起步慢的通常總跑得更快，整個世界確確實實是「趨同」的。

台灣最早通行的譯名是《湖濱散記》，美得。正如這一書名顯示的，人們絕大多數把它誤認誤讀為那種田園詩的、牧歌的甜滋滋散文，包含著一堆人生智慧體悟（這是一個暢銷書種），當時還經常是中學老師推薦、指定的課外或暑期讀物，要寫五百字心得報告什麼的，誤會就可以大到這樣。《華爾騰湖》當然是很激烈的，尤其之於台灣當年的右派動員統治體制及其風聲鶴唳式的社會防堵規範。這樣左翼的、已左到無政府的思維當然是嚇人的、有毒的。回想起來，這本書之所以能夠堂皇出版，只因為出版單位是美國（在台）新聞處，站它身後的正是惹不起的ＣＩＡ，是老大哥家的東西，宣揚大美國國威用的。滄海桑田，歷史像開玩笑一樣，《華爾騰湖》原是修理美國的，其間美國政府還關過梭羅一晚（抗議墨西哥戰爭拒絕繳稅，公民不服從），但時間神奇的稀釋了它的「毒素」，至於在台灣，則是我們「讀錯了」，因為誤讀不吸收遂得以避免中毒。

這兩年，仍像開玩笑一樣，由於「公民不服從」的緣故，梭羅這個名字在台灣又偶被提起，但因為人們真正需要的只是「公民不服從」這五字咒語，不想也不願多了解什麼，也就沒幾個人真的回頭去讀梭羅那篇一八四八年的演講稿，更遑論這本書，如果看過書，這一抗爭思維絕不會只長這樣子——我看到楊照苦口婆心的解釋「公民不服從」（果然引來一堆毫無內容的純謾罵），這當然不是造反有理的宣告而已，更不是特許，它可上溯到古希臘蘇格拉底的審判，也就是說，早在兩千多年前，人們已深刻的察知這是一個非常困難而且處處陷於兩難的東西（比方法治守護和個人信念的界線及其衝突），蘇格拉底選擇飲毒芹而死，正是不願犧牲、破毀任何一邊。兩千年前的人懂得比我們今天多而且理性，這真沒面子。馬克思講，開始是悲劇，結束是鬧劇，但我更喜歡這一句：「人類歷史最終總選擇用漫畫來描述自己。」

有關公民不服從，至少看一下漢娜・鄂蘭的整理討論，時報出版——當然比《華爾騰湖》難讀多了，還有，應該絕版了吧。

「一八四五年，將近三月底，我借了一把斧頭，走向華爾騰湖的樹林，到了最接近我蓋房子的地方，開始砍一些又高又筆直、樹齡不大的白松，做木材之用。不借東西開始工作是困難的，但借東西可能是讓你的同胞對你的事感興趣的最佳方法。那斧頭的主人，把斧頭拿給我的時候，說那是他眼中的眸子，但我還的時候比借的時候還鋒利。」

東西還可以更少

梭羅在七月四日美國獨立紀念日這一天住進去，是偶然（房子大致可住人了），但也是具象徵意味、不象徵白不象徵的順帶選擇（再獨立？），完工則趕在冬天冰雪到來之前。梭羅很詳細的列了張總表，包括「板子、屋頂和牆壁用的廢木板、板條、兩扇二手貨的玻璃窗、一千塊舊磚、兩桶石灰、鬃毛、爐架鐵、釘子、摺葉與螺絲釘、門閂、白堊、運輸」等十三項支出，總花費是二十七點九四美元。列表幹什麼呢？列表是實證的告訴所有人，蓋一間房子、足以遮風蔽雨保護自己生物性存有的部分，其實有多簡單多便宜，是個示範，人人都可依樣做到（今天我們要如何解釋給他聽這已不可能了，世界變了），他顯然非常得意：「等哪天我興致來了，我還打算蓋一棟和康考特街上最豪華最奢侈的房子一樣的房子，而所用的費用不會超過現在這一間。」

再明白不過了，《華爾騰湖》不是歸去來兮從此犬馬相伴，這打開始就是一次實驗（梭羅自己的用語：「從我的實驗中——」），不是止於他一人而是有著普遍可能、帶著某種社會工程企圖的實驗，設定了目標還設定了時間，時間一到走人：「我離開森林和我去森林有同樣得當的理由。也許是我認為我有好幾種其他形態的生活要過，無法把更多時間用在這一種上。令人驚訝的是我們多麼不知不覺就落入一條慣路。我在這裡住不到一星期，我的腳就從我門口到湖邊踩出一條路來，而到現在，雖然已有五六年未踩，卻仍舊清清楚楚。不錯，我怕別人也習慣了這條路，因此幫助保持了它的通暢。地的表面是柔軟的，可以由人的腳留下痕跡；而人的心所留下的路徑也是一樣……如果你在空中建築城堡，你的工作不會白費，那本來就是它該建的地方。現在把基礎墊在它下面就行。」

梭羅在湖邊居住了兩年，整個《華爾騰湖》寫的卻只是第一年的事，如他書末下結論前一語帶過：「第二年與第一年相似。」——同樣是邊際效益遞減。這一無情法則無所不在，而且在文學書寫領域裡往往比其他任何地方更肆虐更逼人太甚。

所以華爾騰此行此舉，說是人理想生活的尋求不太對，而是人尋求理想生活的必要條件必要基礎，「我去華爾騰湖的目的並不是要便宜的度日，也不是要昂貴的度日，而是要在障礙最少的狀況下處理我私人的業務。」是以，這本書的核心思維正是——所謂真正的「生活必需品」是哪些？然後，要獲取這些必需品，可用哪一種最簡單的方式完成？最低限度得耗去人多少勞動量和生命時間？「障礙最少」是關鍵詞，人確確實實的自由，便是減去這些勞動和其時間耗損：「人在得到了生活必需的那些東西之後，除了繼續去求取這些多餘的東西之外，還有另外一種可能，那就是，現在開始向生活前進了。」

梭羅太興高采烈的筆調（更像惠特曼而不像他師事的愛默森），往往蓋住了其不得已不自由的成分（「我們可以意識到我們之內的獸類，它的覺醒同我們更高天性的昏睡成正比。這動物是爬蟲類的、肉欲的，也或許是不能完全驅除的；就像某些蟲類，即使在我們活著而且健康的時候，也占據我們的身體。或許我們可以離它遠一點，卻不能改變它的本性」）。既然是障礙，當然盡可能是減去的、排除的，如梭羅總是這麼自問自答，其實應該還可以更少更簡單，也許連房屋和衣服都不是必要的，尤其人若生活在那些低緯度的較溫暖地方；也許喝清水就行了，一樣維生而沒其他副作用，不需要酒、咖啡和茶，還有同樣會迷醉人的音樂；也許一天不必三餐，一餐就夠了，大自然裡有哪種生物恪守這規則呢；也許肉也不必再吃，儘管他暫時還做不到，梭羅喜愛打獵釣魚，但「我毫不懷疑的相信，人類在逐漸的改善過程中，將必然會脫離肉食，就像野蠻人在與更文明的文化接觸之後，不再吃人一樣」。

穀物和清水，一簞食一瓢飲，等在盡頭處的就是顏淵了。

於此，《華爾騰湖》書中最生動的一幕，便是他和那位犁著田農夫的對話，這也是我國中二年級第一次讀便牢牢記得了。我的同班同學（如今是個禿頭的退休歐吉桑）買錯了書、奮鬥了幾個晚上完全沒辦法、很慷慨送給我的——這位有見識的農夫勸告梭羅：「你不能只靠植物維生，它不能供給你造骨頭的材料。」因此，這位農夫虔誠的每天奉獻一部分時間好換取供給自己身體造骨頭的東西，他一邊說一邊跟在他的耕牛後頭，而這牛呢？全身上下全是植物造的筋骨，轟轟然前進，還拖著他和笨重的犁，什麼障礙也沒有，什麼也阻止不了。這裡，梭羅的感想正是：「有些東西，在最無助和生病的人是必需品，在別人來說僅僅是奢侈之物，又在另一些來說，根本連聽都沒聽過。」

「開始向生活前進。」華爾騰湖是一個起點而非終點，梭羅所謂的生活在還要更遠一點的地方。只是，和顏淵的故事一樣，有一個不那麼以勵來者、「看吧」的結局——一八六〇年，也就是林肯選上美國總統那一年，梭羅在野外受寒、轉為當時束手無策的嚴重支氣管炎，一年半之後病逝，只活四十五歲而已。這個年歲和考古學報告裡早期人類骸骨出土對彼時人壽的估算，相當接近，也差不多就是人類建構自身獨特世界之前的生物性天年。也許，所謂人的生活必需品還是得稍稍再加多點吧。

但無論如何，梭羅的確是個有信念而且說到做到的人，不左言右行，不是要人過簡單生活卻自己活得如此複雜（如今一堆此類暢銷書作家都這樣），不是歌詠「人民」卻處處服膺政商名流云云（如今一堆所謂的公共知識分子也都這樣）。當然，在那個人普遍猶有不疑不懼真理式信念、而且地球空曠些的年代，有些生命實驗相對容易些，至少，這樣找一座湖、借來一把斧頭、向森林筆直走去的行動如今多不可思議或說多昂貴，大概也不會得到什麼動人的聲譽是吧，比較像是個瘋子，或更糟，一個homeless，一個失敗的人。

扭曲、模糊、消失的生存底線

《華爾騰湖》書裡，梭羅時不時會檢視自身的物品，像一人流落荒島的魯濱遜・克魯索那樣（人們也還看笛福《魯濱遜漂流記》這本曾經必讀的書嗎？），而且，一樣帶著一種帝王巡行也似的、我富有天下的滿意語調。

「在目前這個國家，就我自己的經驗，我發現，少數幾種工具，一把小刀，一柄斧頭，一把圓鍬，一輛手推車，等等，若是喜歡讀和寫的，再加上一盞燈，一些文具，再有幾本書，已經差不多齊備了，而所有這些，都只要一點點錢就可以得到。」這是他動手蓋房子前說的，住進去之後則是，「我的家具有一部分是我自己做的，另外的，凡是用了錢的，也一概列入了我的帳裡，這些家具是一張床，一張檯桌，一張書桌，三把椅子，一面直徑三吋的鏡子，一套炭鉗和炭架，一個水壺，一個小煮鍋，一個煎鍋，一個長柄勺，一個洗盆，兩副刀叉，三個盤子，一個茶杯，一根湯匙，一個裝油的罐子，一個裝糖漿的罐子，和一盞有漆繪燈罩的燈。」

其實，順這個線索來讀其他書、尤其小說也極有意思，人類學式的讀法，我們幾乎一定可察看出（帶點合理推想）不同國度、不同時代、不同社會形態乃至於不同階層人們的所謂生活必需品，以及更多生活真相，如狄更斯的英國、杜斯妥也夫斯基的舊俄、喬伊斯的愛爾蘭、賈西亞・馬奎茲的哥倫比亞、葛林的哈瓦那太子港獅子山西貢以及剛果叢林云云——如果我們自己再奮力補上時間，那顯露出的真相就更多也更加稠密有感了。

最好的是，這通常是不經意透露出來的。不經意，在如今我們這個多疑的年代，正代表著可信。這裡，我們只看巴爾札克的名著《高老頭》（毛姆以為是人類最偉大的十部小說之一），地點是法國巴黎，事情發生於一八一九年，也就是，還早梭羅的實驗整整二十五年，按理說，人類世界少進展二十五年，但這裡是當時世界的中心或說尖端，有截然不同的景觀——

以下這段話，是那位四十歲上下、好像五湖四海之事什麼都懂、熱情洋溢但神祕的伏脫冷先生講給法律系大學生拉斯蒂涅聽的。當時，這個來自安古蘭米鄉下的年輕人一心想打入巴黎的上層名流社會：「你要在巴黎拿架子，非得有三匹馬，白天有輛篷車，晚上有輛轎車，總共是九千法郎的置辦費。倘若你只在成衣鋪花三千法郎，香粉鋪花六百法郎，鞋匠那邊花三百，帽匠那邊花三百，你還大大搆不上咧，要知道光是洗衣服就得花上一千。時髦小夥子的內衣絕不能馬虎，那不是大眾最注目的嗎？愛情的教堂一樣，祭壇上都要有雪白的桌布才行，這樣，咱們的開銷已經到一萬四，還沒算進打牌、賭東道、送禮等等的花費；零用錢少於兩千法郎是不成的。這種生活，我是過來人，要多少開支，我知道得清清楚楚。除掉這些必不可少的用途，再加上六千法郎伙食，一千法郎房租。噯，孩子，這樣就兩萬五一年，要不就落得給人家笑話；咱們的前途，咱們的鋒頭，咱們的情婦，一古腦兒甭提啦！我還忘了聽差和小廝呢！難道你能教克利斯朵夫送情書嗎？用你現在這種信紙寫信嗎？那簡直是自尋死路。相信一個飽經世故的老頭兒吧。要就躲到你清高的閣樓上去，抱著書本用功；要就另外挑一條路。」

於是，我們有兩個頗具體的數字了（都是貨幣數字），梭羅那邊是二十七點九四美元，而且一次解決沒有之後（華爾騰湖的自耕兼採集漁獵是有盈餘的，梭羅還說：「而我發現，一年只要有六個星期的工作，我就可以得到生活所需」）；大學生拉斯蒂涅這邊是兩萬五法郎以上，而且每年從頭來過——時間相差二十五年我看就別計較了，追根究柢的人可設法查出十九世紀彼時的「美元／法郎」兩替匯率。

去年，朱天心那裡發生了件趣事——她現在公開奔走演講，多是因為動物保護而不是文學保護（儘管文學也應該列入保護了），會後有名年輕女學生不敢置信的讚美她如此勇敢，朱天心正待謙虛一番，但女學生說的千真萬確是：「你怎麼敢不戴假睫毛就出來。」

這呼應了我們稍前已知道、也千真萬確的另一件事——我們一位定居洛杉磯的老朋友帶了女兒回台北（省親兼看病植牙，台灣名列世界前茅的全民健保），女兒躲居處哪裡都不敢去，理由正是忘了帶她備份的假睫毛，為此，當母親的救火也似衝去西門町掃貨：「她說不戴假睫毛比要她光著身子出門還丟臉。」其實，一八一九年當時的巴黎大學生拉斯蒂涅也這麼想，兩者是同一種思維：「一個大學生愛惜帽子遠勝於愛惜衣服。」

別以為這是在批判年輕人（年輕人是不可以、也不是用來批評的，要說「我們可愛的台灣年輕人」），我知道、而且心悅誠服完全接受日本高校女生的一種說法——日本上一代人常看不慣她們奢華、非理性的花錢方式，但女學生反擊得很漂亮：我們才是最理性最富耐心的，而且還最知道如何儉省；不像你們，我們能自由支配的錢非常有限，因此，一件衣服一雙鞋一個名牌包或換一款魂縈夢繫的新手機，都得事先仔仔細細計算並計畫，絕不會也不可能衝動，而且往往得縮衣節食的延遲三個月半年之久，並設法從各種不可能之處、你們想都不會去想的地方擠出錢來（午餐不吃、走路替代搭車云云），還有，我們一定地毯式查詢過所有相關資訊，貨比全東京乃至於全世界，最終，看準稍縱即逝的打折特價時刻才出手，冒著擦肩而過、已遭人搶購一空並斷貨的永生遺憾風險。真的，跟籌劃一次銀行搶案一樣，精密、耐心、每一步都想好而且一不小心就失敗大吉。朱天心寫過一篇類似的小說〈第凡內早餐〉，小說中的年輕女孩如此處心積慮只為買一枚鑽戒、一枚讓她從女奴成為自由人的半克拉不到小鑽戒。

這篇告白有〈莊子・盜跖〉篇的說理味道，完全無法反駁，而且在道德層面上絲毫不輸指責它的人，只除了逼我們回頭再想，究竟什麼是生活必需品，是人必不可少的東西？——二十七點九四美元或兩萬五法朗？午餐，或假睫毛？

絕對需求，如凱因斯以及所有經濟學家講的那樣，作為一個有用的概念可以是很明確的，一條線，to be or not to be；也似乎沒什麼彈性，人吃飽穿暖就不需要更多，再多馬上成為痛苦（太飽或太熱），《華爾騰湖》書裡也討論了這個，梭羅引述當時有機化學家萊比克的說法，人的身體是個爐子，要緩慢的、控制的燒著，好保持「動物熱」，食物是內部燃料，遮蔽處（山洞或房屋）和衣服則負責保住這熱不散失，就這樣而已。

然而，一進入到人生現實裡，一旦開始一樣一樣想成具體實物（什麼樣的食物、什麼樣的房子衣服、乃至於假睫毛、鑽戒云云），我們心裡那條直線當場就扭曲起來、模糊開來、甚至消失了——所謂人生現實，指的正是我們所在的這個人類世界，大約在一萬年前到四千年前這期間奇妙建構起來的（鄂蘭的摯友哲學家雅斯培說的「人類覺醒時刻」），有別於、也再難回返之前兩三百萬年如同一天（「萬古如長夜」）的純生物世界。從本能的、行為行動高度一致透明的自然物種之一，到如今雪花般沒任一片完全相同、各自有著一顆隱蔽幽黯人心（康拉德）的「人」。人自身是異物，是變數，不只他上達的聰明和想像力難以預知，最不可測的可能是他向下的非理性和愚蠢，因為往往毫無道理毫無線索（「怎麼可能會有人做出這種事來？從生物本能來說應該是不可能的才對啊？」），人如赫胥黎所說重新成為一頭「幼獸」，才開始，未完成，不固定，還不知道究竟會朝哪裡去。

要撐住一個生物世界不難，事實上只要「不做」就行了，取消思維和希望，不抵抗死亡，讓時間平靜滑去；但若要撐住一個人類世界呢？——

兩三千年前的《禮記》說，人到某種年紀，吃的穿的用的都得有所調整，比方說質料較輕軟但保暖的衣物（當然也就稀有昂貴），經常性的吃肉飲酒，守喪期間不齋不戒不弄壞身體云云——這說的當然已是人壽七十、人類獨特世界的身體了。《禮記》，今天我們讀來仍感覺有某種上達的光亮，帶點興奮感猜測感，即使談的是死亡和喪禮，這是人類世界的曙光時刻，真正困難的還沒來，如波赫士說的，嶄新得像是一輪新月，一副新牌。

並沒有人餓死凍死的悲劇故事

《高老頭》一書所在的一八一九年大致是怎麼樣一個時代、一種人類世界呢？有一個最簡單、巨大醒目的時間參照點，那就是一七八九年（我們國中歷史課本裡的一個魔術數字，像從此植入腦子），三十年前，巴黎人們打開了巴士底獄，這就是像誰一刀切開歷史的法國大革命；此外，拿破崙死於又兩年後的一八二一年——這段風起雲湧的日子，帝制和共和反覆交疊，並一再相互摧毀處決，整個世界脆弱不堪，幾乎不剩什麼東西是耐久的、人可依傍的。巴爾札克試圖以人類文學史上最大幅度的小說群來穿透、理解、組合並記住眼前這個世界（「刻畫一個時代的兩三千名出色人物的形象，這絕不是一件輕而易舉的工作，因為說到底，這就是一代人所湧現的典型」），他總的命名為帶著難以言喻意味的「人間喜劇」；或正確的說，稍後這個名字才自己從這堆小說中浮出來，「這套作品的創作，已經快十三年了，現在給它加上『人間喜劇』的題名。」

巴爾札克訴諸經驗的講，「僅就兩性來說，描繪社會類屬所費的工夫，至少相當於描繪動物的兩倍。總之，動物之間的相處，很少有慘案發生，其中也不至於有什麼錯綜複雜的情節，牠們你追我逐，如此而已。」——兩倍工夫，這絕對嚴重低估。純就數量來說，描繪依本能而行的動物，不必寫幾隻就足夠說出整體，還不是眼下，而是千年萬年以上的此一物種；但兩三千個形貌、心思、命運、選擇各異並且得一一仔細描述的人物，才堪堪能夠說出一個人類特定歷史時刻的樣貌，而這也不過就是眼前這幾年、這幾十年而已。這個壯麗的小說書寫企圖，巴爾札克奇特的、甚至帶著某種神祕信心的相信以他一人之力可完成，彷彿如梭羅《華爾騰湖》裡那位專注製造「人間最完美一根手杖」的工匠，時間會無可奈何的等他，「時間只歎息著站在一旁」。巴爾札克也曉得，他的幾位出版商一談到他總只能如此祝福：「願上帝賜他長壽。」

高老頭是這兩三千人中的一個，文學史一般認為最成功的一個。這位才從呼風喚雨的麵條和澱粉生意場上退休下來的六十九歲老人，原是這家伏蓋公寓最闊綽的一名房客，然而短短幾年，他的財富包括一堆金飾、銀器，以及銅和紙的錢幣債券卻雪花般神祕的消融了，人也從光鮮的高里奧先生衰敗為破破爛爛的高老頭。其天大祕密是，他有兩個疼愛到痴迷的女兒，都嫁入上流豪門，大女婿是貴族世家的特・雷斯多伯爵，二女婿則是才封了男爵的新興銀行家，為著讓這兩個女兒過那種符合新身分的奢華生活，高老頭一直用到了鰥夫的最後那兩枚小錢，「高老頭就像殺人犯養的狗，見主人的手染紅了就去舔。他不爭辯，不判斷，他只是愛。正像他自己說的，為了能接近自己的女兒，他會去給拉斯蒂涅擦皮鞋；他女兒缺錢時，他願意去搶銀行；對於沒有讓他女兒得到幸福這兩個女婿，他怎麼能不氣憤填膺呢？他喜歡拉斯蒂涅，因為他女兒愛拉斯蒂涅——」。小說結束於一場什麼也不剩的寒颼颼喪禮，還是靠大學生拉斯蒂涅和幾個房客湊錢借錢支付的。其間，另一位學生房客跑去女兒女婿兩家報訊，卻被擋在門外，只能遞入這樣一張紙條：「請你賣掉一件首飾吧，讓你父親下葬的時候成個體統。」這張紙條旋即被扔進了火爐裡，命運跟高老頭的錢一樣。「拉斯蒂涅一個人在公墓內向高處走了幾步，遠眺巴黎，只見巴黎蜿蜒曲折的躺在塞納河兩岸，慢慢亮起燈光。」

並沒有人餓死凍死包括高老頭，伏蓋公寓也還供應每個月四十五法郎的膳食如地老天荒，整場悲劇連同人所有不堪的樣子全發生在這些人吃飽喝足之上、在這個「多出來」的自由之地自由之時；或者說，人很多原來並沒有的心思、行為和表情，如昔日老子說的，似乎是在人浮上生存線之後才出現的，是人類世界所獨有的，往往慘不忍睹。也許正因為看太多這些，人會想回頭講自然讚頌自然，從策略到信仰不等，以為人類世界建構這一場是歧路的、虛妄的、犯罪的、乃至於直向自我毀滅而去。這一令人悲傷的主張及其各式話語一直都在，這幾千年來從沒真正停過。

只是想跟別人一樣

凱因斯，如我們引述的，說人生存線上的需求，無止境，不受生物性滿足約束，係來自於人想要「超過他人，感到優越自尊」云云，彷彿開啟了、捲入了一場全新競爭——這說得已相當準確，但我以為有更好的說法。

是托克維爾。托克維爾觀察當時北美洲的印第安人，說印第安人貧窮但絕不悲慘卑鄙，他注意到只有那些貼近白人生活的印第安人才變得悲慘卑鄙。

東尼・席勒曼的小說《時間的賊》中，納瓦荷部落警察喬・利風（我自己最喜歡的偵探之一）找尋失蹤的人類學者愛麗諾・傅萊曼——柏納爾，循著那一組特殊陶罐的路徑一直追到紐約。那個雨天下午，他坐在現代美術館外頭，享受著雨水（「就像所有來自乾燥地區的人，利風喜歡下雨——那是罕見的、渴盼已久的天賜清新之福，讓沙漠開花，生機重現」），就在這時他又看到了，畢卡索的那頭山羊雕塑，雨水淋得濕亮發光。這是他和死去的妻子艾瑪的回憶，年輕時他們旅遊紐約時一起發現它——「完全是我們納瓦荷人的寫照，」她說。「飢餓、憔悴、枯瘦、醜陋。可是，它很強悍，很能忍受折磨。」她因為這個發現開心的抓住他手臂，一臉歡欣，而這種美是利風別處再沒看過的。當然，她說得沒錯，這隻瘦骨嶙峋的山羊會是完美的象徵，可以放在台座上展示的。悲慘又飢餓，夠逼真的了，而同時牠懷孕了，傲視一切——

畢卡索當然不會是想著納瓦荷人命運雕塑這頭母山羊，他捕捉的只是某種掙扎生存於大自然的生命，納瓦荷人正巧在其中而已。

東尼·席勒曼不只是個推理小說家，一直到此時此刻，他幾十年長居新墨西哥州不去，研究並協助納瓦荷人，納瓦荷部落會議曾贈予他「最真摯的朋友」此一正式封號——推理小說裡多是搜查某人（受害者或嫌犯）家居、CSI式巨細靡遺清理所有相關物品的場面，我們遂得以一再窺知納瓦荷人「實物性」的生活景況。納瓦荷人普遍擁有的生活什物，總是一小張清單就列舉完成，跟一百五十年前梭羅的沒多大差別。

壞脾氣的小說家馮內果指出來，在白人上到美洲大陸之前，為數幾百萬的印第安人一直在這塊大地上過著「貧窮、但高貴富想像力的生活」，這是重述著托克維爾的話，只是托克維爾進一步看下去想下去，印第安人的破敗悲慘，最先出現在印第安人和白人這一道交壤雜居地帶，托克維爾也不停於國族控訴和道德煽情，他沉著的回到人的普遍層面來，說歐洲的窮人（本來）也是這樣，窮人絕不卑鄙，真正悲慘起來、讓人感覺絕望發生於窮人和富人的接觸，像是城市邊緣、城市裡的貧民窟，那才是我們所知道最接近地獄的人間角落。

托克維爾和巴爾札克是時間重疊的法國人、巴黎居民，顯然看過同一個模樣的世界，《高老頭》似乎也提供了佐證——來到巴黎、徘徊於上流豪門外頭一心想擠進去的拉斯蒂涅，和他留在鄉下老家的母親和妹妹，已明顯是兩種人了。

生存線上，是有一心想超過他人、想立於頂端的人，這我們方便說他不知饜足；但更多是只想跟別人一樣的人，這樣的期盼不說是卑微的，至少也是「正常」的。托克維爾把這個問題拉回到無可躲閃的一般人世界裡來，不再只是某個特殊的道德問題。

托克維爾也說（在同一本書裡，《民主在美國》），普遍平等原則是個巨大醒目的思潮，而且必定隨著時間澎湃起來，「看不出來有什麼能阻擋它」——我不知道他是否也把這兩個想法結合在一起，若結合起來，事情就不會只發生在宛如富人世界和窮人世界交接的條狀地帶，（逐漸）沒有所謂的「前線」，而這正是今天全球化的基本景觀，我們在台灣看得很清楚，特別清楚。

不可能做到的允諾

今天台灣看得尤其清楚，不是因為財富分配的惡化特別驚人（分配的確全球性的惡化，來自於資本主義的逐漸接管世界，惟相對來說台灣還不算太糟，比方從基尼係數看香港是台灣的三倍），而是台灣的無法隔絕並缺乏縱深，整座小島完全曝現於全球化風暴之中，也可以講，整個島都是富人世界和窮人世界的交壞之地，因此有經濟數字無法解釋的一股沖天怨氣，以及某種失意感、某種並非迫切性的絕望。

人跟人，不是非得「超過他人」、「感到優越自尊」不可，而是起碼該差不多、該就算打個七折八折也好的接近點吧（我買不起藍寶堅尼也該有輛豐田或日產吧），這幾乎是天經地義，有什麼理由可以說窮人就該比富人不受誘惑、不生出此一「可能是無止境」的需求並為之處心積慮呢？我們頂好把這看成是基本人性（亦即想事情時當它是條件或前提，而不是變數），不待日後出現的普遍平等思維來叫喚出它。事實上，人類的平等思維正是從這些人難忍的、也看不下去的地方逐漸凝聚成形的（較明確的歷史時間落點正是巴爾札克、托克維爾這大革命一代的法國人，自由平等博愛），並進一步支撐它、強固它，乃至於上升為某種接近允諾的東西。

人類世界的建構是否本身就隱含著「毒素」、或從頭到尾是個錯誤，這我們再說，根本上，所謂「無止境的需求」先就讓人很緊張，也有理由害怕，像是打開某個潘朵拉盒子那樣，這不是支付得起的允諾，就算是上帝，或正確說，尤其是上帝。梭羅在《華爾騰湖》裡講：「某人的所得不正是另一個人的損失嗎？」這可以爭議，資本主義堅持市場機制是兩利的、互惠的，會創造出某些「多出來的東西」（實物生產，或使用價值），反對的人則手指社會實況，誰能假裝沒看到其中遍在的各式各樣不公不義，或直接說就是欺詐剝削侵奪呢？但我們這裡要說的是這個更長期也更難解的麻煩，那就是富人不斷拉高人的生命生活「規格」（規格是一種一旦形成就很難下修、下修非常痛苦的東西，也稱之為「鐵律」），加速了並惡化了此一無止境需求和有限世界、有限地球的根本矛盾，這一矛盾幾千年來隱而不宣的持續逼近，今天很明顯已在我們不遠處了——說到底，馬爾薩斯不可能是錯的，只除了有限的東西不只是土地一項而已。

蒙田書裡，我找到這一句話，他好像不方便多說清楚——「就算是做好事，也該有個限度。」有兩個統計結果，一是很多人曉得並短暫成為頗噁心的時尚，不丹這個國民平均所得才一千四百美元的國家，卻是全世界最快樂的國家。於是台灣那幾位霍布士所說「生活優雅的紳士」第一時間就跑出來勸告大家，人每一年，或至少這一生，都該去一趟印度住那種一晚三美元的旅館（但想必還是搭華航頭等艙去的，如電視廣告裡那樣）；另一個較少人留意，當前幸福國家調查，竟然（該不該竟然呢？），全球以幾個經濟發展剛起步的非洲國家最高，可以到百分之八十五的人認為自己是幸福，正幸福中。我自己相信這是確確實實的、沒人動過手腳的數字，幸福感來自於他們正好身在一道上升的曲線上，人充滿希望，也相應變得和善慷慨；這一幸福感其實也是我們的親身經歷，時不時還有人懷念如失樂園，台灣一樣有過這樣的一段時日，稍後我在宛如甦醒過來的上海又一次眼見如此，事實上，今天一堆沮喪、絕望、人滿心怨氣、只希望明天不會更糟（但所得是不丹的二十、三十、四十倍）的國家，或長或短都有這種美好昔日，春花朝露。

這兩個調查結果讓我們想起些事也思省些事，複雜難言，不會是那種愉悅得很輕佻的結論，提心吊膽以及悲憫的成分可能還多些，如同老年人看著興高采烈的年輕人，你深深知道等在這些快樂國家前面的會是什麼——宛如天起涼風，我想到的是《敗壞了哈萊德堡的人》這篇小說，馬克・吐溫最不開心、語調如此陰鬱的作品，整篇小說是個密謀，在無光的夜間進行。哈萊德堡原是一個最誠實正直、人也最自豪快樂的小鎮，但它無意中得罪了一個過路的人，這個人決定毀滅它（或說揭破它）。很簡單，陷阱就是金錢，只用了一袋一百六十磅四盎司的金幣為誘惑物，折算約四萬美元（當時），整個鎮子的人就像旅鼠跳海般一個個依序跳進去，無一幸免。最終，哈萊德堡人大徹大悟決定恢復誠實的聲譽，把他們官印上的箴言改了，從「讓吾等不受誘惑」減一字，成為「讓吾等受誘惑」，馬克・吐溫寫道：於是哈萊德堡成為一個更誠實的小鎮。

不丹和這幾個非洲國家沒得罪這個世界以及這個資本主義，但這個世界和這個資本主義仍不會放過他們。

人真的經不住這樣。

財富這一頭開始翹起來了

《高老頭》是一部豐富多面向的小說，可用各種方式和心思讀它，看到各種很不一樣的東西——這一回，我們說它是個有關財富的故事，金錢是小說中的核心之物關鍵之物。

乍看，財富在當時（仍）處於某個很卑微、很可憐的位置，被牢牢壓在權勢和聲譽底下，就像有錢的高老頭只能躲遠遠的、賊一樣的看著用他錢如流水的女兒女婿兩家，但這不是確切的真相，真相是——至少在此時此際的法國巴黎，世界首都一樣的權勢與聲名薈萃之地，真正可靠的、有遍在決定力量的、人想盡辦法抓取的已經是財富了；權勢和聲譽儘管仍撐在較高一層的地方，但已然露出虛張聲勢的架子模樣了。我們這麼說應該是正確的，高老頭儘管從不獲邀參加女兒你三天我兩頭的豪門宴會，但宴會裡的美食美酒等一切排場之物，還有女兒身上每一件權勢和聲譽表徵的誇飾之物，全部都是用高老頭的錢買來的，而不是憑藉權勢和聲譽取得（誰給你啊）；也就是說，權和名的盛宴是華美的空中樓閣，以用錢買來的東西堆疊起來，沒高老頭的錢就沒「比別人優越」或「至少和別人一樣」的宴會（已接近沉重義務的宴會），兩個女兒心知肚明，因此，宴會前兩三天正是她們微服私訪伏蓋公寓挖錢的固定時刻。沒錯，財富才是防震的下層結構，還是財富才貼近大地。

此一真相日後會更明確更無法遮掩。財富從權勢和聲譽底下浮了上來，成為人的主目標——當時的巴黎，法國大革命已爆發三十年的巴黎，同時顯現著兩種方式的歷史運動——一是循環的，歷史不斷重複出現的。當下的現實世界秩序鬆動，並開始掉磚掉石的瓦解，一種「瓦礫時刻」。權勢和聲譽失去倚仗自身難保，需要搶救需要努力撐住而且代價一天天昂貴起來，人轉而抓取更硬、更實、方便保有且哪裡都通行無礙的東西，所以，菲律賓馬可仕帶走的是錢，海地的「娃娃醫生」也是錢，非洲那些人們窮到全家找不到一塊錢的國家，其獨裁者照樣擠得出幾十幾百億美元流亡，當然，敝國前總統阿扁也是這樣。權帶不出國門，聲譽已狼藉到神仙難救，人都散了還站到敵對一側，只有錢依然不離不棄忠心耿耿還熠熠發光——儘管堆積日久不免也生出霉味，台灣的總統官邸據說一度滿是這有礙呼吸系統健康的氣味。

另一則是直線的、從此改變再不回頭的，權勢從此再無法復原為原來模樣了。法國大革命當然是人類世界民主化歷史的決定性或說戲劇性的一刻，民主針對的當然就是權勢，如何處理一個太大、太集中的東西呢？最簡單有效的就是拆解開它，這就是分權，讓權勢小而散落，並進一步把權勢關在某一有限空間（如管轄範疇）和時間（如任期）裡——民主制度沒要對付聲譽，它只是無意中但必然的改變了聲譽這東西，其內容，以及其形成和授予方式云云，大趨勢上，是聲譽的「質」跟著下修和分散；民主制度則和財富的追求有著「親和性」，自由放任是兩者共有的根本思維，本是同根生，各自生長但也自自然然的合為同一棵大樹，妻夫木。

其實事情還可以想得更簡單些，壓下了權勢這一頭，另一頭的財富就翹起來了，再沒有足夠力量可拉住它。權勢和財富正是支配人類世界的兩大東西，既聯合也不斷鬥爭，聲譽不與焉，聲譽從沒有足堪匹敵之力。當我們什麼事都不做時，聲譽只是某種光和影，是依附性的，端看當下決定的是權勢和財富而已；當我們努力做對一些事時，聲譽能做到的仍只是某部分補救、某種撿拾，人類帶著自省意味的拾遺補闕，讓整個世界不至於那麼單調，人們不至於那麼趨同如聽從某個慣性或者生物本能，在實然統治的乏味世界裡，奮力留一點應然的東西。

賈西亞・馬奎茲的異想天開

有關聲譽的力量，這裡順勢來講件趣事，趣事而已，不構成證明，證明需要再嚴謹一些。

這是賈西亞・馬奎茲的一次異想（一九七五年）。他極厭惡當時智利的皮諾切特獨裁政權，也認定這個不該成立的政權撐不了多久，決定扮演最後一根稻草來提前壓垮它，於是偉大的小說家公開宣告，在皮諾切特政權下台之前，他將無限期封筆，是他自己說的「文學罷工」；也就是，誰要想再看賈西亞・馬奎茲小說，那就得弄倒這個政權。如此，遂劃下道來形成一次權勢和聲譽的奇妙正面決鬥。

大衛 vs. 歌利亞——只是，誰是大衛？誰是歌利亞？

賈西亞・馬奎茲深信自己是贏家，畢竟，這其實也是一場下駟權勢和上駟聲譽的不盡公平決鬥——聲譽這一邊，已不容易再更乾淨更巨大了，「很難估計我在拉丁美洲有多少讀者，但事實是我的作品很受歡迎，僅《百年孤寂》就售出了五百多萬冊。」稍後，賈西亞・馬奎茲還這麼說，我們知道這沒吹牛：「我極可能就是為哥倫比亞這個國家掙得最多聲譽的人。」而且，就算每個人仍有他一己的文學聲譽排名，這一聲譽仍潔淨光朗到幾無一絲陰影，更不受地理和國界的限制；至於權勢這一邊，皮諾切特政權已聲名狼藉到一種地步，而且只限於安第列斯山脈這一狹長高冷之地（好笑的旅行作家比爾・布萊森說的，「住在這麼窄這麼長的國家一定很有趣」），就算在智利國內，老實說也沒多少人真的喜歡它。

結果當然是，可憐的政權贏了，毫無感覺如台語講的蚊子叮牛角。賈西亞・馬奎茲只能改一個豪勇的誓言，我們可能比較喜歡稍後這一回的：「我希望皮諾切特政權倒台前，我能寫好夠出一本書的短篇。」書名設定為《一天又一天過去的日子就是生活》，這取自於哥倫比亞一位已死的、鮮為人知的詩人奧雷利歐・阿圖羅的詩。說這話時，距離文學罷工已又過了四年（一九七九）。

就這樣，賈西亞・馬奎茲也說的這句話其實遠比乍看的深沉，也悲傷吧——「因為我忙於這麼多政治事務，我覺得有點真正懷念文學了。」

（補充：如今，賈西亞・馬奎茲和皮諾切特都死了，死後，賈西亞・馬奎茲輕易的壓倒皮諾切特，從來都是這樣，可能也只能夠這樣，所以我們得有一個死後世界，一個屬於記憶的世界。）

權勢真的這麼值得拚死護衛嗎？

遠別離，古有皇英之二女，乃在洞庭之南、瀟湘之浦。海水直下萬里深，誰人不言此離苦——這是李白一首離騷型的詩，迤邐徘徊，場景也是鬼氣森森的楚地，講的是娥皇女英姊妹絕望的思念，一路追著舜帝南行的足跡進入到此地密林裡，她們一定要找到丈夫的墳墓，但在這裡，光黯交疊迷離，山長得都一樣，樹木更全長得一樣，人很快失去了方向感，連自己是否前行都不確定了，更何況舜帝沒地標、沒足夠線索的埋骨之地。

詩非常好，念出聲音來感覺更好（即便不復原為大唐李白時的發音）。但這裡，我們要看的是這毋甯最幽黯的一句：「相傳堯幽囚、舜野死」，意思是堯帝也許失勢被監禁至死，舜帝則是被新統治者禹帝流放南方地極，質疑的當然是中國上古的最美麗禪讓之說，代之以殘酷但習見的權勢侵奪及其迫害——李白不確定，但世間確實有此一說，一個極合理猜測，理由是厚達幾千年的歷史鐵板，完全密不透風的人類真實經驗，不談人性，也至少是樣本數充足的統計學，百分之百，無一例外：何以從此之後我們再看不到任一個人、任一名掌權帝王這麼做？

亙古人性幾乎無法駁斥，此事如果還能多想什麼，只能從世界的實況變化裡找；同樣的人性傾向，在不同的生命處境裡會出現我們想都想不到的人類行為和習慣，這也是常識——先說，我完全無意為此一簡易禪讓神話辯護證其為真，以下所說的也構不成論證；我純粹只是好奇，某種通常只容身於文學領域的好奇：人做出某種怪異的、看似不合理不人性的行為，除了虛假和瘋狂這兩大理由選項之外，那必定存在著某個非比尋常的東西，少掉了什麼，或多出來什麼；也很可能是一個極特殊的、可供我們探視某種人性邊界的線索。

我很荒唐的從我們家一隻貓講起——儒儒是一隻黑白毛色的大貓，聰明到有點狡猾的地步，但非常公正，是我們家十幾二十隻貓（時時變動）的貓王，性格多疑，所以朱天心不是太喜歡牠，但謝海盟和我一致認定牠極可能是我們家貓史上的第一明君，如唐太宗或康熙那樣。儒儒有個煩惱或說不運，那就是貓王這個位置鬼使神差的始終交不出去，有一兩次交出去了卻又回來，十年左右時間，牠挑揀出幾個繼承者並積極訓練牠們，但不是性格有某處弱點（太懶或太快樂），就是急病早夭，因此，儘管口炎加上年紀牙齒幾乎掉光，儒儒仍得每天執行貓王職責不怠。

身為貓王得做些什麼？牠得維持家中秩序，制止吵架並小小懲罰鬧事的貓；牠每天固定巡行兩條街巷，嚇走入侵的街貓（其實也都是我們餵食的，儒儒一定很氣我們加重牠的工作）；還有，家裡的小貓走失乃至於困在某處（屋頂、空屋、工地或草叢樹叢深處），牠歎口氣（真的）負責帶回來等等。相對的，貓王可得到什麼？老實說，全然跟牠的義務不相稱，尤其我們統一餵食，食物分量內容全一樣，全數絕育，也沒所謂的交配權問題，也因此，看著一屋子舒服酣睡的貓，我只能拍拍仍兩眼賊亮的儒儒，跟牠講真是辛苦了。

儒儒讓我想起來李維-史陀的田野調查報告，他講述巴西內陸雨林裡南比克瓦拉人酋長那一段讓我印象深刻——和儒儒很相似，李維-史陀說這是一個總是滿臉憂傷表情的中年男子（但他們的「天年」可能只五十歲左右），像是被他酋長的沉重職責壓垮，而那樣初民形態的、自然經濟的、食物仍以採集為主的社群裡，幾顆布里提果子、幾隻蜘蛛等等，人能有什麼特權享受可言。

我也想到相傳流放舜帝的大禹，說他忙得脛骨都不長毛了，這比說他三過家門不入還生動；還有，上古那幾個據說一聽要他當「君王」就嚇得四處逃竄如通緝犯的智者，莊子最喜歡講述這些人這些事，還賦予一堆理論。

所以也許，權勢「值得」人不顧一切占有是稍後的事了，得遲至人類世界建構起來之後又相當一段時日；尤其權勢的直系血親繼承更是人類世界才有的（還三歲五歲就登基），這可能經歷了一個漸進過程，比方所謂兄終弟及（從國家到嫂子）的家族橫向繼承方式普遍存在卻又同樣在世界各地一處處消失，極可能正是權勢向著一家一人持續收攏的一個失落環節云云——權勢值得人如此拚命以及不顧顏面人情，變化的關鍵正是財富，財富的進展為權勢不斷裝填真實內容，實質的財貨及其享受，不再只是純精神層面、心智層面的滿足和優越感而已。

所以也許，事情應該整個倒置過來看才清晰——我們是在財富力量充分加入之後的世界回想從前，用日後富有天下的君王樣式去理解上古人們乃至於生物世界，以至於出現不可解的矛盾，人當時的合理行為讓如今的我們難以置信。

所以也許，民主制對權勢的諸般限制，一個極重要但隱藏的關鍵也正在於相當程度切斷權勢和財富的連體，盡可能讓權勢（恢復）只是權勢，以至於人性上儘管總是心不甘情不願，但從一個國家領導人的位置退下來，緩緩又回復成人可思議、也可忍受的事。

唯一的麻煩是，在此同時，財富也逐步掙脫了權勢的掌控，不必再仰靠權勢來聚集並取得保護，財富獨立存在，玩自己的遊戲，而且倒過頭來控制權勢。

以國為單位的權勢和以世界為單位的財富

此處仍有一個幾乎明擺著的問題：我們從這樣一個又一個富可敵國的流亡者應該馬上想到，這麼多錢，積聚起來還是得相當一段時間吧（去問一下前第一夫人吳淑珍，光是四處收集發票換錢就是多辛苦一件事，幾乎是重度體力勞動）；而且，還非得在權勢仍穩固、仍有效時就進行，否則一定來不及。權勢大遊戲傾向於全有和全無，像《迷宮中的將軍》，這可不是哪個貧窮小國、而是一整個拉丁美洲大陸的大解放者玻利瓦爾，但真到全無那一刻能帶走的就只是手邊既有的東西了，包括回憶、夢想、寥寥沒幾個人的最後忠誠，和一具「剛剛好夠他走到自己墳墓」的破破爛爛身體。小說一開始是玻利瓦爾溺斃也似的泡在浮滿藥草的浴缸裡，赤條條的，幾乎是個隱喻。

現實中，掌握權力同時攫取財富，這我們都知道，並以為是通則了，倒過來，只有不這麼做的人我們才讚美他（意即以聲譽補償他），說明這是珍罕的、非比尋常的、值得寫進歷史的（死後聲譽），就像春秋時代魯國的季文子，當了三朝國君的首席執政官，卻沒財產沒珍寶，家裡女性不穿絲質名牌衣服云云。除了斥之為所謂的人性，或主張權和錢總是磁石般自動凝聚為一，可能還有什麼意思？像是，財富仍有什麼權勢所沒有、做不到、難以完全替代的特質？包括在平常安穩的日子裡？包括在造次顛沛的狼狽時刻？

平常日子裡，錢比權「好用」——權勢太聲威震天了，坦克車一樣，轟轟然硬要開進生活現場的小街小巷，總是破壞的，至少非常擾民；權勢又太巨大了，而且無法分割使用無法找零，換取生活瑣物、支付日常開支其實很不方便，就像馬克・吐溫很出名的那個有趣短篇〈百萬英鎊大鈔〉，由於一對富翁兄弟的惡質玩笑賭約，「我」這個落難於英國的美國流浪漢，身上除了一張找不開的百萬英鎊大鈔之外一文不名，他怎麼付帳呢？結果他一先令一便士也沒付過，全是掛帳欠著或說接受饋贈招待隨便你說（馬克・吐溫的天才，就是能把最令人厭惡的事化為玩笑）；也因此，讓權勢直面生活第一現場和人們，總是威嚇的、掠奪的、占人便宜的，是一種不均衡、不公平、誰都感覺不舒服、遂也難以長期持續進行的方式。相反的，掏錢付帳，無聲、自然、平順不驚、銀貨兩訖誰也不委屈不恚礙，流水般進行，而流水正是財富（或貨幣）的本質說明及其象徵，錢者，泉也。今天，在稍微像樣一點的國家，稍微像樣一點的政治人物，都曉得買東西要付錢，而且只能多給不可少給，這已是SOP了，還是一個最簡易的詭計，跟公眾場合抱起人家小孩一樣，權勢魚肉鄉里的古老不堪印象，總多多少少讓肯花自己錢（當下通常並不追問他錢的來歷）得點好名好印象（聲譽）。「我爸是李剛」那個車禍肇事的年輕蠢蛋，我們認他為蠢，也在於他掏出來的是權勢而不是金錢，我們仍憤怒一如往昔，但更高比例是感覺荒唐可笑不知死活，都什麼時代了還來——

至於在非常日子裡——非常日子最考驗、最無情揭露事物的本質及其限制，由此，我們察覺出來，權勢基本上是黏著的、生根的，一句話，權勢總是有其無可逾越的界線。

有關權勢的大小界線，一家一鄉一省一國云云，這也許可用理論來妥善解釋（比方權力的層級體系是否仍有其無法克服的最終尺寸極限？每膨脹一分都得面對新的、冒出來的、冪數難度升高的鬼一樣難題？它是否終會壓垮自己？所謂的「無法克服」最終是一種自然的、根本原理的、人插不了手的矛盾，如歌德自傳裡說的「天意不讓一棵大樹抵天」）。至少現實明白顯示的是，人類世界至今沒能建造出一個奄有整個地球的單一國家單一權力系統（人一再試過，包括基督教會和無產階級，包括聯合國，但除了好萊塢電影裡沒人成功），連稍稍接近都沒有。

歷史上占地最廣的單一國家是蒙古人的，不可思議但幾乎無法統治，還有就在我們這代人眼前崩解開來的蘇聯（以不甚有意義的冰封西伯利亞大舉充數，若非一八六七年俄皇扔山芋般把阿拉斯加賣給美國，還會更大一點；又，偌大格陵蘭島曾長期隸屬丹麥，可沒人當丹麥是大國），曾經幾乎一統整個拉丁美洲的玻利瓦爾親身經驗的如此感慨：「統治這座大陸，就跟在大海海面上耕種一樣。」

權勢無法攔出它自身的邊界之外，光和黯，橫行或如喪家之犬，這一點它非常動物性。

財富則從不設邊界，能走多遠是多遠，這一點它也像流水，哪裡還有人們生活著，它就有可能（遲早）流去哪裡，如人類進入到每一個不同國度異質社會，領頭的總是行商；這也一直是財富最惹惱權勢的地方，不安分不守秩序甚至不忠誠，它本來就是世界的、全地球的、不願受分割權勢力量的約束，如今更像是這樣或說眼看著已完成。歷史上，財富不通的種種障礙多是權勢豎起來的，這是一場隱祕的、不多說話但一刻也沒真正停過的戰爭，財富鍥而不舍的偷渡、破壞、拆除每一處、每一種限制而且一一成功（比方關稅和貿易保護，這全是由國家手裡硬搶下來的），全球化的核心就是財富，其過程就是財富的流通史，它最後的障礙就是國界，亦即權勢的統治看守邊界。

其中最關鍵的東西是貨幣，一個已出現幾千上萬年並日趨完美的東西；權勢和聲譽從沒發明出類似的、相應的好用東西來。

繼承錢遠比繼承權容易

所以，權勢，有點詭異的，在它理論上還不真的那麼需要財富、還看似什麼都可直接伸手去拿的時日，就一一開始積聚財富，古往今來南北西東，如同聽著同一種召喚——這裡頭隱含著切身的警覺，可能也包含對未來的惘惘不安。除了上述種種無法克服、無從防範的缺陷，權勢的難以及遠，除了空間，更是時間，它無法儲藏（即今天省著不用，明天不會更多，除非這是某種「充滿智慧」的說法），想轉交子孫也遠比一般想像的要困難非常多，這是權勢擁有者共有的大煩惱，一不小心甚至當下就傷及、破毀權勢。即使在那個允許某種世襲身分的往昔年代（比方中國西漢，夠世襲了吧），明顯的歷史事實是，權勢的繼承人得比財富的繼承人講究種種條件，更需要長時間費心養成，否則無法承接，不是臨死前寫封遺囑就行了。所以說，更多權勢的繼承者享用的其實是財富，某些（由權勢向下兩替而成）受保障、獨占形式的財富，最常見是地租的收取，製造出一排閑閑無事鬥雞賭狗的富家翁（至今依然如此，活化石，活得很舒服的化石），若也想繼承權勢，那還是得早早從頭幹起（基層，如漢代的「郎」），或偷幾步，從快一兩階之處，而且，真的得學習滿多東西才行。

但，西漢（其實不僅僅是西漢）不是有所謂的「抑商」嗎？這又是怎麼回事？

抑商

歷史這古怪東西，如福克納所言，倒著來看真的比順著看清晰太多了，預見未來很難也很危險而且騙子居多，以至於明智些、負責任些的人總勸我們別沒事這樣做；但回望過去，則屢屢恍然驚喜（當然也屢屢悲哀、不忍、生氣，可惜無法相互抵銷），我們往往從此時此刻已浮現成的世界模樣，如知道其答案了，很輕易就看清楚原來當初就是這麼回事，原來就是這個意思，原來當時他們所想的、處心積慮要得到要成為的是這個，種種看似隨機、凌亂、左衝右突、失去理智的難解行為動作，原來也都準確不準確的持續指向這個。

漢王朝抑商，像是權勢對財富的最全面宣戰——後代最記得的是禁止商人「乘車衣帛」，意思是很蠻橫很粗魯的直接切斷財富的向下兩替之路，錢不能化為可享用的特殊實物，試圖讓錢就停止於某種飢不能食寒不能衣的無用狀態，讓絕大部分的財富雨雲懸空著落不到幸福大地成為虛空，成為純觀賞的一幅畫；此外，也規定商人及其子孫不能當官，意思則是也同時切斷財富向上兩替成為權勢之路；稍後，則是侵入式對商人各種新名目的增稅或說稅制發明云云。但這真的是權勢對財富的壓制、撲滅作業嗎？應該不是，正確的說，這其實恰好倒過來是財富的爭奪和占用，財富才是真正的標的物，簡稱搶錢。權勢宣戰的只是商人，它忽然強大起來充滿威脅的未曾有過對手，之前長達四百年的戰亂、半無政府狀態，這個新興的力量被放任的釋放出來，戰國末已有名有姓的出現一些號稱富可敵國、甚至足以操控權勢的大商人，他們以全新的途徑、乃至於更有效率的方式來獲取增殖財富。我們說，如果要消滅要遏止的是財富，那不許乘車衣帛應該是所有人包括天子本人，像湯瑪斯・摩爾《烏托邦》想的那樣，讓黃金在整個國度毫無用處毫無價值，只用來打造犯人的腳鐐手銬云云（另一種版本的「除了腳鐐手銬再無損失」嗎？）。整個西漢王朝，大概只有漢文帝是如此，他出身寒微，沒預期會當上皇帝，也一直保有著很節儉的生活習慣，還信奉老莊一脈的主張；他盡可能不作為不介入，典型的小政府思維，所以抵抗的不只是財富，還包括權勢。事實上，他在位時反而是漢初商人最好過的一段時日，自由放任，又重新一個個富可敵國。漢文帝乾淨清爽的帝王聲譽（極可能就是中國全部帝王最乾淨的一個），正是來自於他對權勢和財富的兩皆拒絕。

西漢的抑商作業有兩個高峰，分別是草創的高祖劉邦和大肆擴張的武帝劉徹，兩人都是苦於財用不足、很缺錢的皇帝——劉邦是真的窮，當時窮到皇帝的馬車都找不到四匹同毛色的馬來拉，這個楚地農鄉出身，忽然從「別說我們一無所有」到「我們要做天下的主人」的皇帝，他的抑商於是有那種「為什麼你有我沒有」的侵奪零和味道，應該還帶點小心眼的報復之心，如《史記》寫的：「高祖乃令賈人不得衣絲乘車重租稅以困辱之。」這不是真能成為正式法規長期執行的做法；武帝劉徹才是全面的、處心積慮的、步步進逼的，權勢的擴大需要更厚實的下層結構支撐。其中最有趣也最富革命性的是，負責幫他對付商人、從商人手裡一次一次把錢搶過來的也正是商人，最內行、已證明最有經驗最有辦法的商人，其核心是曠世經濟奇才、中國歷史上最被低估的人物桑弘羊，以及齊地大鹽商東郭咸陽和南陽大鐵商孔僅（鹽、鐵收歸國有國營，正是武帝最重大的經濟改革或說搶錢之道，如《鹽鐵論》），就像卻斯德頓的神探布朗神父說的，我破案的祕密是因為我就是凶手本人，哦，我意思是說，我得像凶手那樣想事情。

如果我們把這描述為權勢者對財富者的戰爭，也就不是權勢者和財富者劃清界線、你死我活只能留一個的戰鬥，而是以權勢加持、撐腰、保證的財富來對付財富，以裁判兼球員、隨時可喊停並改動遊戲規則的財富來對付孤伶伶的財富，如此，很耐人尋味的，這樣究竟是財富的黯黑甬道歲月呢？或竟然是財富奇妙上達、並不符合人類歷史普遍進程的異樣光芒四射時刻？

到武帝一朝，實際的結果便不是財富無用，而是財富實在太有用了，已達有點駭人聽聞的犯規地步了，比起今天我們這個財富快無所不能的時代，竟還有超出來的部分——比方財富上可直接買官，這是如今我們只能做不能說、多少得迂迴前進的事，武帝當時是由國家明文訂出、公布價目一覽表，多少錢換多高爵級，就像今天網路電玩官方網站的武器、裝備價目表那樣，也就是說，財富向上兩替為權勢之路，由國家打通、認證並保證，後代沿用的捐官制度都沒敢做到這麼大張旗鼓如重大施政的程度。另一端，財富則下可用來減刑除罪，一樣明文訂出換算表如買賣，這也是我們今天幾乎只能做不能說的事，各國刑法皆保有一些以錢易罪減刑的特殊法條，集中於輕罪微罪，是的，法律之前人人平等，以及更平等，從來都是如此，但至少，這是把金錢的繳付看成懲罰看成嚇阻，而不是武帝一朝綁匪式的就是要錢，以錢為標的。

《史記》描述過當時這樣一種現實光景：「而富商大賈，或蹛財役貧，轉轂百數，廢居居邑，封君皆低首仰給。」很清楚，已能做到操控物價甚至炒樓炒地皮的進步程度，並晉階到封國君王都得低頭巴結他們，顯然連當下聲譽部分也連帶提升到某種高度了，日後法國巴黎一樣給錢的高老頭都遠遠做不到這樣。

財富的力量。

在權勢統治的長段歷史中，人們不無憤懣注意到的總是掠奪，權勢者如何壓抑、占取財富，但就人類世界的長期進展變化來說，更富意義的可能是權勢和財富的兩替作業，權勢如何一點一點讓出統治權，賣掉自身未來也似的好換得當下急需的金錢——財富如水，這滲透的、難以察覺的不舍晝夜進行，但也有很清晰的時候，平日謙卑、擺著笑臉的財富最知道何時可以翻臉強硬起來，抓住權勢最脆弱最有求於人的時刻進行攻擊。漢武帝一朝是如此，而最有成果的是日後的大英帝國，英國的整個現代化、民主化過程，也可以看成是一連串以錢易權的兩替式談判，君王的權力可以分期付款買過來，於是便不需要暴力革命。

很少人想成為桑弘羊

漢武帝的經濟作為，我們今天有累積了千年的知識和經驗，可分辨得出哪些是正道的、哪些很危險幾乎一定會出事、哪些又是異想天開亂來的——這也許不好太苛責，畢竟撲面而來的現實局面是全新的，很多事物（貨幣統一、國營制、商業稅等）人還沒有足夠認識和經驗，只能猜想著摸索著奮力前行，而短期的燃眉救急和長期的作為又總是混一起打成一團，往往沒給正確的經濟思維足夠時間證明自己，執行「污染」了思維。

我一直堅信桑弘羊是個被嚴重低估的人物，用我們這裡的話說，我們一直欠他一些「死後聲譽」——而這樣的低估，是否也讓往後兩千年的人們少了誘因，沒要讓自己成為「桑弘羊那樣的人」？

當時，時代的核心課題原是單一權力體系的建構，但年輕心急的漢武帝有點「提前」或說「加速」，他想一下做成太多、太大的事（包含個人享受），有些很顯然不是仍如此簡易的權力系統負荷得了的（西漢官制仍是簡單的，規模、分工、層級和相關配備都不夠），以至於對的、有意思的想法往往都會做錯，在實際執行的過程走樣。而這可能也提前曝現了權力系統的某一部分真相或說其可能極限，權力系統的運作不是需要用錢而已，錢更不是伸手去拿就好，經濟「必須」是此一結構的無可分割部分，或更嚴重，如馬克思所說作為整體基礎的所謂下層結構，權力系統每每擴張一分、每想做更多事，都再逼近了自身的極限，都更得乞援、借助、聯合財富的力量，直到翻轉過來。

當時，貨幣統一並由國家鑄造，由實質走向信用，這是必要的也是必然的，正是貨幣的歷史演化方向；向商人徵稅、商業新稅的發明，這今天我們怎麼看也都是對的、公義的，否則稅收永遠只落在被土地牢牢抓住的一般農民身上，只是這一直是個執行難題，兩千多年後我們也沒好太多，今天台灣的稅收一樣嚴重壓在「現代農民」的上班族、受薪階層身上，仍一毛錢也逃不掉，大商人依然遊走滑溜或更勝昔日（漢代商人沒聽過貝里斯或開曼群島吧，對了，還有巴拿馬），也擁有更強大更穩定的遊說和操控立法和行政力量。知道韓國三星集團的公關單位規模多大嗎？聘用多少律師？上網查一下吧嚇嚇自己，對清醒腦子甚有助益——漢武帝的大經濟改革，始料未及的從只是缺錢的星火到全面燎原，因此像節氣配合不對、太早開的花，也就不見得能得到「正確的歷史教訓」。

破天荒草創再加上權力網絡的相對原始疏闊，常識的來想，都不容易執行得準確。正常時日總是過卑的徒具虛文，局部性的雷厲風行起來又往往是恐怖的、亂來的——武帝一朝從張湯以降酷吏的生產相沿不絕，這很可能並非巧合，經濟犯罪的追索一株連就是幾萬家幾十萬家（很方便把你想整他的、想搶他的人家也列進去）。就像那個辛酸的波蘭人笑話：話說波蘭一架小型民航機墜毀於墓園，現場新聞報導說：「現場慘不忍睹，已挖出三千多具遺體，搜救工作仍加快進行中——」

歐普拉掏出來什麼？

回頭來想聲譽、財富、權勢這三朵雨雲——

有位拉丁美洲的大詩人曾如此自嘲：「我已名滿全國了，但終歸還是沒沒無聞。」這句話，我相信台灣一千名人（不只是可憐的小說家、詩人）是很有感覺的，尤其人在異國時。偌大一顆地球，這種時候顯得特別大、太大，聲譽傳送不了多遠，一如權勢有它作用不到的境外，你也沒辦法在哪個國際機場找到個櫃台或櫃員機兩替為當地通用的聲譽和權勢；相對的，財富則進步到連這一手續都可免了，更多時候它自動兩替，貨幣這東西已完成，卻又一直在進化中。

所以台灣想出來一個特殊用詞，叫「台灣之光」，關著門自己給自己授予。由於想望的產量太大，顧不得內容品質，因此賣得很便宜，半賣半送。

中國的大國崛起，聲譽的越洋傳送一直是它較沮喪的部分，基本上遠遠落後於它財富和權勢的擴張；也因此，中國大陸在這上頭相對積極，也很肯砸錢兩替——這惠及了小說家、詩人，我一直人在出版業知之甚詳，中國大陸的文學作品外譯，有大大超越出版市場和正常文學評價的「強推」部分，領頭的作家已漸變為某種跑國際文學碼頭、過另一種生活的人。

有個真實故事——前些年，美國的歐普拉在法國花都巴黎的超高檔服飾店碰到這麼一樁其實很可思議的事，那就是勢利眼的店員（勢利是其行業本質，甚至就是作業須知，意即第一時間判斷誰是真正顧客，這是好店員的能力），拒絕接待這位看來已太老又沒身材可言的陌生非裔女子，當然這回是大大走眼了。歐普拉，同時擁有巨大的聲譽、權勢和財富三奇嘉會，但她果然精明世故，她拿什麼威嚇這些個不長眼的店員呢？她選擇掏出來的是所謂「黑卡」，一張無限額度、遂也同時代表認證過聲譽和權勢的傳說中信用卡，不必吵不必解釋不必難堪的自誇，事實上，歐普拉好像一句話也沒講。粗俗的來說，你有可能認不出歐巴馬（所謂全球最有權力的人）和賈西亞・馬奎茲（全世界最無遠弗屆聲譽的小說家，當然已是個鬼魂了），或依稀認得了也不以為意、不能怎樣、干我什麼事，但錢是一定認得也一定干我一堆事不是嗎？

我自己非常非常喜歡歐普拉這個故事，是介紹我們眼前世界最好懂的故事。

我猜，歐普拉一定讀過大仲馬的《基度山恩仇記》這本好幾代人一生熟讀、相處的通俗經典小說，她還沒年輕到遺忘、遺失掉這些東西，或說她生活的國家、社會還沒這樣（這本書在台灣則逐漸消失了，這是個饒富意義的徵象，和諸如《安娜・卡列尼娜》或《卡拉馬助夫兄弟們》的消失有不盡重疊的意思，這意味著更進一步，我們曾經更難想像一個沒《基度山恩仇記》的世界），只是不曉得她那一刻有沒有想起來，或依計行事——同樣在巴黎，只是時間提早了兩百年（和高老頭恰好同時），貨幣形式也未臻完美但無礙。復仇而來的愛德蒙・鄧蒂斯戴著基度山伯爵的假面進入巴黎，多年之後，他又見到已成大銀行家還封了男爵的昔日仇人唐高斯。鄧蒂斯一樣二話不說拿出來的正是當時歐陸三個大國三個最大銀行家簽了名的無限額度信用狀，亦即歐普拉「黑卡」的前身。

「這三個簽名價值連城」，當場一拳擊倒唐高斯男爵和一整個巴黎。因之，歐普拉那一刻服飾店人員的臉上表情，我四十五年前已從大仲馬書裡栩栩如生看過了。

有些事，源遠流長。

財富的力量展示，且持續增強

愛德蒙‧鄧蒂斯，極瀟灑或知道這無所謂的坦承他基度山伯爵這爵位是花錢買來的，為著這樣那樣方便一點而已，意思是財富當然可向上兩替為權勢和聲譽。他真正的、或說唯一的復仇武器便是他自言的「帶著富甲天下的財富而來」。就當時巴黎，他原只是個徹徹底底的異鄉人陌生人，並沒絲毫聲譽和權勢（而他三大仇家全都有，分別是政治世家的大檢察官、陸軍中將出身的領袖級國會議員，以及政商掛鉤的封爵銀行家，根深植密）。最有趣的也恰恰在這裡，財富這人人認得、熟悉的東西，第一時間便把敵意、不安和多疑全數轉換為好奇，整個巴黎的核心名流世界騷動了起來，鄧蒂斯的不明來歷反倒成為口耳相傳的傳奇，人人爭相上門來看一眼這個神祕的怪富翁。我們也可以這麼看，整部《基度山恩仇記》正是財富的一次華麗、極富想像力的演出，財富一連串驚心動魄的兩替作業，一扇一扇應聲打開森嚴閉鎖的大門，進逼到權勢和聲譽的最高層之地，還進逼到人心的各處幽黯角落，叫出來並買到每一個人深埋多年、不可能承認、連至親之人都不說的可懼記憶和祕密（韋德福夫人的、植物人魯第亞老先生的、唐高斯夫人的、安德理王子的、裁縫康洛斯的、希臘公主海蒂的……），什麼也阻擋不了。

書裡，鄧蒂斯還簡單只花他二十萬法郎，就成功製造了一場莫須有的西班牙政變，重創了巴黎的證券交易市場和內線交易的唐高斯；他故主莫萊爾先生的聲譽和一條命也是他「買回來」的，包括二十八萬七千五百法郎債權加一艘新船埃及王號載滿著洋紅、靛青等等，還附贈了一顆大鑽石當莫萊爾女兒茱麗的嫁妝；還有，他的女伴希臘公主海蒂也是買的，輾轉從奴隸販子手中，這最貴，用掉了他最大兩塊稀世翠玉的其中一塊。

一部小說，包含著書寫者的想像和期待，當然並不足以直接證明、也千萬別用來證明彼時巴黎的財富、權勢和聲譽交錯縱橫真相。這毋寧更像個預言（通過小說家佐以想像的捕捉），對日後世界的說明能力還更勝對當時，也因此，至少往後這兩百年《基度山恩仇記》這本書一直沒有「過時」、沒變得古舊不可解。今天台灣不再讀這本那本書，往往並不是書失去了力量，而是人這邊失去了力量。

這兩百年，財富的力量連同它的樣式一直在成長，更自由，更靈動，更流水般哪裡都滲得進去，還愈來愈堅固不壞，很多過往人們察覺出的弱點裂縫都成功補起來了。印度佛家愛用金剛鑽這摩氏硬度最高的東西來形容某物亙古不壞，而金剛鑽在權勢、財富和聲譽中最接近財富不是嗎？事實上，裸鑽一直是貨幣的一種，通常用於非法的交易、洗錢、財富的轉移藏放（意即對抗財富的簿記化、具名化）云云。今天，財富最醒目也必將影響深遠的演化正是——一種認得它主人是誰的金錢，以及不容易損失、也不容易損耗的財富。這是私有財產的終極演化，簡單通俗（往往也帶著負氣）的說法即是，財富走向世襲，依托克維爾的洞見（「繼承法往往不知不覺決定了人類社會未來的樣式」），這相當相當程度決定了人類的未來。

財富已難以摧毀，包括時間這一無不可摧毀的無情力量——當然，時間最終仍會得逞，只是得很久很久。

要怎麼運送出去？

《華爾騰湖》書裡，梭羅不吝展示諸多湖中、森林中才有的好東西給我們看，這本書的美文誤解可能便來自於這部分的吹噓描繪。梭羅此舉有點不懷好意，很明顯是想誘引我們──禮聞來學，不聞往教，你不能要好東西自己來找你，或者說，等好東西迢迢跋涉到你那邊，它往往已變質了、腐敗了、光彩盡失了；只能你來，不能它去。

不能運送的東西，很多，舉凡多汁但一碰就受傷的各種小漿果小莓子、早晨草葉上的露水、湖裡鮮度化為光澤的魚、湖面顏色隨天光雲影隨四季流轉的幻化不定，等等。

聲譽因風傳遞，最多只需要空氣分子作為介質；權勢甚至不必，它是一種關係，一種力學作用，磁力場引力場那樣，在真空中都能進行；就只有財富本來是沉重的實物實體，這原來是它最令人頭痛不已的部分，它是有「身體」的會老會壞，儲存不易、搬動運送不易、及遠不易，但有趣極了的正是，一旦這些困難一一克服，財富唯一是實體實物的特殊優勢就顯露出來了──不像權勢和聲譽總遙遙如浮雲，它是人人摸得到、看得懂、用得著、而且樂於收取也知道怎麼收取的東西。

洛克當年便清清楚楚看到這個，他稱貨幣為「解圍之神」，解開什麼困境呢？解開的正是，把人勞動成果從快速耗損消失的東西，轉變為「可以持有而不變質的永恆事物」。

它不是只屬於少數人的（少數異樣稟賦、能力、性格和運道的人），而是全部人；它不只發生在人生命中某一截特殊時日或階段，乃至於只是一個夢一種想望，它緊緊聯繫著人的生物性絕對需求，今天需要而且明天後天照樣需要個不停；最終，它還是唯一會留下來的東西，在人最糟糕必須做最後抉擇的時刻，因為只有它是真正致命的，也只有它能延續生命以及延續希望云云（當然，如餓死事小失節事大，人仍有轉而選擇聲譽和權勢的餘地）。一句話，它是「通用」的，不論時間上空間上，而通用這一詞我們又何其熟識不是？

通用，正是貨幣的一個主要解釋和一個名字，稱之為「通貨」。

輕靈起來的財富

順此路，來回想一下貨幣這個最尋常卻也最神奇的東西。

貨幣也稱之為通貨，意即它（原來）是諸多財貨中人人會要、遂通行不滯的某個、某些核心之物。所以通貨膨脹，大白話便是錢（通貨）多了（膨脹），貨幣數量超過了實際使用的需要數量，錢於是變得有點不受歡迎，能買（換取）到的東西變少了而且還會持續變少，錢在這種特殊時刻因此有點燙手；同理，通貨緊縮就是錢少了。

貨幣的另一個相關解釋和名稱，我們稍前提過了，就是水，流動不居源源不絕的水，借用了流水沛然莫之能禦、哪裡都去、可能還包括它一停一壅塞住就死去（死水，污濁腐臭的水）的此一特質，也稱之為「流動性」和「流通性」，這個翻譯之詞其實不是形容詞副詞而是名詞，直指的就是貨幣。所以，所謂流動性偏好，粗魯點來說就是人對貨幣、對現金的合理偏愛，這是經濟學者認定並廣泛運用來解答種種經濟現象、經濟選擇的一個事實通則，強調其靈動、不被拒絕、隨時可兌換成其他東西其他形式，並投入最恰當的地方，以至於最利於持有，勝過其他任何較笨重的東西和形式（其他實物如汽車、農產品的大量持有，通常我們稱之為庫存，已很難視之為財富，這沒有利息，還得不斷支付存放費用並不斷自然耗損，最後往往只是一堆廢物，比方每個出版社都有一堆等待化為再生紙漿的庫存書）；所謂的流動性陷阱，則是一種特殊的貨幣現象，貨幣宛如掉入一個陷阱之中，再無法正常流動，於是交易停滯，庫存堆高，經濟快速探底云云。貨幣一停止流動，景況十分悲慘，這是我們都知道的，也多少親身受過。

財富力量的爆發，貨幣的發明或說發生是這一切的關鍵，它使得財富堅實同時又滑溜，既是實體實物卻又虛擬無形無阻力，像神話中那種長兩個頭的魔龍，很難殺得死牠——貨幣的發生及其簡單演化過程誰都曉得，它最原初針對的就是流通的問題，或者說，在萬物的流通中自然而然現身，如美神維納斯從波濤浪花之中冉冉升起。

找出一種最適合當貨幣的東西

實物的直接交換有種種困難和摩擦——

首先，彼此的需求很不容易恰恰好對上（我很需要你的米，但你顯然並不想讀我寫的書云云），解決的方法只能是進行三方乃至於四方五方六方的複雜交易（ＮＢＡ球員的交易因為仍是「實物」交易，遂常出現這種狀況），或說讓這樣的交易網絡成為可能（遂也生出了市集）；再來，需求的數量大小也不容易恰好對上（我需要你這個耗時燒成的美麗大陶碗，但你實在吃不了我這一堆等值的新鮮野菜云云，當然也可採行我供應你一年野菜的素樸分期付款方式，但這不乾淨且只能進行於熟人），這裡又碰到物品可分割不可分割的另一交易關鍵難題；此外，實物攜帶、運送、存放的笨重及其耗損，這一直是根本難題，隨著交易的擴大及其必要延遲只會更嚴重更麻煩；還有，物品在交換轉手過程的污損破壞本來不是個事兒，但也隨著交易的複雜化多次化、同一物件被反覆使用於交換而非直接使用（即貨幣化），逐漸成為一個困擾，凡此。

因應著這種種困擾，其中有幾樣特殊物品，人們普遍願意收取，生活裡幾乎都用得上，可又不那麼容易自行生產供應云云，這些彷彿需求最大公約數的東西，遂從實際交換中脫穎而出，成為交易網絡的中心樞紐之物，讓交易通過它們得以較順利進行；既是本身具功能性的實物，同時又是聯繫的媒介，我們日後稱此為實物貨幣——就中國歷史來說，最原初大致上是海貝、布帛、斧頭和刀等等。幾乎誰都看得出來，漢字中舉凡和財富交易、和貨幣相關的造字，總忠實的留著貝、布和斧斤的印記。尤其「斤」這字，很早就用於計量（亦即財物的計算），但絕大多數人不記得它本來是斧頭的象形，是斧的原字（斧字反而是稍後才有的，添加上「父」的聲音符號，讓人知道怎麼念它），由於頻繁使用於交易（這個大陶碗換你兩個斧斤、這堆糧食值四個斧斤云云），遂逐漸演化為通行的計量單位，只砍人不砍樹了，斤字的「篡奪」使用，極生動的記錄了此一實況過程。

鹽可能是另外一種，同樣人每天需要，保存和分割都很容易，只是在中國沒像在其他某些文明某些國度那麼顯著，如猶太人的年輕導師耶穌要人做世間的鹽（做世間的貨幣？）云云。

海貝、布帛、斧斤、鹽（乃至於米糧、茶葉、寶石……），作為貨幣，這才各自嘗試著開始，也明顯各有缺陷。這裡，我以為較有趣的反而是其一致性，貨幣化的實物品類在世界各地高度重疊而且演化方向相似，這當然不該說是巧合，也不是人沒想像力，而是人類在財富增長、財富交換面向著相同的要求和難關，也經歷著相似的過程，並得到了相類似的經驗成果乃至於「答案」，某種所謂的趨同演化。日後，相異社會相異文明的接觸碰撞，財富這部分的歧異幾乎是最低的，很容易彼此看懂，也很容易察知對方在想什麼要什麼盤算爭搶什麼，商人之間的對話遠比其他任何行業的人比方詩人小說家簡單多了（儘管老說詩人小說家是向著同一個世界、共同寫同一本大書云云）。這上頭，地域的、國族的界線極模糊，全球化的障礙極小，彷彿有共同的語言，或說，財富自始至終就是全球性的。

最終勝出的是斧斤，或正確的說，作為斧斤材料的金屬。還原為材料，掙開既有形式的束縛，讓它更輕、更自由、更富各式各樣可能用途，也更利於分割收存云云，這是貨幣演化飛躍起來的一步。不只在中國勝出，這也是普世性（在金屬礦產並不均勻分布的前提下），全球飛舞，差別只是時間早晚、是發明或學會、是自發使用或遭到侵入同化而已。還有，就連其穩定下來的形制也快速的普世一致，美學空間受限於實用：圓餅形，摩擦耗損最小，不割手，方便攜帶交換和堆疊——至此，貨幣已完成了，也差不多完美了（安博托・艾可指出，人類有很多東西是一出來就接近完美），它從此不再從人類世界退出獨立存在，人也再不必發明新的某物來替代它。往後，貨幣的變化調整只在貨幣「內部」進行，更像是它自身的生長演化，依循它自己的規則和邏輯，人們在使用時不斷發現貨幣原來還能這樣還能那樣（比方用更輕的紙張來代表、代替金屬；比方貨幣的存放居然可以不損耗如其他所有財貨，反而不斷滋生利得云云），把它藏孕的力量和可能性不斷找出來。

不再造貨幣，而是用貨幣——如何把貨幣用到極限。

為什麼不是更富用途的鐵？

也來重新想一下貨幣的信用性。我一直認為，一般對貨幣信用性的理解有點不對，或說，有點延遲了它。

實物貨幣，按理講可以是全然自然的、放任的，因為它代表的價值和本身具有的價值是完全一致的，沒有多出來，不是信用性的——也就是說，使用於交換，它是貨幣；使用於日常生活，它就是某種有用的財貨或物質。它的「價格」仍有漲跌，但只是相對於其他財貨的漲跌關係，不是貨幣性的。

所以，理論上不必「管理」，實物貨幣是最符合自由經濟思維、市場自己會調整決定的東西。但這裡我們來看另一種金屬：鐵。人類世界包括中國曾試用過鐵錢，但那通常是不得已的（比方金銀銅不足），也總是撐不了多久（氧化腐蝕，供應量太大云云，一般所說鐵錢太重搬運攜帶不便不是正確的說法，鐵的比重小於金銀銅），這很明顯背反於我們對實物貨幣的習焉不察「認定」——不是說實物貨幣的選擇（或說自然脫穎而出），應該是人們有著最普遍、最廣泛使用可能，所以人人都樂意收取的某物嗎？

鐵豈不是更富各種用途的金屬？事實上，鐵絕對是人類世界至此用量最大、應用最廣的金屬，但整個人類世界快速的統一以金銀銅這三者為貨幣，端看在地的交易實況和其礦產狀態而定。鐵最富用途，不只因為它天然存量大、取得容易遂充分開發，更因為它的化學性質，可依各種實際需求製成各種性質的「合金」。金和銀都是極惰性的，偏軟又不易和其他元素化合（純鐵也軟，但容易通過化合鍛冶增加硬度），除了裝飾很難有實際的生活用處；銅好一些，青銅（即銅合金）時代曾是人類一個頗長的生活階段，但最有意思的也在這裡，銅正式的、普遍的用為貨幣恰恰好是銅使用的「空窗期」，正好在青銅時代落幕之後，又距離日後電的發現和使用遙遙無期，無法利用它的高導電性、低電阻性來作為銅絲電線。也就是說，銅作為金屬貨幣，不是因為它人人有用，而是它正正好無用，這有《莊子》的寓言味道。

所以說，貨幣很早就得是信用性的，早在使用金銀銅的金屬實物時代就開始了，意即人們願意收取它，不全然因為它有用，而是相信別人也願意收取。這可幫助我們去除一些迷思，也較容易看穿貨幣的種種詭計——比方要不要回到金本位的問題（意即紙鈔只是黃金的憑證，有多少黃金才能印行多少紙鈔）。要求回返金本位通常是人們對當下貨幣的信用已達高度懷疑、不安的時刻，尤其是國家大量印鈔如脫韁如賽跑時（的確極度不公，利益全歸於負債者和大規模貨幣使用者，是作帳式的掠奪），但以金本位來「拴住」貨幣，絕不是因為黃金的實物性、非信用性，僅僅只是因為黃金的自然有限數量，這當然可以制止貨幣數量氾濫這一端（改用更稀有的鈾本位、鈽本位會收束得更快），但也會立刻製造出另一端的災難，即黃金當場騰貴、貨幣供應嚴重不符經濟規模、市場第一時間停滯瓦解云云。黃金作為貨幣的時代已經完全過去了，這是另一種以有涯逐無涯，數量固定彈性太小的黃金早已追不上不斷擴大快跑的經濟規模，尤其是這半世紀多（即金本位廢除後）資本主義的爆發。上帝創造黃金，本來就不是設計為人類貨幣材料的。

貨幣是信用性的，所有貨幣的詭計因此集中於此——虛擬，欺詐，畫鬼神易。

今天，我們仍使用金屬為輔幣，沉甸甸的，從口袋掏出來看看，這是某種合金，材料價值低於使用價值，它們的主成分，沒錯，就是鐵。

貨幣詭計生於、藏於信用裡

抱歉，仍然是個波蘭人笑話（這是悲傷的，悲傷的人們生長著最多辛酸的好笑話），儘管昔日的老大哥已不在多年了，如滄海桑田，也讓這個笑話如預言——話說某鄉下銀行員勸個農夫存錢開戶。「我存十塊錢在你們銀行，萬一你們銀行倒閉了怎麼辦？」「我們華沙總行會負責。」「萬一華沙總行也倒了呢？」「波蘭政府會負責。」「波蘭政府也倒了呢？」「我們還有蘇聯老大哥會負責。」「可是就連蘇聯老大哥也倒了怎麼辦？」銀行員遙遙看向東方克里姆林宮的方向，勇敢的說：「笨蛋，只花你十塊錢就換得蘇聯老大哥垮台，這樣你還不划算嗎？」

今天，我們使用的貨幣（紙鈔）大致就是這麼回事，相似大小相似製造成本的紙上註記著天差地別數額的「價值」，係由其背後某個巨大的、有償付能力的體制機制來規定來保證，籠統來說就是負責印製它的國家老大哥，儘管某些非常時刻（非常時刻其實並不少見）國家也保證不了，而且隨著財富力量的高速擴張愈來愈保證不了。我女兒手中就握有一張辛巴威的巨鈔，已數不清記不住究竟多少個零了，這是我那位無聊的錢幣收集者老友初安民送她的，這張數額百億上兆的鈔票可能還買不起一個麵包。美鈔就比較穩定（準世界貨幣，不只由合眾國聯邦政府支撐保證），也比較誠實，這個人們仍如此信神、往往還虔信得有點可笑的大國，紙鈔上仍印有諸如神佑美國之類的字語，試圖搬出上帝來終極保證——國家的確愈來愈需要神的護佑沒錯，尤其在對抗財富力量這一事上。

這就是所謂的「信用貨幣」，有別於之前千年以上時間的實物或實值貨幣。說來只是一張花花綠綠的紙，本身的價值和所代表的價值完全分離，最原初只是一紙證明，像支票、取款憑證、債權憑證之類的，最早還不是由國家開始的，而是商人在實際交易中使用出來的，仍是為著克服實體實物搬動運送的費力費時和危險（隱藏一疊紙比隱藏一堆金屬容易多了）。交易擴大，錢也是很重的（我自己是沒搬過錢，但經常搬書，知道那有多累人）——這是貨幣又再一次的「起飛」（中國最早曾稱之為「飛錢」，輕盈飛起來的錢），進入到又一個全新階段，朝向徹底的虛擬、無形、無阻力無摩擦、宛如佛家空無不滅的境界而去。其實不是從金屬到紙張，而是從實體到無形，貨幣至此正是某種神魔級的東西了，只等它自己把這神魔力量徹底釋放開來。

信用貨幣和實物貨幣的時間分割點，一般很容易想成是紙鈔出現時。理論上，實物貨幣並不需要額外保證，因為它代表的價值就是此一物件原來的價值，也就是說，你大可不當它是貨幣，而是換到某種「有用的東西」如縫衣的布或鑄造農具或凶器的金屬材料云云，帝力於我何有哉。

但這極可能是錯的，從兩三千年後的今天我們可以看得很清楚——在人們正式使用金屬貨幣（或甚至再稍早）、貨幣這東西這概念正式成形那一刻起，貨幣就從實物中分離出來進入信用階段了，比方西漢初年當時；或乾脆點說，貨幣從來都是信用的，信用是貨幣的「本性」，這樣我們才不會看錯它。

貨幣創造出的利益

根本的來說，如果貨幣的代表價值和其實際價值一致，鑄幣將是徒然增加一筆成本、吃力但絕不划算的純服務之事，如果有人好心願意，國家大可開放樂觀其成才對，而不是抓他關他。

漢文帝時就開放天下鑄錢，但馬上證明這是暴利行業，人們蜂擁著探礦採銅，光景大概相似於日後的淘金熱潮，當然無關也遠遠超出實用所需。其中最有名的是鄧通這個人，文帝怕他餓死（術士預言他將餓死），賜他大銅礦鑄錢，幾年時間立刻成為全中國首富。事情很清楚，鄧通經營的是金融業，而不是較辛苦的採礦業、金屬製造業，這也預言了日後金融業的層出不窮故事，如台灣蔡家三代（誰說富不過三代？），他們究竟是做成了什麼了不得的偉大事情、且三代人只增不減對人類世界有著非比尋常的貢獻，才得以取得如此財富？

我以為這個質問是絕對必要的，得一直記著，時時勤拂拭，特別在你進入到經濟學迷宮也似的理論世界之時、之後，否則你往往不知不覺變成另一種人、你原本不要成為的另一種人。

這一脫韁也似的鉅額利益是之前（純實物交換）沒有的、人不知道的，純粹由貨幣所創造出來。而今天我們明白了，這才只是開始，是濫觴（意思是水量剛夠浮起個小酒杯），未來，用昆德拉的話來說是，「這是一條大河啊」。所以鑄幣印鈔得收歸國有，不管是為著占取或基於公平，一直到今天，幾無例外；但不能印錢無損於貨幣的「操作」，這個迷人的、遍地是閃閃發光財富的、且大到幾乎看不到邊界的空間，正在於貨幣超越了、掙脫了實體實物打開來的，藏孕在貨幣的信用裡，事實上，由國家印鈔，意即最終要負責、要收拾爛攤子的是國家，這不是更好更方便嗎？今天，經濟學者沮喪的告訴我們，這甚至已無關經濟學了，而是數學。數學正是人類所知唯一一種和實物實體世界可以完全無關的學問、唯一一種真正向著無限而去的純粹思維。

貨幣不是透明的交易媒介，貨幣是獨立的全新東西，有它自身的內容和意志，帶來一個全然不同以往的新世界，至今已玩了兩三千年才正成熟當令，也才剛知道它能做多少事情，惟仍遠遠不見盡頭，任何認為雷曼兄弟事件這場全球經濟危機只是特殊案例或貨幣災變終結的人，可能都有視覺、智力或精神方面的症狀。馬克思談資本主義的「異化」非常精采，是他最棒的部分之一，但要是今天他還持續看著眼前這個世界，我想他會把話講得更俐落更準確：真正異化的源頭、異化的核心之物，就是貨幣，完畢——麻煩在於，我們召喚出它卻送不走它，沒辦法把它騙回去那個小銅燈裡。想像一個沒空氣沒陽光的世界（如好萊塢的某類電影）極可能還比想像一個沒貨幣的世界容易些而且有可能些；或者說，沒陽光沒空氣好像還能用「科學」來解決，沒貨幣那整個眼前世界就瓦解了。我們只能死心在它每天的統治和定期不定期的失控狂飆劫掠下過生活，把它當作是無可更改抗拒的「自然處境」，類似地心引力那樣，並一樣一樣修改我們的價值信念、我們一直以來堅信堅持的東西、我們的希望來配合它。

漢武帝的一個貨幣詭計

缺錢孔急的漢武帝至少已玩過一個著名的貨幣詭計，今天來看當然是初級的、很野蠻的——他（一定是聽從某個內行人的建議）拿出庫藏的無用白金和上林苑繁殖太快、產量過剩的鹿皮，製成三款進獻的、祭祀的專用貨幣，逼那些食租者的封國君王吐出現金交換，匯率由身兼央行總裁的皇帝本人說了算。一交換，原本無用的白金和鹿皮瞬間跑出鉅額利得來，這今天我們何其熟悉，正是華爾街那些人每天每時每分每秒做著的事。

可視為同時期，在地球另一端也發生類似的交換詭計利得，猶太人的聖地耶路撒冷，難怪猶太人的聲名一直和貨幣和金融緊緊綁一起千年不改——猶太人亡國星散之後，回耶路撒冷聖殿參拜成為人的生命義務，這於是催生了一個祭司和商人聯合的貨幣詭計，遠道而來的參拜者得先兩替為在地貨幣才能奉獻，於是莊嚴的神殿前繁榮起來，如最早的一條華爾街，滿眼是錢。年輕的耶穌第一次騎驢入耶路撒冷，看到的便是這樣不堪不淨的景象，他也做了今天占領華爾街的人們相同或更激烈的事，那就是掀桌砸毀這些錢攤。

是的，源遠流長，讓人疲憊不堪。

從多餘之事到攸關生死

所以說，《鹽鐵論》這部西漢奇書真的值得仔細重讀，我們比這兩千年來的代代之人都更知道怎麼好好讀它，可能也讀來更加親切有感，如同找到某處源頭，這一切原來如此——我的老朋友詹宏志年輕時聰慧的領頭做過此事（儘管只是提示性的加入現代經濟思維），書在時報出版公司的歷代經典寶庫叢書系列裡不知還有沒有。但又三十年了，快速進展或說宛如揭曉的這三十年，我們不僅知道更多，還多以既成事實的樣式攤開在我們眼前，不必再推論、猜測和憂煩。

《鹽鐵論》係由和桑弘羊打對台的當時儒者記敘書寫，言詞上不盡公允，有太多他們還不懂也不願懂的東西，但這今天不難過濾掉；而且，儒者的「偏頗」也並非全無價值，裡頭仍存有不少我們正遺忘、已輕蔑不已的有益價值信念、有益看世界角度。

回頭想，何以海貝在那麼早就「被選為」交易媒介？它是實物沒錯，但更殊少生活用途，何以人們願意拿活命的糧食柴薪去換取？——這很可能透露出交易（原初）的某種本質來。交易，在自然經濟的狀態下，人拿出來的原是彼此的剩餘之物，是人在生存線上進行的特殊活動，為的是提升生活，甚至就是凱因斯所說想讓人歆羨云云，其誇示成分遠高於生存成分。所以商業交易是所謂

「逐末」「逐利」之事，意思是並非必要，甚至說成是某些人格有問題的人才做的事，或做這樣的事難保內化有損人格云云，這是當時人們的普遍看法，也應該是合理的實況感受而不是一種特殊的思維和主張。

反倒是，在商業交易最逐末逐利（最賺錢的行業就是算到小數點以下好幾位數字的行業）也最浮誇的今天，我們反倒不再這麼說話了。今天，交易的確沉重得事關基本生存（買米、買油鹽醬醋茶……），是交易分工的世界樣態，人在合理、有利、方便的情況下不知不覺走上的歷史單行道（人類歷史演進的通則方式），人相互依賴到底，遂有一部分變得極其脆弱，生存線以下和生存線之上的事全糾纏一起分離不了，人被綁架了，打擊富商鉅賈一定先打到、打死更多掙扎生存的人們，人肉盾牌那樣。

從海貝到金銀銅，這連起來一道也許不同於一般貨幣解釋、但更具交易原初本質的前貨幣之路，它們最醒目的共同特質是：都閃閃發光（幾丁質和金屬的自然光輝，我們可能也會想到，鐵的問題也可能包括它長得不夠美），實物，沒那麼有用，多出來的，但如此奪目誘人。也許，布帛的貨幣選擇也應做如是解，更多並不為著製衣取暖、留住梭羅所說人身體的「動物熱」，而是作用於人心裡另一處有異常熱度的神祕角落，就像我們今天對衣服、對各名牌當季新裝一樣，有些衣服哪裡是取暖，根本是得受寒受凍好不好。

早期的經濟學著作，珍罕的寶石曾帶給這些了不起的思維者不少困擾，通常得將它特殊化，單獨立項，孤立於一般原則之外，因為並不容易解釋這麼沒用卻又這麼昂貴這麼普遍被人忘情追求、價值和價格完全脫離的東西，會沖垮好不容易建立起來的交易理論、價格理論云云。然而，從海貝到金銀銅，再往上延伸不就是寶石了嗎？只一步之遙，寶石不過是其更高端的一物，如最早的「大鈔」，更誇富的大鈔，當然折算兌換不易，但無妨，用得起拿得到的人本來就很少（或也讓我們想到比方台灣帝寶級的豪宅，相當程度是不受景氣影響、獨立於景氣循環之上，因為芸芸眾生，只需要那不受景氣影響的二三十個人就夠了）。時至今日，寶石尤其是其中價格行情最明確有依據的裸鑽，仍屬貨幣的一種，攜帶藏匿方便，機場海關的金屬探測裝置沒反應，受過訓練的米格魯小狗聞不出來，不少行業的人於是很愛用它。

這裡有著時間差——交易原是多餘之事，如今也是、更是；但交易如今又攸關生死，倒不是會讓人當下餓死凍死，而是人生活方式的整個破毀、整個瓦解。

不是鴉片，是貨幣才對

「哲學家花了多少世紀研究幸福的真義，到現在都還眾說紛紜，原來解答竟然就在這裡！這種東西可以用一便士買到，放在上衣口袋裡帶著走；狂喜的情緒可以裝進一個瓶子裡，寧靜的心可以交給郵車去傳遞……」這段話是德・昆西寫的，我在談「人造天堂」（波特萊爾的命名）時已引述過一次——很可惜，德・昆西說的只是鴉片，最終把他給拖入地獄裡的東西，不是貨幣。

但應該是貨幣才對，更對。

至少——鴉片，我們從德・昆西和波特萊爾那裡知道，裡頭藏孕著一種短暫的或總有其賞味期限的特殊幸福，一個決計留它不住的天堂（依德・昆西的真實鴉片成癮告白，最多只十年二十年），而且結束時當下翻臉跟你連本帶利追討，眼前整個世界瞬間黯黑恐怖如《聖經・啟示錄》那種模樣，也完全是魔鬼梅菲斯特對浮士德博士那樣（使徒約翰和詩人歌德極可能就是根據此一麻醉物迷幻效應寫成的）；而貨幣，藏放的可不只一種幸福一款天堂而已，可適人適性、配合你的生活作息和夢想打造，很多有才能有專業訓練的人都樂於幫你（價格合適一切好談），就像日本著名電視節目《全能住宅改造王》那樣（原名「大改造!!劇的ビフォーアフター」）。你站在世界之中，朗朗乾坤，這絕非幻覺也不憑空消失（通常還能轉售再賺錢，是一種金融商品），海水沒有沸騰，日頭不會掉落，它堅實存在可拍照可供人進入參觀（總有這種需要，否則不就錦衣夜行？），還有法律保障，還可傳交子子孫孫永寶用。至於，有一種心思複雜難言的類似說法，說貨幣打造的幸福天堂是否總是指向不幸、不得善終，是否也如鴉片有個躲不掉的地獄陷阱在後頭等著云云，這並非全無根據全非經驗事實，但，這再說了吧。

想想——幾乎人所需要的一切、擁有的一切、乃至於所做過的一切，都可以（或已應該說「必須」）收為一小枚金屬、一張紙，裝身上帶著走，是哆啦A夢四度空間口袋及其神奇道具的真實版本；當你在路上撿起一張紙鈔一枚錢幣，某個人一小時、一天的勞動成果就自動變成你的，好像那一小時、那一天的工作本來就是你完成的（這正是最具貨幣掠奪性的地方，貨幣詭計的「原型」）；你，如果是對的父親母親所生，你睜眼大哭那一刻，可能就擁有了成萬上億人一生辛苦流汗的勞動成果，這與其說是你上輩子上上輩子做了什麼好事，不如說你上輩子上上輩子必定是個不可思議的工作狂勞動狂，日以作夜，萬夫莫敵，是這樣子吧？貨幣以它驚人的收納能力、抵抗時間的消蝕能力保住了最古老的生死輪迴之說，但徹徹底底改寫了它的內容。

《環遊世界八十天》的真正福音

所以說究竟是怎麼回事？所以說，那些不死心追問價值何物、猶想處理價值保留價值的了不起早期經濟學家一定弄錯了，經濟價值當然不是（只）由人的勞動所創造出來的，至少從有了貨幣之後就再不是了；而且，勞動成果的報酬比例持續的、穩定的縮水，是最定向、也無法回頭的歷史進展。今天這是基本常識，大經濟學者克魯曼也幫我們證實，薪資（中國大陸古典的稱之為「工資」，勞動報酬）不是重點，也有限（儘管大企業CEO的薪資對我們而言是天文數字的「有限」），真正重要的是所謂的股票選擇權，該看的是這裡。這和薪資的「價值」天差地別到不該視之為同一物，也確確實實不是同物，這是一把鑰匙一本護照，帶你進入一個完全不一樣的世界，貨幣的王國，真實無比但怎麼感覺都像夢境的不思議之地，比方說，在這個世界貨幣是活物，極可能是唯一活物，自己會生長，結實纍纍。

勞動，人日出而作日落而息，如今還有法律限制（原意是保護），大致上一天不超過八小時；但貨幣的勞動時間毫無限制，像童話中的精靈，在人酣睡時仍持續累積財富，二十四小時無休，一秒鐘都不放過。

《環遊世界八十天》這本書寫成於一八七三年，Around the world, I search for you……書寫者是相信自己正目睹某一個全新世界到來的興奮之人，急著想告訴世人一些新鮮事你當認錯悔改（曾經，這是常見的小說書寫企圖和方式）。這部小說於是建立在這個信與不信的賭約上：「人能不能只花八十天就環遊全世界一圈？」——這個新福音並沒錯，但還是沒看到真正重點，沒真正察覺更深刻、更富意義也更具時間續航力的歷史進展。

今天（我特定詢問了我超級航空迷的兒子謝海盟），越洋大型客機的正常巡航速度（當然還可以再快些），空巴的A380是零點八九馬赫，波音的747是零點八五，777是零點八四。一馬赫為一千兩百二十公里，而赤道一圈是四萬零七十五公里，換算過來，在不考慮起降和加油的情況下，三十六點八小時多一點就可繞行地球一圈，從八十天又降為一天半。但這已是快抵達盡頭的進展，還可能更快些但不會再快多少了，一方面是無可逾越的物理法則，另一方面更棘手是現實的其他種種障礙，其中最沉重的果不其然就是經濟考量，亦即技術上仍有空間，商業上卻不允許，商業說了算，這才是天條。事實上，曾有一款更快的客機青鳥般飛過，那就是有個鳥喙機首的協和機，人類世界唯一的超音速客機。協和機的停飛、除役並滅絕是個再生動不過的現代啟示錄故事，它無法克服音爆的惱人問題，但真正致命的仍是經營問題，其成本和效益的問題，一隻不死於航空科技卻絕種於經濟法則的大鳥，正式加入旅行鴿、大隆鳥的行列。當然，如果一樣不考慮續航加油和成本效益問題，最快是戰鬥機軍用機，老早已能飛三馬赫以上了（偵察用的SR-71黑鳥可飛三點三五馬赫）。殺人放火的東西通常最高端最不受限制，也使用最多人類智慧成果，還能得到經濟法則的有限度豁免，這是另一個令人沮喪的歷史通則。

真正的福音，《環遊世界八十天》只幾句話不經心的帶過，躲在這裡——那是出發前夕男主人公福格先生交代他的法國新傭人講出來的：「用不著什麼行李，帶個旅行袋就成了，裡面放兩件羊毛衫、三雙襪子，等我們出發之後，路上再給你照樣買一套。你去把我的雨衣和旅行毯拿來。你應該帶一雙結實的鞋子，其實我們步行的時間很少，也許根本用不著。得了，去吧。」而真正的關鍵之物是：「（福格先生）順手塞進一大疊花花綠綠的鈔票，這些鈔票在世界各地都能用。」彼時的準世界貨幣是英鎊，兩萬英鎊（鎊和中國的「兩」一樣，原是金屬重量單位）。計較的來說，「這些鈔票在世界各地都能用」這話並不完全成立，如福格主僕總會誤入到、迷途於某個仍屬自然狀態的地方；這話於是更接近預言，或平實的說，是往後人類世界持續進展的描述，它每天都多實現一些，一塊地方一塊地方要有光就有光的實現。

故事收尾大家已知道，福格先生戲劇性贏了，在八十天時限內趕回倫敦，俱樂部的大鐘準準響起——他本以為自己輸掉了，晚了一天，卻是因為漏算了國際換日線得以追回這一度遺失的二十四小時（小說家洋洋得意的最終詭計）。福格先生保住了聲譽，贏了財富，外加一筆生命真愛降臨的紅利，獨缺權勢。

真正有意義的進展（已）不是人能否更快的掠過某地，而是可以如此輕靈的進入某地，如水滴融入河海（記得吧，貨幣是水，帶你流進去）；真正神奇的不是交通工具，而是貨幣。一如不信八十天足夠的那幾位俱樂部友人堅稱的，交通工具的銜接安排云云難保意外，福格主僕也確實一再發生意外，怎麼辦呢？通常正是靠貨幣，用那一疊英鎊一次一次堵住漏洞，這也是我們旅遊的基本經驗——仿德・昆西的說法是，哲學家花了多少世紀研究人和人親密關係的真義，原來答案就在這裡！這種東西可快速解除懷疑和不安，讓陌生的變熟悉，讓敵意的成友善。你不必在當地有親人朋友，素昧平生的人自會接待你侍候你，其殷切周到的程度甚至高於對他自己的父母妻兒；你去到的地方、吃到的食物，甚至可能是當地人從不知道有，或知道了也去不了吃不到的。人不必再背起一口古井背負一整個家鄉舉步維艱，人解放開自己的身體、雙手、心思和神經，看到想到摸到感知到。

以下的話我希望自己能更莊重的說，只因為太容易誤解誤用，花錢血拼有理——我自己有限的異國異鄉經驗正是如此，不知不覺中觸及最多察覺最多的，是通過自己實際付錢、實際使用貨幣時發生的，這是一個很難說清楚、說正確的環節，一個快捷通道，以某種更接近整體感受的奇妙方式，把你和一個陌生異質的世界及其人們銜接起來。我的老朋友詹宏志曾指出，貨架上的商品（種類、樣式、數量、擺設……）往往透露出最多當地的真相，包含人每天想的做的用的需求的強調的和缺乏空白的，包含人種種生活基本事實；沒在當地用過錢，往往不像是到過那個地方。我們也許並不真的喜歡這樣，我們總是喜歡某種更純淨的方式，但這世界已經長成為這樣子了，以貨幣為聯繫為橋梁。當然，其大前提是莊子所說的「每下愈況」，愈低下處愈明白，愈便宜愈日常愈普遍的東西說明愈多事（很可惜，我以前比較聰慧的老友詹宏志已成了個「昂貴」的遊客，不再低頭看這些最顯露真相的便宜東西了），像是在地市場和超市，五星級酒店則全世界都一樣。也因此，朱天心和我從不參加那種中國大陸「官方招待安排」的旅遊，台灣作家沒參加過的應該所剩不多，那像只從雲端飛過，不搭飛機時都像是搭飛機。

波音747從一九七〇年代開始服役，也就是說，這近半世紀裡客機的速度已停下來了，用以取代747的777是九〇年代產物，改進的不是速度，而是效率和成本，以兩顆更強力的引擎來替換原來的四顆，省下的不是旅客的時間，而是航空公司的燃油及其相關成本，經濟掛帥。而這飛行速度原地踏步的四五十年，卻正是貨幣這古老千年之物最日新又新的歷史時段，強勁生猛，幾乎可用爆炸來形容，經濟學都快限縮為貨幣學金融學了。

買來的天空

日本東京奧多摩山區豎著一方這樣的告示牌，提醒人們再往裡去就沒有全家、Lawson、7-ELEVEN等超商，但去莫復問白雲無盡時，體貼極了也必要極了，對現代人而言，真不知道是哪個鬼想到的——確實如此，地球上仍留有不能只帶貨幣進去的地方，福格主僕如果去的是南極大陸，行李當然不能只是兩件羊毛衫和三雙襪子，也沒辦法到那裡再給你依樣買一套，那樣是找死如尤利西斯的最後航行。

但話說回來，這些僅剩的貨幣不通之地，如今卻也正是最昂貴、需要更多貨幣之地，其間種種障礙，只有付更多錢才能克服成行。我這是從幾位已晉陞社會名流級的友人處聽來的（相識當年大家一個樣，但在這樣一個財富、權勢和聲譽縱橫的世界，這二、三十年發生太多事了，一言難盡），有說六十萬台幣一趟，也有一百五十萬台幣的，是去住一個浮華大城市如東京倫敦紐約巴黎十倍以上的預算。

華爾騰湖別來無恙嗎？因為梭羅和他這本書，這塊地方算是特殊的被保護下來了（顯然經濟代價不小）。事實上，人們還重建了梭羅那間花了他二十七點九四美元的小屋子，這是聲譽為我們成功做到的事，偶爾或者說暫時，聲譽還是能擊敗財富和權勢的，倚靠的是外於財富和權勢如漏網之魚的人的價值信念，在某個如漏網之魚、沒那麼非爭不可的角落。惟更多的華爾騰湖以及梭羅告訴我們，那些運送不出來的、只能由你走向它的好東西，誰都曉得了，如今只有兩個字可說：「昂貴」；那種所謂回歸自然的「簡單生活」，如小說家阿城指出的，其實都是最貴的，只有貨幣世界最尖端一級的人才講究得起，一如東西冠上自然或生機這魔術之詞，當場價格就不同了。

很多東西不是錢買得到，這仍是真理，但已是奄奄一息、再說也沒什麼意思的真理；真正有意義、負責任的凝視應該是：有哪些曾經錢買不到的東西如今一一成為可能？甚或只能用錢來買？以何種方式何種代價來買？問這個，我們才能知道自己的當下處境，弄清楚我們身在何處、會走向哪裡。

我一位窮但非要時時出國去玩去吃的朋友（這樣的人增加中），有回訂異國旅館時面對著如此親切愉悅的詢問：你是喜愛山的view還是海的view？她當然知道山和海的動人景觀都是收錢的加價的，只好很掃興的問回去，有沒有那種no view的房間？

陽光空氣水，古典經濟學如三位一體的最特別三樣東西，最有價值但完全沒價格，無法也不必購買，任君取用；昔日西雅圖印第安人酋長寫給美國總統那封信也說，你怎麼能買天空呢？——其實已可以買了，那就是「APEC藍」。二〇一四年APEC在北京舉行，為了讓北京出現藍天，中國大陸官方做了極不可思議的努力，以北京為中心的方圓六個省市範圍內，停產、限產的工廠據說各數千家，工地停工也達幾千處，並全面管制車輛、燃煤云云，還因此摘掉了幾十個人的烏紗帽。果然，那幾天北京真的出現了久違的藍天，有照片為證，乍見翻疑夢相悲各問年。其經濟代價多大呢？中國大陸官方沒統計或統計了沒公布（應該是後者吧），各國媒體高低不等的各憑本事計算，惟完全可確定的是，這是空前壯舉，是人類歷史上最直接也最昂貴的一次「購買天空」行動。

但也就買到那幾天而已，所以說真是昂貴。一星期後，北京環保監測中心再次發布霾害消息，話說得坦白、準確：「污染物排放恢復正常狀態。」

當然有太多人不捨，想留下這清澄如夢的APEC藍，但誰也知道這不可能——幾天時間還租賃得起，要永久買下這片藍天，就連這個世界第二大經濟體、又有集中性權勢力量可斷然行動的大國都做不到（硬執行下去，先瓦解的會是財富還是權勢呢？）。樂觀的估計需要三十年不懈而且痛苦不堪的努力，其中最難的果然就是，人們得「徹底改變現在的生活方式」。

徹底改變生活方式，也就是No。

完全不矛盾的資本主義矛盾

然後，來想「不容易損毀、損耗的財富」這件事。這是資本主義的「成就」，得從資本主義說起。

丹尼爾・貝爾的經典之作《資本主義的文化矛盾》出版於一九七六年資本主義最強勁的時刻，基本上和彼時世界逆向行駛，是一個重大反省和質疑，也是夠認真的人才做的事。這本書至今仍值得好好讀，包括說對和說錯的，包括已消逝和仍然困著我們的，這些都是有線索的。某些判斷和主張總會「過時」，但思維本身是一道長河，是一種活水的生動狀態，成功接續著一個一個源遠流長的思維，對和錯於是都顯現著它的來歷、內容和意義，都讓人會心動容，都閃閃發光，包含它成功穿透的智慧，和它仍無法察覺如隱藏真相的時空限制。

貝爾想指出彼時的資本主義已「變質」了。他相信的資本主義是馬克斯・韋伯說的那個，核心是所謂的新教倫理，也就是一種又嚴格禁欲又放縱不已的怪東西。韋伯顯然認為資本主義是人類世界一個極不尋常、甚至並不「正常」的進展，無法自然發生於一般人的、普遍的人性基礎上。人要做出這樣又禁欲又放縱、兩端矛盾拉扯到近乎變態的行為，必定先有某種極特殊的思維發生，改變了某些人，統治著指使著這些人，才能撐住如此極度不均衡、不應該在同一人身上長期相安無事的行為方式、生活方式。這（試圖）解釋資本主義何以單獨在西歐這一小塊地域發生，也多少認定資本主義「只能」在歐陸和新教徒統治的日後北美發生，其關鍵正在於其他世界各地並沒有這一奇特而且深沉的人性轉變、突變。

往後一兩百年，歷史似乎一直支持此一判決，資本主義在其他全球各地都不成功反而弄得更殘破貧困，資本主義只能是歐洲人的，而且僅限於新教信仰的這部分歐洲人，像整個美洲大陸，新教的北美和舊教的中南美完全是兩種經濟景觀，這似乎更進一步支持韋伯。一直要到先日本、後亞洲四小龍的所謂經濟奇蹟發生（所以才要誇張的稱之為奇蹟），資本主義和新教倫理的連體嬰關係才算有了現實裂縫，但不少人仍不願放棄韋伯這個解釋，因此問題變成為：儒家是不是另一種新教？同樣又禁欲又勤奮入世？甚至就是人類世界唯一能替換新教倫理的倫理系統？這就是華人世界一度成為顯學的新儒家，一群文史思維者轉而學習、探索、討論經濟理論和經濟實務、數字，很辛苦但也頗動人，就像紐約那位睡不了覺、時間陡然比人多一倍的宅男密探說的：「我支持所有這麼做的人，追逐一個注定不會成功的目標，我覺得這非常迷人。」

這讓我們想到《華爾騰湖》的「中國化」，有很相似的心理狀態。可能是師事愛默森的緣故，梭羅帶著點愛默森式的大而化之的神祕思維和習慣，也讀一些東方的、中國的東西，以至於驚喜不已的華人世界這邊，總有人（還不少）想把這本書、這個人納為己有，以為梭羅和《華爾騰湖》毋甯應該是「中國」的——其實梭羅的基本歸屬算簡單，他根本上就是個美式新教徒，歐陸的新教信仰加上美洲新大陸的拓荒經歷，一樣又禁欲又縱情，又勤奮又興高采烈，鄙夷現實財富卻又津津樂道商業交易之事，是開明、心胸較寬廣的最健康一型新教徒，他和惠特曼（或說《華爾騰湖》和《草葉集》）不那麼一致的只是，他同時是一個也熱愛東方哲學的新教徒、美國人，完畢。

今天，我自己倒希望韋伯和貝爾是對的，資本主義得建立在如此不尋常也不持久的思維基礎之上，果真如此，資本主義就太好了太容易消滅了。今天，真相毋甯是，資本主義真正的厲害和強勁，是因為資本主義最不需要「特殊條件」，它的基礎是最大公約數的人、基本人性，甚至就是生物本能。任何特殊的人類思維，尤其是上達式的、對人有嚴苛要求的價值信念，追根究柢來說都是資本主義的牽制約束力量。因此，資本主義適合先發生在較容易拋棄價值信念的地方，比方說才發生過革命或戰亂之地，比方說某種移民社會，比方說務實的、靈活的、自知無足夠抗拒力量和抗拒縱深的小國家云云。長期來說，資本主義是「反宗教」的（以一種淡漠不在意的方式），它裝不下那麼多應然式的教義及其繁複儀式，兩者若要相安無事，只能由宗教這邊修改自己來配合它。

這麼說，並非全然反對韋伯有關新教倫理／資本主義的歷史觀察，這毋甯只是資本主義的一個極特殊階段，資本主義才開始、還微弱，當下更大的阻擋力量來自（舊教）教廷和國王的權勢，這只是一種聯合，一種不知不覺的歷史策略。

只是為著資本形成

好，丹尼爾·貝爾以為資本主義已顯現的重大矛盾是，他身處的、目睹的資本主義似乎已經變質，不斷喪失掉禁欲、律己這一端，只剩追逐財富並放縱恣情的另外那一端——如果你相信資本主義這兩端缺一不可，就不會說這是資本主義顯露的某種本來面目，而是憂心資本主義是否已開始崩解了？至少已進入到某種只自我消耗的下坡階段？

在此同時，更由於當時凱因斯式、新政式的政經實況，國家仍試著積極介入、主導經濟實務，因此，貝爾的憂心進一步成為——資本主義是否已遭「篡奪」，變成所謂國家資本主義之類的另一種怪東西？

貝爾顯然認錯了強弱之勢，所以跑錯了陣營。

今天我們知道了，人類歷史走向貝爾所憂心的相反一方，憂慮的反側往往是更大更必要的憂慮——是資本主義逐步的克服了國家，而不是國家制伏了資本主義。華爾街是全球的，遠比任何一個國家包括它所在的美國大。

我們先別管禁欲律己是否新教所獨有（比方我們在山西白銀商人的傳統家訓裡就看到幾乎完全

一樣的東西；更早的，任何農家都知道並代代履行，除非餓死，絕不能吃掉留存的種籽云云），而是資本主義何以非禁欲不可？一開始，禁欲究竟從哪裡、以何種方式和經濟成長、經濟起飛聯繫起來？——答案其實簡單到不行，就是所謂的「資本形成」，尤其是第一筆資本，得無中生有，極艱難的、極忍受的、背反基本人性的從並沒多少剩餘的彼時生活裡硬生生擠出來。

這在資本主義初期，是個啟動關鍵，人類歷史在世界各地反覆重演此事，台灣發生於二次戰後，是我們這代人和上代人的親身經歷——我們回想並感謝彼時加工出口區三班制工人尤其女工的「犧牲」（我的一干小學同班女同學趕上了這一行列），以為是日後台灣資本形成、經濟順利起飛的決定性一步，指的便是那些人、那整一代的禁欲，包含物質享受，其實還包括各種基本權益的凍結或延遲（過長的工時、菲薄的待遇、糟糕的工作環境、不均衡無保障的勞資關係……）。我國中二年級時（一九七一辛亥年），我農校畢業的二表哥開始在青果合作社任職，員工福利在春節前夕可整箱購買彼時出口日本換外匯的柳丁，一個個澄黃美麗而且個頭大小劃一，軍容壯盛，很顯然是嚴選的。循此，我才一樣一樣緩緩察知，有多少台灣生產的彼時頂級東西（巨峰葡萄、鰻魚、鮪魚、烏魚子、愛文芒果……），我們連看都沒看過，直接封箱上船。

這事，困難的並不是道理本身，道理太簡單了誰都懂，用不著先學喀爾文教派那一套彎曲、歪扭、勉強、也不堪人合理一問的所謂「預定說」神學論證（喀爾文也從沒要你想，他只要你聽；如今資本主義社會，喀爾文教會誰還稍微認真談預定說呢？）；真正困難發生在人性這部分，要人普遍的、長時間的封錮生命基本欲望，這就需要某個高於眾人的權威力量，至於這一權威力量是家父長（如某個山西大白銀商人）、是開明專制者（如蔣經國李光耀），或是不聽話就燒你吊你釘你用石頭打死你的清教徒審判法庭，這無關宏旨——這裡，和單純的現實權勢力量稍有不同的是，對抗欲望，便得訴求道德，事實上，這樣的權威力量總是太標舉道德，把道德升高到或簡化成最嚴苛最冷血的東西，寫成明文律法，伸入到每一處生活細節生活末梢（如不得蓄長髮、不能吃口香糖），在這階段，極詭異的給了「非道德的」、和道德講求無法相容的資本主義一抹（最）古老的道德色澤，由此，下命令的權威力量自己也必須保有（或裝扮出）這樣的道德模樣，自身也得恪守類似的禁欲要求。

這可能更簡單也更自然的解釋了資本主義初期階段在世界各地的動輒失敗並聲名狼藉（通常是腐敗貪婪、虛偽、縱欲云云），不是因為沒新教倫理，而是不容易保有一個足夠時間抗拒欲望壓抑欲望的必要權威力量。欲望，總是隨著權力的增加、權力掌握時間的延長而不斷生長，蒼老的權力一如蒼老的人，會懶怠下來，會被各式享樂所吸引，戒之在得，尤其他們比一般人看得到摸得到好東西，他們的子女、繼承人更是這樣。所以韋伯的新教倫理說仍是很敏銳的，這的確必須是一種很特殊的、有著宗教性信念乃至於執念的權威力量（新教的發生，本來就是面向著已腐敗不堪的彼時羅馬教廷，其中最濃郁的腐味正是來自金錢）。

第一筆資本的形成得無中生有，但第二筆、第三筆往後就漸漸不必了，隨著資本的正向累積，資金取得的方式愈來愈簡單、快、而且多樣，今天，一紙好的企劃書或僅僅是一番天花亂墜的話語，遠比人忍飢耐苦十年二十年得到更多錢；今天，各種非道德的以及不道德的手法也更有效、更大筆、更即時的拿到錢。韋伯沒看到的，我們不看都不行，他猶藏於迷霧中的人類未來是我們真相歷歷分明的過去——再說一次，嚴苛的禁欲要求不是資本主義運作的必要條件，還背反了資本主義的「本性」，資本主義的唯一核心是人最本能、最原始的欲望，資本主義的發生在於人終於打開了、（成功賦予動人理論的）使用了這一巨大驅力的欲望，經濟學者的根本自由放任主張恰恰好和韋伯的禁欲說明相反；禁欲和資本主義只是一個歷史「偶合」，一個資本主義微弱、遙遠時日的特殊技術手段，用後即棄也非棄不可，否則很快會轉為累贅（如消費不足需求不足，經濟景氣蕭條）。韋伯從一時的社會面現象去捕捉連綴，而正規的經濟學者則深入原理層面，並從人類漫長經濟總體經驗去掌握去一一印證；絕大多數時間我喜歡、敬佩韋伯遠勝過任何一位經濟學者，但經濟學者的確更清楚資本主義是個什麼鬼東西。

所以丹尼爾・貝爾所指稱的資本主義矛盾不是矛盾，恰恰好相反，這是資本主義一一克服了各種限制它的力量才逐漸顯露、恢復的本來面貌，也是它和種種人性欲望的正常關係；於是，這也就不是資本主義頹敗的徵象，而是它勝利的表情——多了半個世紀，不是我們較聰明，而是我們看到了。

人放縱欲望會不會把累積起來的財富吃垮、用垮呢？答案是不會，已經不會了，它已遠遠超出了人能吃能用的數量——以下，我們要指出另一道界線，財富堆高到超過一個數量，再無法用我們從古到今、或說到昨天的生活經驗來理解來想像。比方幾十億幾百億，人要在有限的一生中用完它，其辛苦的程度、困難的程度絕不下於海克力斯的十二大難題；而十億百億財富，卻又不是什麼了不起的財富，我們隨時列得出一大排名字出來是吧。

也就是，財富成為一種不會損耗、還不會損失的東西。

當錢多到超過某一個點

已故的台灣經營之神和當時台灣首富的王永慶，生前有次在記者會上回答逼問，說出了這一句我至今難忘的話：「那是因為各位錢還賺得不夠多。」這話聽似傲慢，但誠實而且還相當準確。王永慶是老派人物，也一直不是個誇富的人——王永慶沒講賺到多少錢才算夠也講不出來，但他清晰的指出某條界線、某個臨界點，不畏浮雲遮望眼，只緣身在最高層，財富過了這個臨界點，我相信（只能合理的推想，畢竟我個人的財富累積比較接近下方的另一臨界點非常慚愧，如果那幾個錢還有臉稱之為財富的話），人站在上面如站上山巔，在這裡，世界以全然不同的樣貌、形式、規矩和大小尺寸攤在眼前，人看著的想著的（舉凡其憂煩、恐懼、渴求、希望）會很不一樣，人和財富的關係（其用途、其意義、其做得到和做不到的事……）也不一樣。王永慶稍早了一步（就台灣而言），當時還殊少同類，因此講來感覺寂寞、感覺不被了解。

我在《世間的名字》書裡〈富翁〉那個篇章談到過，錢如王永慶說的賺得夠多，世界的律法限制會一條一條在你眼前消失，包括最森嚴最與生俱來乃至於有膚色、身體特徵為證的種族、國族界線；我借用佛經樂土裡人人沐於金色光澤的說法，稱這些人為金色皮膚人種。

有關這個，那些了不起的傳統經濟學著作能幫我們的顯然並不夠，長期以來，財富的討論是在此一臨界點以下進行的（或更正確的說，此一臨界點還沒真正出現）。一方面可能是解說方式的選擇，經濟學者總好心的想把問題拉回一般人可經驗、可解的世界裡來，總是以那種「假設你生產一蒲式耳小麥、我生產一公斤鐵」的寒磣方式舉例討論；根本的來說，這也是一直以來的世界實況，永遠有某個人莫名其妙賺太多錢沒錯，他個別超越，但世界並未因此改變，經濟學者大可把他或他們視為特例，既不影響理論也不怎麼干擾現實，可談也可不談，或就丟給宗教、文學、社會學、心理學、醫學乃至於各式倖進權謀之徒去玩。

所謂財富累積的臨界點，指的不是某個個人，以某種獨特的、攙雜諸多鬼使神差難能再現難以複製因素達成的財富異常累積；而是在「正常世界」裡順應著正常的規則進行，這甚至無關乎個人，而是某種職位、職能報酬，比方你是上市跨國大企業的ＣＥＯ、好萊塢Ａ咖或只是打籃球的球星。

也就是說，神奇的事不發生在人這邊（這些百億千億身家富豪的生命經歷往往乏善可陳），這只是財富自身的演化，唯一可稱之為神奇的只是這個臨界點，從量變到質變的這個點，財富數量的累積超過它，便進入到一個全新的階段，成為一個全然不同以往的奇怪東西，並牽動了整個系統、整體結構的配合變化。至此，財富不僅用不完、耗損不了，有了整體系統的保護防衛，財富還不容易失敗，沒有懲罰無法節制（雷曼兄弟惡搞這一場，闖的禍殃及全球無辜，但有誰受到懲罰呢？），它長期存在穿透時間，除了財富擁有者個人的精神和心思狀態，整個世界愈來愈奈何不了它，這才是真正的歷史大事所在——經濟學者克魯曼早就指出來了，富人已構築出另一個世界，活在另一個世界。這十年二十年下來，克魯曼當時頗駭人聽聞的此一斷言，可能已太常識太輕鬆而且有些過時了，真正持續發生的是，那另一個世界正逐步修改、替換我們原來這個世界，人從思維到行為配合著調整改變。

從數量到實質內容，我喜歡已故生物學者古爾德的具體說法，個體大小比一般人想的更有意義，個體大小往往就是其內容和本質，決定它是什麼——古爾德以為最精采的是他在動物園裡無意聽到的兩個小小孩對話：「為什麼狗不能長得跟大象一樣大呢？」「因為——因為牠如果跟大象一樣大，那牠就是大象了。」

古爾德說：「你曉得，她說得真是再對不過了。」——當財富的狗長得跟大象一樣大，那它就是大象了，是全新一種、完全不一樣的東西了。

積攢在天上的財寶

有關財富，《華爾騰湖》裡梭羅引述的、相信的是《聖經》福音書的登山寶訓。這是年輕的耶穌禁食了四十個晝夜（不可思議的身體承受能耐，一般而言，必定會心生幻覺），和魔鬼一起走上那座（當地）最高的山，拒絕了世間權勢和財富的誘惑之後，所做出的激進無比的道德教諭，我們可理解為是他人生最初的也是最重大的一次決定，選的是三道歧路中的人稀小徑——〈論真財寶〉這一章節，其原文為：「不要為自己積攢財寶在地上，地上有蟲子咬，能鏽壞，也有賊挖窟窿來偷。只要積攢財寶在天上，天上沒有蟲子咬，不能鏽壞，也沒有賊挖窟窿來偷，因為你的財寶在哪裡，你的心也在哪裡。」

我高二上時的作文，也引用過這一章節，是取自梭羅的而不是教會的，但被上了年紀、小心翼翼的國文老師整段畫去，還幫我逐句改寫成完全不同的意思。我還記得評語：「思想略嫌偏激，惟文筆尚稱通順。」——很不好意思，其實文筆尚稱通順的是亨利・大衛・梭羅以及聖馬太，思想略嫌偏激的則是耶穌基督。

「偏激」，是台灣那個時代的慣用語，通常用為勸導，偶爾也是個小小罪名（勸導不成的下一步）。這個詞如今幾乎看不到聽不到了，說明我們在對抗權勢一事上取得了相當的成就。

有趣到不免讓人錯愕的是，這番偉大的教諭，鬼使神差的，居然也是一則偉大的預言。預言了什麼呢？預言財富以及貨幣的歷史演化，從易朽易遭偷盜的財富，到不再鏽壞可長期持有的財富，再到如今已難以盜取、錢認得他主人是誰的財富——從金屬貨幣到紙鈔的信用化、憑證化、簿記化，就在紙張取代金屬那一刻，這進一步的演化已然注定、已「寫在紙上」任世間全部眼淚也流不去一行（人類創造出某種東西、使用某種東西，通常並不馬上知道這東西的真正潛能、這東西實現的模樣，這是個歷史通則），最終，財富的持有方式只是一種記錄，和指紋和瞳仁一樣，釘著本人的。存放於哪裡呢？真跟耶穌講的一模一樣不能再準了，存放在所謂的「雲端」，沒蟲子，不鏽壞，賊也無從挖窟窿來偷（偷走一本帳冊是什麼意思呢？除了用為勒索、告發、罪證搜集，或個人怪癖收藏），是的，積攢在天上的財寶。

雲端，世人的心果然日趨集中於此，每個跨國大企業的眼睛也緊緊盯住這裡，這才是全球化的真正心臟部位，商家必爭的利益主戰場，如今已是，可預見的未來更是，事實上，只有某種接近末日規格而且無法再修護的全球經濟崩毀才能讓它不是——這點耶穌也說對了。

財富累積不知不覺越過了臨界點，也就是說，財富一步一步脫離了人生現實，財富的計算數字已不同於我們日常生活會使用的數字——而一開始真的就只是數量變化而已。我們的人生現實一如哲人所說的處處有限，數量一超過就裝不下用不完，更麻煩是不知道它會怎麼流竄，會帶來什麼作用，這很像醫學報告所說的，在漫長的生物演化裡，我們所熟悉的（從身體自行反應到知識構成）是匱乏是不足，以至於，當身體少了什麼，我們很知道會發生什麼事，通常也還懂得如何承受如何補救；但身體裡某一元素某一成分過量，這是新狀態，我們通常並不知道它會跑到哪個部位、積存在哪裡、以何種方式積存並引發何種新病變。

丹尼爾・貝爾以為的資本主義致命矛盾，這只在財富未達臨界點的昔日世界才成立，那時財富總數有限，用於此就無法用於彼，人吃掉它揮霍掉它，投資賺錢的資本就不夠了——然而今天，別說比爾・蓋茲或李嘉誠，一個有著比方十億新台幣資產的人（這儘管還不至於滿街都是，可也絕非稀有，洩氣的說，十億資產在如今的資本主義大遊戲中還遠遠不夠格，如基度山伯爵說的「三流富翁」），他個人的生活奢華些或節儉些其實不構成任何影響，只是他財富尾數的起伏變動而已，更多時候它還會自動補回來；除非人極度愚蠢或極富想像力，錢可以是永遠花不掉的。臨界點以下，人長期累積了、處心積慮一大堆無法填滿、懸空在那裡的嗷嗷欲望，他日若得志威震泰山東，看著好了，花錢當然是兩眼熠熠發光的天大享受，花不完、而且還自己會補回來的錢則是個夢；但在臨界點上方的新世界裡，由於人的所有基本需求早已抵達邊際效益的零點了，硬要再用錢（尤其是合理的、有意義的用錢），其實是極費思量還頗辛勞的事，這正是王永慶所說「錢還賺得不夠多」的我們不容易體認、甚至怎麼說都不願相信的事實如此。

奢華抑或節儉，如今只是個人的生活、生命態度問題，無關乎資本主義的運作，若還要多說點什麼，那必定是——真正和資本主義構成矛盾的，毋甯是節儉而不是奢華。

當然，經濟學者一般不會用這麼冒犯人素樸道德意識的說法，資本主義會要我們留意消費不足、有效需求不足的令人憂心現象，那會直接導致經濟景氣下滑乃至於進入蕭條。用錢，讓錢不斷流入市場如活水，如今是人的一個道德義務。

接下來，我們來想錢怎麼自己補回來，聚寶盆現象。

聚寶盆

多年前，我一位熱愛喝酒唱KTV的老朋友有個「卑微的夢想」，他別無所求，只希望錢包裡永遠有一萬塊錢，用掉了，會自動補回來——倒沒說是來自一個神奇的錢包，還是一個更神奇的老婆。

人類，幾乎不管活在哪裡的人們，都曾有所謂聚寶盆這一東西的想像，有時它也是植物、一株摘了就立刻長回來的神奇果樹，或一個餐桌，自己會「冒出」滿桌美食。台灣人愛到排名世界第一（台灣之光？）的吃到飽、食放題、all you can eat云云，就是後者的現代版本，在台灣，如果你開燒肉、火鍋一類的餐飲店，不提供吃到飽，大概就只有快快關門大吉一途，這顯然呼之欲出的透露著某一深沉的心理狀態、某個情結，有點悲涼。

今天回頭來看，人類真的很土很可憐，但人類其實早就發明出聚寶盆而不自知，那就是貨幣，效果還比那些個陶盆、果樹、餐桌更好更廣泛照顧到人的各種需求，超越臨界點的財富則是它的終極實現。

於此，經濟學者最先注意到的聚寶盆現象是「地租」，一種占有的、世襲的、不勞而獲的、很難納入到一般經濟理論裡予以公平解釋的特殊利得，得不安的單獨立項處理。其實當時利息（即錢生出錢來）也早已出現，尤其是義大利（半島，還不是個國家）銀行家成功把保管窖藏的金錢轉出為可創造利得的活水資金，財富的積存從必須支付費用（如今天租用銀行保險箱，非貨幣性持有的財寶則不會自動生出小財寶來），成為反而有錢可拿，這本來是人類歷史性的一刻，應該有比方天雨粟鬼夜哭之類的異象伴隨才是，看看今天金融業的規模、運用幅度和獲利能力，想想日後那一堆已成經濟學核心的貨幣理論，但很長一段時間經濟學者一直努力把利息解釋為一般性的合理收益，和人的勞動並列（乃至於只是勞動成本之外一個必要但小額的支付），並非不勞而獲，而是人願意抑制自身欲望、延遲消費云云的正當酬報。

這說得通也逐漸被接受，特別是在資本取得和形成較困難的啟始年代，現實選擇壓過了、決定著理論選擇（人類的理論更多時候是選擇性的，人隨堅固的現實明智的見風而轉。學院世界有學院世界的「時尚」）；還有，當然是利息（即錢生錢）當時仍如涓滴之水，還不是如今的一條大河、一片汪洋。

其實地租是否也一樣可解釋為某人祖先抑制欲望、延遲消費的合理結果呢？土地原先可能是強占的、巧取豪奪的，但財富又何嘗不是？這不也是同一件事嗎（以貨幣或以土地的形式持有）？而且，經濟學什麼時候有這麼強烈的道德意識，管到人家祖宗八代前的人格操守？

基本上，這只取決於人類對「繼承」一事（亦即當世之人不勞而獲取得某物，人不是平等開始的）的認知，也就是我們之於「公平」這一應然概念的不確定、變動性想法及其現實妥協，基本上和經濟的市場規則無關，使用別人的土地和使用別人的資金是同樣一件事，也一樣「使用者付費」，現實世界正是每天這麼進行的。

土地唯一令人不安的是其數量的恆定，幾乎不會再增加，是相當徹底獨占的、排他的、零和的（經濟交易的根本要求是兩利的，儘管這往往只能是一種理想），以至於土地的私有化更容易是一種世襲現象，並實際上對經濟的順利運作產生諸多極「不健康」的影響，這在人口、土地比例緊張的東亞一帶尤其怵目驚心，比方說香港，絕大比例土地就握在那四個人、四位大叔手中，幾十萬、百萬人為之長期焦慮受苦。該不該就讓土地「恢復」（各種形式、各種程度的）公共化公有化呢？這是一個不懈的、惟日漸微弱下去、對抗意識遠高於實現意義的聲音。

從全球而不從東亞局部的角度來看，土地問題明顯不義但卻不真的是最棘手的，關鍵一樣來自於它的恆定不增加，這使土地的操控獲利和公義解決這兩端都沒足夠彈性，明智的舉措和聰慧的詭計一樣沒太多空間，問題滿「死」的——根本的來講，就是人口和土地的比例問題，冷血點來說，這必須也可以緩解，緩解其實也正在發生包括東亞（比方人口成長的趨緩、歸零乃至於負成長，比方持續的移民移居如熱力學第二法則，真正的最終困難仍是馬爾薩斯式的，短期的衝擊則是旅遊，已是全球時尚的蝗蟲般旅遊人數）。而且，熟悉金融商品的人都曉得，土地作為一種金融商品，是初級的、原始的、笨重的、打草驚蛇的，而且正當性始終不足；它創造性的空間有限，又帶著過度明顯過度迫切的掠奪迫害印記，國家、社會的其他權力其他阻攔力量也較容易介入，比方徵收土地通常寫成明文法律，有一套辦法及其程序，是國家的正當權力之一，但徵收人家貨幣不是，那是搶劫，或者是革命。

所以，當我們說財富已不易損耗、損毀，指的便不僅僅是「錢多得用不完」而已；也不僅僅是錢會生錢，二十四小時無休速度遠遠快於人的消耗而已；利息只是個開端、只是貨幣新大陸新世界的發現，今天，貨幣已不是乖乖在家生產（在此同時，我們果然已進入了全球性的超低利率時代，由日本領先一步，但這明顯不是日本一國的特殊問題），貨幣全面入市，是最快速的賺錢工具，而且幾乎不會真正失敗。

一個活的、忙碌的、全球進出掠食的奇怪聚寶盆。

我的幾位寒酸文學友人定期買大樂透威力彩，常因此接受全台各地的文學邀約（他們總神祕的認定這一期會開在某個遠方小鄉鎮），相信只要中它一次（扣稅前兩三億到二、三十億台幣不等），就當場解決我人生至此的所有問題（好吧，幾乎所有），還因此怨怪起自己的生辰八字、怨怪列祖列宗生前顯然沒做夠多好事。十億台幣，相當於三千多萬美金，這可能是某些人的基本年薪、一次工作所得，乃至於一日所得、一支股票或一次匯率的瞬間漲跌，這樣是什麼意思？是說我們得想像有一堆人每年得固定中一到幾百上千次威力彩。

人一天八小時工作賺錢，花錢之事則可以提高到十六小時，但貨幣賺錢是二十四小時每分每秒，日以作夜——所以，有個酸溜溜的說法我們聽得懂但仍是錯的。說比爾·蓋茲即便在街上看到一張百元美鈔仍不該彎腰去撿，因為那幾秒鐘消耗的時間和體力他可賺千倍萬倍的錢。錯在哪裡呢？錯在不知財富的聚寶盆效應，財富的「自動」生產增殖。比爾·蓋茲仍該彎腰去撿，也實質的會增加他一百美元資產，他不撿不是不合理，只是不屑。

當然企業仍會失敗

財富的不易損耗損毀，如今，就連個人的愚蠢、敗德、噩運和異想天開（很長一段時間，這是人們對財富破毀、財富得以解開重玩的希望所寄，尤其前兩項，我們認定它人性上必然發生），都已有了各式防火牆、各種預警和防衛機制，老實說，你自毀的想走到那最後一步都不容易，遠比自殺困難多了，也實際上少見多了，通往懸崖的路上有各種人各種力量和裝置攔著你；這不是一個人的問題，這是一整個體系的運作，大家多少綁成一起，超出了個人的意志、思維和習慣。

要一樣一樣細數這些防衛機制可能太麻煩也太專業無趣（舉凡法律、稅制、企業構成、市場規則、各式金融配備和操作要求，以及一整群訓練有素的專業人員云云），我們常識的這麼來說吧——如大經濟學者熊彼得（當然不只他一個）講的，企業會失敗，人會破產，亦即好不容易禁欲積攢來的財富一夕化為泡影。可是人類世界必須不斷進展不斷創新啊（是嗎？），這麼艱難危險的工作總得有人去做，於是，企業家被描述為某種勇者，還是個智者仁者，他敏銳的看到了我們看不到的未來可能，某種微光模樣的人類寶貴東西，頭也不回帶著身家幸福冒險深入，如果他成功，其成果會慷慨由人類全體所共享云云。所以，我們能為這樣的好人做點什麼呢？除了尊敬和喝采，那當然是想辦法實質的幫他（等於也幫我們自己）降低風險、提高獎賞。這不是為他這個人，而是此一行為，也好鼓勵更多人也能這樣，所謂的以勵來者。

這不是一則神話（儘管原來只是神話，最早期也確有幾位神話人物如歐文），而是這一兩百年來人類集體確確實實做著的事，持續的、一處一處的降低風險提高獎賞——今天，企業依然會失敗、破產清算，但早已不是本來那個意思，比方傾家蕩產、粉身碎骨、聲名掃地、一無所有、得躲避債主卻又不得不拋頭行乞度日云云。《基度山恩仇記》裡破產的老莫萊爾先生以為只有飲彈自殺一途，他兒子馬西米蘭也支持他，認為這是榮譽的磊落的；《環遊世界八十天》的福格先生（以為輸了賭注）悲歎自己財富和聲名兩空，此生休矣；《高老頭》則就是死亡和一場沒人來的喪禮。早從有限公司有限償付的發明並立法承認保障就已不至於這樣，在今天臨界點以上的新財富世界裡（如華爾街那些新世界選民）尤其不是如此，企業破產、清算、轉手、購併，這是每天每時進行的事，只是一個正常作業正常程序，也是一種可選擇的安排、一種經常性的策略（可比較一下兩年前和現在的那斯達克上市企業名單，你一定會很驚訝有多少公司「消失」了）；是的，更多時候這還是一種獲利手段，你在其中找不到一滴淚水的。我們在現實世界裡常見的此一景象絕非幻覺，某人的企業失敗破產，可他並不變窮，馬照跑舞照跳錢照花，生活方式完全如常（甚至吃了官司關入獄中都如常，需要講出姓名嗎？），就連社會聲名也不見怎麼折損。

企業失敗，失去的是在此一新財富世界的再進階升級，基本上只是「野心」這部分，成為一個「悲慘的富豪」。

香港四大叔中排首位的李嘉誠說過一句大意如此的名言，當代格言——「絕不要跟你投資的事業談戀愛」。說起來，熊彼得這一干經濟學者真是好心的外行人。

大到不能倒

「避險」這個詞，如今不是一個如字面上的概念、一個提醒，這是以全球為規模的一整個龐大無匹機制（也是獲利最大的行業之一），包含了一堆機構實體，一大群據說是最頂尖最聰明最不眠不休的專業人員，以及一整個複雜的知識、資訊網絡和操作管道、技藝——避險是個極謙卑或太狡猾的詞，讓我們想到另一個稱謂，那就是全球的軍事武力都是以「防衛」為名，說真的，到底有沒有過哪個國家誠實的稱之為「侵略部」呢？

這一機制，人得笨到一種不可思議的地步才會不知道使用它（你稍有財富儲蓄它立刻會找到你，很多時候還是滲透的、不知不覺利用的），可是真笨到這樣的人又如何能躲開它不被納入，這是有關愚蠢的一個當代悖論。

雷曼兄弟的全球金融海嘯這肆虐一場，所留下來最深慟的歷史教訓，也必將成為往後標準作業指導原則的正是：「大到不能倒」。放手讓雷曼兄弟走到最後一步意義的破產（美國政府因此飽受批判），這災難我們都目睹了，還親身體驗了好幾年，刻骨銘心，能再來一次嗎？——大到不能倒，這個雷曼神諭的另一面便是，那些還不夠大的可以倒。這裡清清楚楚指出某個臨界點，臨界點以下仍可讓它自食惡果，仍適用舊世界的一切法律、社會規範、經濟法則和道德要求；臨界點以上，A Whole New World，阿拉丁神奇魔毯之旅，那就是一個新的世界了，所有人間既有律法都可打破可商量的全新世界，或如經濟學者克魯曼以他專業所指出的，一個連最根本的供需法則都不適用、都不生作用的「完全不一樣世界」。市場原是經濟世界的唯一獎懲系統，這是經濟學者幾世紀來最堅持的，也幾乎是當前事實，而市場無法懲罰，就1－1＝0，再沒任何力量任何機制可懲罰了，人人任意而行；或更正確的說，市場原要懲罰甚至已懲罰，但我們得想方設法以集體的力量來阻止來追回，防衛、修護並源源挹注資金。

一種自由自在、不損毀也不能就讓它損毀的財富，一個富人專屬的「逃城」。全球金融海嘯這段時日，稍稍留心的人想必都看到了，那幾位最認真最明智的經濟學者都勸告我們，先不追究原因責任，那是個泥淖（還大到不能反省檢討，我們如何能因此更換一個全球經濟系統呢？），先集中一切救市，讓景氣脫困再說。

我手中有一張已絕版的清朝陞官圖，這是中國傳了好幾個朝代的最後修訂本，據說出自紀曉嵐之手——這個陞官賭博遊戲，據說是那些宦途不順的人愛玩的，以六枚骰子擲出德、才、功、良、由、贓來決定升貶，從最底的出身到最高的王爵，官職就是整個大清官制包含正、從九品（等於十八級）以及更低未入品、更高皇帝身邊特殊任命的榮寵職位。這顯然是極熟悉清代官制及其遊戲規則的某人（不見得真是紀曉嵐）所修訂，它的升貶途徑細節就我所知相當吻合歷史實況，就只有一點既不公平可能也不見得正確，那就是正一品以上的大員如大學士、軍機大臣和五等封爵之人「遇贓不罰」，穩贏不輸，你順利上到那裡，幾乎怎麼擲骰子怎麼拿錢。

我們曉得，實際的權勢歷史裡沒有這種免死免罪之身，也許一般微罪不舉，但這些帝王臥榻之旁如伴虎的位高權重者，一出事可都是天崩地裂的大事情——我因此懷疑這個設計其實是嘲諷，人宦途不順，難免生成犬儒之心。

出贓不罰，金剛不壞，在權勢的世界只能是一個理想，古今中外千年以來無法實現，但我們今天幫他們做到了——在全新的、臨界點以上的此一財富世界。

總是要問，一個人為什麼可賺這麼多錢？

雷曼兄弟那幾名禍首而今安在哉？人下落何處？近況可好？身家財產數字各多少？真是不公平我們肉搜某個電車痴漢或酒駕肇事逃逸者都還認真些熱心些。也許也是我們隱隱知道，真正的問題根源是今天的金融體系、是貨幣、是財富世界的演化樣態，換個人換家大公司，如此的風暴方興未艾仍會定期不定期襲來——唯一可確定的是，丟掉房子、住進帳篷的不會是這些人，那是付不出他們以數學設計出來的Interest Only型或Pay Option ARM型房貸的人。

包圍華爾街但一如所料不了了之的那些熱血之人也指出此一臨界點現象，他們的說法是百分之一的人和百分之九十九的人，不精確但甚具說服力。克魯曼一干學者把這姑且就算他百分之一的富人世界描述為「國中之國」。真這樣其實還好，它封閉起來自成樂土，不時時干擾、侵害我們百分之九十九的人「正常世界」，我們或不知道或忍受它存在即可。事情的真相極可能是——這是個很詭異的當代景觀，同一個當下現實，卻同時存在著兩個世界，兩種規則，兩組律法，兩套生命態度和生活方式，以及最實際的，兩種財富：一種不損不耗不毀的財富和一種朝不保夕一覺醒來蒸發不見的財富。

冰島人，往昔，在他們精采的神話《薩迦》裡描述過一個末日，諸神黃昏，亡靈全部復活，開著死人指甲所做的戰艦（人類最富想像力也最陰森恐怖的一艘戰艦）而來；如今，他們揭示了另一個神話式的末日，全國一夕間破產，光天化日，關他們什麼事的瞬間破產。

這百分之一的人的世界既混同於、密密交織於百分之九十九的人的世界，又以某種隱匿的、而且無責任的操控方式居於其上。他們拿走了人類世界所產出的絕大比例利得，這樣驚人比例的持續占取是未曾有過的，在過往人類歷史上就連最暴虐最不知死活的統治者都吞不下這麼多（中國歷史的長期稅率執念是百分之十，當然這只是低估的理想數字，但也一直是牽制力量），也必定第一時間引發暴亂和革命，但如今這只是合理分配、合法所得而已。貨幣不再只生出利息和所謂的「資本利得」而已，貨幣如今是最神奇也最危險的魔法道具，創造出它的魔法王國。在這些大魔法師手上（比方昔日的葛林斯潘，比方現役的巴菲特、索羅斯等族繁不及備載且不斷增加），傾國傾城，可輕易毀掉一個人、一個家、一個經營多年的公司，乃至於一個縱深不足警覺不夠的國家；當然也能把百萬人終年辛苦的勞動成果，一個彈指變進自己的帳戶裡來。

《春秋．左傳》，子產理直氣壯質問盟主晉國，如若不是不斷滅人國家，請教貴國如何能從當年制式分封的七十里、百里平方之地長成現在這個大模樣？有時，事情就得從結果來看，看結果，往往有揭穿華麗詭計、從魔法催眠裡脫身的除魅效果。推理小說家很懂這個，常提醒我們丟開滿天迷霧，最簡單最實際的問，這個或這趟謀殺，最終真正獲利的是誰。我們永遠可以也必須如子產這麼質問，心平氣和的，追求真相的，包含著純知識性的好奇——您究竟是投入了多少勞動（這簡單可計算，若超時加班，可適用最高酬付）、究竟是創造出什麼偉大價值的東西（這可平心靜氣檢驗討論），可以在短短三年五年之內拿走百億千億的酬報？

百分之一的人的世界和百分之九十九的人的世界如此擠一起交錯一起，百分之一的人的世界的種種訊息時時進入百分之九十九的人的世界（以最醒目、更常帶著誘惑的方式），這正是托克維爾最擔心的，他以為這最容易毀掉人，讓人「腐蝕」「卑鄙」——的確有極高的風險如此。

這確實不是一種生長良善東西的處境，往往就連既有的、我們信守不疑的好東西都不再容易保住。人心中諸多陰黯潛伏的那些東西反覆被挑起，做個本分的人會變成保守、愚笨、過時，而且不知死活；人心惟危，人禁受不起這樣頻繁而且強烈反差的冷縮熱脹，會片片剝落。

這也很容易是個壞人振振說話的社會，這極可能是最糟糕的部分——壞人時時教訓好人，自私的人教訓心懷公義的人，人大徹大悟學怎麼自私、學怎麼當壞人。

富貴列車

補充個即時新聞，今年（二〇一五）大專聯考，報載，有個應該是聰明用功的年輕人，分數級別可進最高的台大醫科，但他腦袋清楚的選擇念金融——我們的記者，不假思索的就把他說或是個有理想、可作為小小典範的年輕人。

是這樣嗎？幾年前我白紙黑字寫了，半世紀不動第一志願的台大醫學院正緩緩下滑、逃逸，金融正是我賭的下一個第一志願，「傻瓜才去當心臟外科醫生」。這無關個人的獨特判斷選擇，這是社會大的集體趨勢所在。

選金融，我們可以說他聰明甚至精明，是個的確識時務、後生可畏的人，但這怎麼會是「理想」呢？——除非這個詞的意思也全改了。理想，再怎麼委頓限縮，也該仍保有最起碼的公義成分，以及更起碼的硬頸抵拒現實成分是吧。

財富新世界，這上頭仍沿襲著、占取了過往的一個糟糕歷史思維和書寫方式，那就是「成功者幫他找成功的理由、失敗者幫他找失敗的理由」，這是歷史勢利眼的一面——你卓然超出同代人賺到這麼多錢，便可以或自然有人跳出來幫你創造一種回憶、一個或一串前因，比方五六歲時和童年玩伴看溪中游魚，你當時想到的就跟所有小孩不一樣；或更早，你母親懷你時就有些不尋常的所謂異象，做了某個有太陽月亮掉下來或某種大鳥飛來的夢等等。

快四十年時間了，我只參加過一次高中同學會，那還是因為我們昔日老班長要選立委臨時拉伕召集的——我們高二那個班，二年一班，是同屆全校二十六個班唯一的文組，當然大部分人是商和法政（當時叫丁組），文科（乙組）寥寥六名。這基本上仍是當時菁英層級的時代空氣成分正常比例，我猜，我這五十幾位異類同學多少仍有點主見甚或理想，也多少得抗拒各自的父母家人吧。惟多年之後，這五十幾個人卻宛如四面八方飛出，很難相信昔日是從同一個班、同一個點開始的。光從財富所得結果來看便天差地別，其中好幾個真正賺到大錢的（當然皆是進入了金融相關行業），我想，絕對遠遠超過別班那些馴服進了台大醫科、台大電機化工的，他們當時就看準、有計畫有步驟的走向這個成果嗎？那是胡扯，這一切當然始料未及，是變換不定、鬼使神差的生命潮水使然。這裡有個最基本的「時間差」——中國的古老成語「屠龍之技」指出的，正是這個可笑也可懼的時間現象，人傾盡所有拜師學習殺龍技藝，藝成下山，卻發現世界上再沒有龍這種東西了。

回頭來看，要說當年選金融、選電子是何其睿智的判斷，真的大可不必；要說這是我日後認真工作甚至不眠不休得來的，也許是事實，但是，在別的行業別的領域，難道就沒有一樣、甚至更認真聰明拚命工作的人？——所以大大方方承認吧，這根本上就是捉摸不定的時間潮水變化，誰知道呢？

我自己稱之為「富貴列車」，多年前一篇寫我父親小起小落一生的短文以此為名——每一種時代，總會開出一兩班這樣的列車，名額極有限，其實也難以預知，你幸運搭乘上它，最終才發現原來就是這班車，它直通不思議的財富王國。

一定要講那百分之一的人多英明睿哲，我還甯可選擇相信古老神祕的命運之術，或輪迴報應之說，這至少比較有機會是對的。

聲譽只是一根繩子

得停下來並解釋一下，我真正關懷的其實只是聲譽，想弄清楚的也只是聲譽這東西如今的模樣和處境而已——因為，聲譽單獨的探向應然世界，聯繫著也相當程度決定了我們對應然世界的必要思索暨其可能數量、幅度、範疇和內容。我相信我們不能只有一個實然世界、只剩當下，那其實是返祖回去百萬年如長夜的生物性世界，那不會是人們真正想要的，包括那些只打電動遊戲、只守著電視連續劇看的人，都並不滿足於、都想逃逸出只此一個的實然世界，差別也許只在於用較舒服的或較辛勞困難的方式而已。

應然世界的不斷失落、縮減和扭曲變形，當下總是不知不覺也不以為有什麼關係，但很可能是人類未來的一個麻煩——當下，正是昔日人們的未來，很大一部分正是昔日人們對應然世界的堅持、爭取暨其實現，就跟凱因斯講的一樣，我們其實不自知的都是往昔某個思想者、某個智者的信徒。

想的是聲譽，卻一路誤入財富的密林之中幾乎走不出來。

但我不斷發現這極可能是必要的，就是非得快步走過財富和權勢不可。聲譽飄在風裡，且往往在路的末端才出現才真正完成（如柏拉圖所說，好東西總是在路的末端才顯現），其實是個很敏感也脆弱困難的東西，也往往（尤其一開始）污損於、屈服於我們當下對財富和權勢的偏好和畏怯。

所以，聲譽的反面暨其最大毀壞並不是惡名和罵名，一聲佛法滿街起謗，聲譽從來就包含著惡名和罵名，更多時候還是惡名和罵名的比例較高，這是它和總是搖晃的、不確定的、且利害糾葛歸趨各自不同人心相遇的必然結果，也是它抵抗當下權勢和財富集體性力量的必要代價，我們最好視為它構成的必要成分，孔子如此簡單的說明，好人喜歡你，惡人痛恨你（當然，現今世界想法有點變了，所謂惡名罵名一樣都是出名，而且還是一種來得較快並且可安排的聲名，有助於行銷獲利）。

聲譽的反面暨其最大的毀壞和威脅是虛偽，一種篡奪的、帶著強烈腐蝕性的假面聲譽，也往往是一種逢迎的、討好所有好人和惡人的假面聲譽，這其實就是貼合於、依附於財富乃至於權勢世界利益企圖的聲譽，借用買賣交易的某種天條，比方好人惡人一樣買你書，都可能是顧客，你怎麼能得罪你的顧客呢？

長期來說，聲譽終極反面的、最沮喪的處境則是遺忘，桃李不言，果然也就沒人來了，人走向那些很會說話表演、還奇怪四季常開不打烊的新品種桃李，這邊安靜的生長安靜的死，一切就跟從沒有過一樣，波赫士的較美麗說法是，像只是做了個夢。

能夠的話，我們會希望聲譽獨立，清醒，有自身堅實的、首尾一貫的生長方式和生存據點，不受利誘（財富），不為勢劫（權勢），所謂的實至名歸，聲譽所標示的完全符合其內容物，不是圖像僅供參考而已——聲譽是光，確確實實包裹著某一個非比尋常價值的人或其作為成果；不大像由我們額外賦予它增添它，這一光亮是從這人的此一作為這一成品裡射出來的，我們只是看到了並指給別人也看到了而已，像圍棊大國手吳清源這一句我如此喜歡的話：「當碁子在正確的位置，每一顆都熠熠發光。」

這不全然是妄想，這曾經相當程度是事實，至少人們頗為普遍相信並奮力如此（比方在那樣一種處處並不方便的時代，人們如此慎重並惟恐遺落遺忘的驚人規格記史讀史）；如今愈來愈接近只是個理想，只存在那些疑惑的、不安的、莫名憂煩的為數不多的人心之中——發生了什麼事呢？一定有事發生了不是？

我自己對財富和權勢單純的毫無興致，算算年紀也來不及有興趣了。還好這話現在可以直說，現在說應該不會再有任何（道德）自誇的誤解，倒像只曝現自己是個過時的、追不上世界變幻莫測腳步的人而已。

不是對財富和權勢好奇，而是得努力弄清楚聲譽的當前處境，在一個總是財富和權勢交織縱橫的如此世界。

歷史上，我們也很容易注意到，那些真心蔑視財富和權勢的人也多一併蔑視聲譽，我以為這是對的、一貫的，這是對聲譽的脆弱、不確定和其經常性虛偽的必要警覺，對聲譽總嫵媚的侍奉著財富和權勢的油然厭惡。但脫開個人生命信念生命選擇不論，我仍願意為聲譽這東西辯護，我們可能還是很需要它，儘管總去除不了那些討厭的風險——再講一遍這個老笑話：「你怎麼會被官府抓去？」「我拿了人家一根繩子。」「才一根繩子也報官？」「繩子另一頭繫著他們家的牛。」

聲譽是這根繩子，它本身也許毫無價值還帶點做張做致，但它繫著、繫住很多有價值的人和東西。聲譽因此也呈現著這樣的悖論——真正最該賦予他聲譽的，也許是那些並不在意、喜歡聲譽的人。所以，並不是給他們，真的只是為我們自己。

報稱系統

知道聲譽並非單純的贈予，而是為我們自己，好讓自己、也讓更多人記住某個珍貴的人、作為和作品，這樣一定程度就可減低聲譽的虛偽成分——騙自己幹什麼呢？當然，騙騙自己偶爾是有好處的（比方為了偷懶、舒服、讓自我感覺良好些云云），但長期來說是不划算的。

納瓦荷人有個很世故睿智的說法，不是禁止人說謊，而是要你留心、拒絕長期來看的代價——你可以說基本上於人無害的謊，但千萬記得同一個謊言別超過三次，以免這個謊言會綁住你困住你。

最後一個還上當的人總是自己，包含以此為業的行銷人員、政治人物和騙子，這幾乎是人生的通則。

以下，來進一步清理、確認聲譽這東西，像安排一次打掃工作——不是找定義，只是必要的使用說明。

長久以來，朱天心一直最厭惡、最想不開一種人，她稱之為「什麼都要的人」——其實還挺多人這樣，要一一說出名字可能太長了，也不免傷感，這裡頭不乏是二十年、三十年的老朋友，只不斷凋落幾乎不會再生補充的老友，就像孫中山落難英國倫敦時結交的年少友人南方熊楠說的：「交朋友是有季節的。」跨過了人生中年，就差不多是不斷掉葉子的秋天了。

當然，能擁有財富和權勢的不一定全是惡人，人也依然有機會有空間做個不錯的、予人有益的有錢人有權人（理論上他們「有更大能力」做個好人，但實際上不容易，得穿過不少種針眼）；老朋友搖身成為財富權勢中人，我們還會稍微偏心的為他高興一下。但如果如此左言右行、物質享受自己精神性靈別人、處心積慮結交政商名流卻一直說自己和勞苦大眾站一起、還京劇人物背家譜般定期宣稱自己是××之子（舉凡窮人、貧農、礦工、流浪漢云云，總之是據說上帝最愛、所以一下造得太多的那些人）；那就真的有點可厭甚至可惡了。財富和權勢，人可能擁有的三大好東西你已三取其二，還是更可欲的那兩種，就放過那個如今愈來愈無用的聲譽吧，朱天心的說法是，「別把寡婦的最後兩個小錢都騙走」，留下來給那些認真做事情、但不會有財富和權勢報償的人。謝天謝地，這個世界再糟，總還留有那幾個保衛我們不被天火擊打毀滅的義人。

終極的來說，這樣對聲譽的特殊強調，隱隱期待著、呼喚著一個不同於眼前現實的世界，一個曾經讓賈西亞・馬奎茲為之熱淚盈眶的世界——「你屬於那個我熱愛的世界」。

財富、權勢和聲譽，本來彼此招引互為表裡，但很明顯的，朱天心是努力把聲譽分離出來單獨成立，想讓它卓然獨立於財富和權勢的熱騰騰世界之外，清操厲冰雪——這是老時代的做法，並不是不知道人生現實如此，而是正因為太知道人生現實總是如此，有陷於單調和不公正的種種風險，要人人得設法做出補救。我們當然可以直接提倡某種更高尚的情操，事實上我們也一直這麼做了，要人學會不求報償，真正的報償自在其中，那就是人確確實實的成就感、充實感，以及某種如辛苦勞動後睡得著好覺的很舒服疲憊感，這都是真的，正如耶穌的山中寶訓所勸戒的，右手做了好事，連左手都不該知道云云（但右臉頰挨打，左臉頰必須知道且一併被打）。只是，這樣未免太冷冽太苛厲了，也有讓人陷於孤單、徹底斷裂開來、棄絕當下世界的最終風險，就像耶穌赴死或打算回家前夕所說「分別為聖」那番其實很悲涼的話，要把我們和這個世界徹底分開，我們和這個世界彼此憎惡，已完全無法對話、感染、和解了，這是令人為之深深悲傷的收尾及其想法。比較人性可行也遠較世故寬容的方式仍是，得設法形成某個「報稱系統」，這才可長可久，不必也當然無法比照財富和權勢的規格，但能讓善的心志、善的珍稀能量有機會構成某種生生不息的最起碼循環；有人看到，有人露出微笑，有人可以說話，這有時是極大的安慰，蛛絲般拉住了、延遲了人離開的時間。

孔子在意聲譽，褒則褒貶則貶，好事惡事必須盡一切可能讓世人也都知道。鳥獸不同群，他選擇的是人的世界；耶穌向著神，他以為他的家在天上。

相互感染很重要，重要性很可能並不亞於成果本身（否則失敗了就毫無價值，失敗之所以仍有可貴的、甚至讓人眷眷難忘的無上價值，正在於它比成功更稠密的感知啟示力量）；或者說，它本來就是成果的一個目的、一個期待——正如一個書寫者，他想著一個作品，也同時想著一個世界。

讓聲譽獨立出來

我們也可以這麼想，即使激烈如山中寶訓，也仍然告訴我們「有人」會看見，而且保證看見、記住並將給予最公正的報償，那就是上帝。這日後發展出基督教賴以維繫不墜、招引代代信眾的末日審判應許系統。而且實際上，耶穌的信眾也不是彼此隔離不識的，像那種神經兮兮情報系統只有一對一垂直關係、斷開水平聯繫的單子模樣存在（山中寶訓原來傾向如此）。這毋甯是個過度緊密、彼此間太透明的團體，誰做了什麼說了什麼大家馬上都知道——如今的教會仍普遍是這樣，他們懷抱著某些更神聖的心思，表情溫柔的隨時「侵入」彼此的家庭和個人隱私。

從另一面來看，這反倒是更急切的想得到、打造出一個報稱系統。它真正不信任的不是屢屢流於虛假虛妄的聲譽，而是讓聲譽變得虛假虛妄的這個紊亂、不確定乃至於不歸財富即歸權勢的世界，要用上帝、一個更高更不會出錯的評鑑者來替代人。所以，上帝的歸上帝凱撒的歸凱撒，山中寶訓的思索正是發生於耶穌和世俗權勢、財富的劃清界線之後。

善冒不起這個險，你得給它一個可生存可生長的不同世界，柏拉圖的共和國發想也是這麼來的，為了不讓正義等於強權，為了讓善可以乾淨的成立，你得為它打造一個國家。

中國的記史工作正是一個類似這樣的人為報稱系統，有很類似的警覺和其特殊主張，大體上可認定至晚始於孔子，他寫《春秋》，便是精巧的把原來紀實性的書史工作，加進了對錯是非善惡的反省，改正了實然發生的事——理想上，史官該自成一系甚或一個代代相傳的獨立家族或學門，完全隔離於權勢和財富之外不相交流，只以他的專業來工作，這至少從春秋當時、也就是記史工作的開端就已如此，如著名的齊國太史兄弟一家和晉國的董狐（在齊太史簡，在晉董狐筆）。傳說，稍後作《春秋・左傳》的左丘明也是來自一個史官家族，這個家族一代目二代目三代目的負責魯國國史的記錄，此一傳說是真是假我們可能永遠無法確知，但如果是後人的附會編造，恰恰好說明這是一個史官的應然圖像，一個理想。

記史工作有時間延遲的必要，在中國很快成為一個規則，由後朝來修前朝史。這是歷史專業的自自然然要求，得等到現實的埃塵大致上落完；而這也是一個保護措施，讓記史者站在一個漢娜・鄂蘭所說「沒興趣」「無利益」「不參與」的乾淨清爽位置上，他所負責記述評斷的權勢和財富已成廢墟，不再及於他威嚇他誘惑他，這是一個人造高塔、人工上帝的觀看位置；至於當代必要的史料記載存留（否則後代史官怎麼做事？），如帝王起居注的錄寫，這無法避免非得時時曝現於權勢和財富的鋒芒之下不可，所以理想上（更只能是理想而已），史官的當下記錄是不給看的，包括帝王本人（也就是最極致的權勢和財富力量擁有人，《貞觀政要》裡有李世民想偷看卻被臣下圍剿K得滿頭包的有趣記載），在無法真正隔離的險惡狀態下竭盡所能做出隔離。

也因此，儘管中國歷朝歷代如此看重歷史，但史官不僅仍是個時時危險得很的工作（本質上扞格於權勢和財富，先天不良），更只能是個偏於清冷的工作（這可能比危險更致命），位階、待遇和他工作的重要性、沉重性有點不相稱不均衡；而且，早期官僚系統沒能那麼快明確分工，人總是也治民也帶兵、經濟交通司法文化農田水利到疾病防治彷彿無所不能也什麼職位都接任，史官似乎早早就分離出來，更像一種特殊身分，進不去這眼花撩亂的世間繁華之地，沒有這樣跨界的陞遷之路，應該很寂寞——歷史上，修史的權勢地位最高階者可能是北魏的一代名相崔浩，這是個非常了不起的人，功勳蓋世，還寫一手好字（如「靈廟碑陰」），還是個罕見的美男子，卻因修史得罪拓跋氏胡族帝家被處斬，死得非常慘。這個悲劇可能只是個特例、偶然，也可能並非偶然，崔浩的身分地位太高也太熱了，進入權勢和財富裡太深，還涉及難以講理的胡漢族群矛盾，他無法隔離。

如亞里士多德大而化之說的，萬物各有它適合的、舒服的位置，輕煙上天石頭落地，回到那個位置，便是某種均衡穩定的狀態。這個簡明的道理（你也可以現代的、科學的換成著名的熱力學第二法則，熵，能趨疲，告訴我們宇宙終將均衡沉睡）有時很有用，可幫我們提前察知一些東西，比方說，事物會往何處或哪一個方向傾斜；比方說，這樣的不均衡狀態之所以能存留一段時日，必定有某個很特殊的力量（暫時）撐住它，而這又是何種奇妙、不尋常的力量？——記史由王朝接手，但史官工作和他待遇、地位以及發展性的此一不均衡，得靠個人特殊的心志（如熱愛某種東西勝過權勢和財富，但這樣的人才又往往不願也大可不必進入王朝工作）才能堪堪維持，長期來說，很難吸引夠多夠好的人。中國歷朝歷代的國史修纂逐漸成為大型工程，我以為相當清晰的體現了此一走向：人的素質最多只能到中等偏良，面目則逐漸模糊，修史成為集體作業，沒有嚴格意義或說我們想望的那種史家，沒有那個如上帝「從頭到尾都在場的人」（班固以降就差不多了），只能做例行的、因襲的、可拆開來可分工的事，史書愈來愈厚，朝無限清單而去，記敘句號的莊嚴贊詞成了吉祥話云云。人的判斷和抉擇稀少了，也膽怯了，尖端處顫巍巍的那些最高風險也最閃閃發亮的東西不見了。

日後千年，修史一事不再有什麼人身悲劇情事發生，危險程度大幅下降，說明的其實是人不再做那些危險的事。

史書是倉庫，而不是探針——銳利的東西消失，人再無警覺痛覺，也就愈利於瞌睡和遺忘，是的，三更有夢書當枕，午睡時也是。

中等之資、待遇平平，你希冀他看出來最高最遠最細緻的東西，還得冒著各種危險寫下來，我們自反而縮，這可能嗎？

無法一次解決

撇開韋伯所說深刻的科層鐵籠不論（那是人類所能有過最準確、最持久有效也最讓人悲傷的寥寥預言之一。喬治・歐威爾的一九八四終結，無產階級革命一直邈如、依稀恍惚如春夢，韋伯的此一生冷斷言則今天比昨日準、明天更比今天準，黯黑甬道般遙遙不見盡頭）。記史工作由王朝接手，這裡面有太多照眼可見的矛盾：大與小的矛盾，集體與個人的矛盾，以及，聲譽和權勢、財富依然糾結難解的矛盾云云，理論上看如此，實際做下去更是如此。

修前朝史，脫離的僅僅是「那一個」權勢和財富的威脅，但權勢和財富仍在，完好無缺且近在咫尺，這就是你此時此刻的老闆大人。你修理某個已死獅子（借海明威語）的前朝大官或帝王，不會是基於什麼累世深仇（偶爾也有，但這不是夠格的記史者所當為，也會讓記史成果變得沒價值），而是因為他的「某種」不堪行徑糟糕作為；請注意，是某種而不是某個，那些必定不斷重複出現如人不醒噩夢的愚行惡行——問題正在這裡，在權勢和財富主導的世界，尤其是財富，人的行為、思維和話語其實相當單調重複（也因此我們才要讓聲譽掙脫出來，好召喚一個多樣可能的世界，記住並留住人曾有過的多樣可能），不只因為它們的懲罰力量逼人趨同，更經常也更及於所有人的是它們的媚惑力量，人自動受限制、自動配合。

孔子很準確的指出此一關鍵聯繫，那就是人的欲望，人生物性的東西，欲望的多寡和人的剛強與否成反比，也就和人的可能作為、思維和話語的數量成反比。人的剛強非常重要，處境愈險惡愈必要，有太多東西只能仰賴一個人強韌不奪的心志才會出現才能存留。我曾經聽台灣一位當紅作家如此「誠實」的告訴我，可能是解釋他某次不好看的行徑：「沒辦法，我一見到那些有錢人，膝蓋就當場軟下來。」我想到的是已故的薩伊德：「世間沒有一種權勢大到你不能在它面前大聲說出真話。」儘管不必剛強不回到如此隨時粉身碎骨的地步（其實是有大到那樣的權勢），但也絕不可以軟成這副德性。我於是當場收回我對這位作家的全部期待，這樣的人，怎麼可能、又怎麼敢寫出稍微困難稍微像樣的東西呢？先是不敢講，逐漸內化為不敢想不去想，最終是不會想了，人空掉了、沒有了。

在權勢和財富這樣代代重複行為、重複思維和無聊話語的世界裡，你罵一個前朝帝王，很難不也一併罵到當朝帝王；更糟的是，你讚譽一個前朝帝王，還很難不同時修理到當朝帝王——已有個千年沿用的罪名等在那裡，稱之為「借古諷今」，本刑可以非常重，斬殺一個人，甚至一大群人。大和小也許是一個更根本的矛盾。這本來就存在於記史一事之中、存在於我們對歷史作為是非善惡此一報稱系統的特殊期待裡，由官方集體修史作業，不過是更誇大它更曝現它而已——要在權勢和財富的喧囂世界裡辨識、捕捉某個微光、低語模樣的東西，人這邊就得相應保持沉靜專注、並自由、靈動的狀態才行；這應該是精緻的手工業，彷彿要用到人指尖的微妙觸感，很難是這麼大而粗陋的形式和陣仗。我們也許設想著一種太過巧妙的分工方式：有人負責建造大倉庫（所以集體來做更有效率更完整），收集屯積材料，在這樣的基礎上、尖端處發展出生長出我們想望的探針也似的東西。這有意義有幫助有可能，只是遠比想像的少，而且，建造完成的往往並不是自由取用如公共財的倉庫，而是警備森嚴立入禁止的城堡（國史館裡總藏放著最多不見天日的東西），在通往正確聲譽的道路上，又多出一個必須先拆除的大型障礙、多一排敵人。

中國的廿五史是個頗神奇的歷史成果，但另一面是，如今有人依然熱切期待下一部官方國史嗎？

有些事，從材料的搜集、挑揀、摩挲就得開始了，就無法假手他人，長時間心懷此志、埋頭做此類工作的人都知道我們在說什麼，所以賈西亞・馬奎茲講，這是全世界最孤單的工作，沒有誰真能協助你、沒助理這一附設職位——的確，人得完整掌握才能準確判斷判決（惟徹底的完整是不可能的，或說沒有這樣的東西，如納布可夫說「我們離事實永遠不夠近」），而且擁有著對事物的完整理解，人才能開始思索意義，「獲得一個意義」。但完整有兩種，相互扞格妨礙的兩端，一是某一事物焦點式的完整了解，包含著橫向的延伸和垂直的穿透，一個人，一個作為，一個成果，一本書云云，我們盡可能弄清有關它的一切；另一是世界的完整搜羅，通常非得有所省略不可，尤其是垂直的部分，很多人，很多作為，很多成果，宛如無限清單的書，排一排點名過去，不遺漏，從深一層意義來說就是全部遺漏。

所以說，一次解決、畢其功於一役，這通常只是幻想，沒有這樣的好事；若有，也不會留到現在，不會幾千年後還困擾我們不休——年輕時日，我擦肩而過的老師胡蘭成告訴過我們，相反的，重大的事其實比較像掃地，掃乾淨了還會髒，是每一天都得再做一次的工作。

楊照，這位台灣當前的大解說者，他最核心的兩個專業正是史學和文學。我當面證實過無誤，他曾不懼遭人誤解（無心的）曲解（有意的）的說，文學史通常是最無聊最不值一讀的東西——我完完全全同意，同意到一種地步。文學要求的垂直穿透性及其一人一事一物精準關懷，比諸其他種歷史，文學史更處處碰到這樣的大小矛盾，近乎悖論，近乎一種本來就不成立的書寫形式，最終的結果總是，只有史，沒有文學。

式微的宗教和歷史，以及大時間

眼前，這兩大報稱系統，宗教和歷史，自身已都委頓到一種地步，自救不暇，很難再讓人想起它們這一原初的心志，人們曾經寄予如此鄭重、珍貴、艱深、非你而誰的期待。

如果我沒看錯，歷史的景況似乎更淒涼些，起碼在台灣如此，這有可能也是普世的，早晚罷了——畢竟，宗教還能回到最狹窄意思的個人，一對一的，像台灣一堆財富中人、權勢中人一度趨向宗教如潮，除了期盼神佛護持、援引某種隨身攜帶如電腦如保全如助理如外傭的智慧和神力，好持續縱橫於權勢財富世界之中、之外，也是因為，當人生什麼需求都滿足得差不多了，最後要買的便只剩「一個天堂的位置」，一個建在天上的帝寶豪宅了。而歷史，歷史根本上是公共性的，很難如宗教轉為服務業，今天，我們連還活著的老人都當他們不存在了，何況死人和朽骨？歷史與我何干？

這裡絕對絕對沒幸災樂禍的意思，相反的，宗教和歷史的式微，意味著有某些東西也式微，如同繫留它們的繩子斷了、遺失了，人像被推回去某個遙遠的「原地」，千年時光彷彿徒勞。

這麼說，在聲譽的諸多可能虛假之中，有一種我以為是可貴的，那就是孟子口中稱其為「久假而不歸」的東西，白話翻譯過來是，假久了，就像東西借了不還，也就不知不覺變成真的、變成你的，以至於最終人果然跟著變了，甚至再想不起原來那個虛張聲勢、空無一物的自己，所以下一句是，「烏知其非有也」，你不一直就是個這樣的人嗎？

這其實就是學習過程，稍稍噁心但必要的學習過程。學習包括著各式各樣的模仿，也容許人無害的小小虛榮和做張做致；模仿他，意味著你想成為他那樣的人。說到底，聲譽的感染效應，往往就以這方式進行——我高中大學那會兒台灣忽然流行存在主義哲學，於是校園裡，會看到有人拿著祁克果或尼采的書走路，書並不那麼自然的擺胸前而且讓封面正正亮出來，「喝，原來你看這書啊？」既然都買了拿了，想起來還是會努力讀它個幾頁，也好應付同學間好奇的詢問。這和日後人們不再拿祁克果和尼采在胸前最富意義的不同便在於，你仍然相信能讀祁克果和尼采是好的、高段的，仍相信世間有些你得仰頭看它、帶著某種虔敬畏懼之心的好東西，這樣，這些好東西就有了機會，人自身也有了機會，生命景觀不至於這麼扁平、這麼荒涼空無一物。

宗教和歷史有個大因數，那就是大時間，一種遠遠超過人壽的大時間，這不是我們生活的基本事實，而是人很特別的一個意識和思維。這樣的大時間得依存於宗教、歷史，否則很容易變得荒唐可笑，變得不可信沒意義。有關大時間意識的喪失，這我們稍後再來想。

打造一條友善的時間甬道

所以，我們進一步把聲譽和聲名給切分開來，如我們試著把聲譽從現實世界分離出來——聲名丟還給這個世界，讓它得其所哉，我們也好擺脫這個世界陰魂不散的追躡和糾纏；大家都能較專心做自己的事。

聲名，這裡我取用的是昆德拉的定義，在他《簾幕》這部人不該錯過的書中——所謂聲名，便是認識你的人比你認識的人多。這個直接訴諸數量大小的定義像是個簡單、方便計算的公式，比方，有三億個人認得你而你只認識三百人，那你必定是個大大有名、甚至得有隨扈陪伴才能出門的人；有三百零一個人認得你而你只認識三百人（按理、按實際不完全重疊），那你依然可以講我是個名人，稍微的名人。

由此，聲名也就是個依此原則的可操作現象了——要獲得聲名，幾乎不必管其他，專注於數字變化，想辦法讓更多原本不認得你的人認得你即可。

這個定義於是也有個讓人們只盡可能貼近當下、不必也不宜多考慮時間（大時間）的動人效應——這讓我們感覺出昆德拉的「態度」，有貶損之意。

昆德拉以數字計算替代內容，我以為他是充分意識著世界的現狀，即內容的消失和不講求，說的就是無意義（「無意義」，正是他最新一部小說的旗幟型主題，《慶祝無意義》），把一己的笑聲，收藏於狀似科學式、數學式中立（中立到屢屢做張做致）的端莊語言裡面——聲名原是自然發生的，更多本來就只是財富和權勢的懾人光芒、聲音和影子（《禮記》提醒我們，行走時小心別踩到尊貴之人的影子），是空的、衍生性的東西，如果人不奮力加入、促生、更正和利用的話。

《衛報》的傑出記者、知識分子專欄作家提摩西・加頓・艾希是內行人，他指出來：「全世界的記者都有一種可悲的模式，即他們先把名人捧到荒唐的高度，接著又拆自己的台。」這就是當前世界的實際景況，如今，聲名的發生和傳遞進一步收攏、統一於大眾傳媒，更是純粹的光、影和聲音了，而且真的只剩數字，數字既是依據也是求取的結果（如收視率），數字始數字終，純數字的世界是沒有人存在餘地的如柏拉圖說的那樣。

於此，每一個人都能不浪費的被使用兩次，有兩個高峰，拔起和毀滅，後頭如大山崩落那次往往更奪目更富戲戲性和傳送效果，傳媒當然也就更愛這個。於是，人心的陰黯潮濕那部分被擴大並理解為「基本人性」，成為一種生活習慣，生長在這樣的惡意基礎之上，聲名遂變得總有點髒兮兮的，即使它還在最初的光朗純淨時刻，人總是猥褻的提前去想它被拆穿瓦解的下一刻。

如此實況，其來久矣，也是大眾傳媒如石頭如輕煙終究會「回去」的自身舒適位置，如果人放棄做必要的支撐（比方某種信念、某種自律性的規範），而台灣此一全面棄守的破窗臨界點，現實中，大概就是《蘋果日報》和《壹週刊》大舉移植來台之日。

中國人愛說有三種不朽，意即（想像中）能夠抵擋住時間沖刷遺忘、直抵世界末日的三樣東西、三個作為：立德、立言、立功。仔細看，此三者皆不及權勢和財富，是相當純粹的聲譽，只是，一樣都是理應稍縱即逝的光、影和聲音，為什麼獨獨它們三個可逸出時間之外不朽不壞？——那是因為人把它們挑揀出來了、分別為聖。

我們很難說記憶是人身的自然現象、本能行為，其實遺忘才是；或這麼說，記憶原像是潮水退走後的痕跡，事情發生了，依不同年紀不同樣式、性質在我們腦子裡不同的區塊留下深淺不一的刻痕，但新的潮水不停歇湧來，之前每一次的刻痕都被反覆沖刷、取代，復歸消失，如德・昆西說人腦就像一個隱跡紙本子，每次寫的東西會蓋住上一次寫的，這一次的又會被下一次的蓋住。保持住某道特定的、你珍視的刻痕方式便是回想，不斷的回想，人工召喚的、複製的那一次特定的潮水，時時勤拂拭，乃至於依樣再刻深一點，當然是有意的、挑揀性的、抵禦並離開當下潮水的。可能正因為這樣，人回憶總隱隱有著痛楚，如同用某一把刀刻在柔軟質地的人心，好的、糟糕的回憶都一樣有。

所以，當我們對某個人講：「我永遠不會忘記你。」這個贅沢的允諾其實是很不容易的、抵抗自然的，它包含一種日常生活行為的不懈履行，不能漏失其中一次：「我會一次又一次的回想你，趕在上一回的記憶被覆蓋、消失之前。」

意圖穿透到時間終點處的所謂不朽，便是這樣承諾的極大化和必要交代，一個人交代給下一個人，讓記憶穿越單一人壽，莊子講的薪盡火傳（說得其實太輕鬆了），這更不是自然現象本能行為，這是人給自己的沉沉任務。

仔細想，這實在頗為奇妙、甚至有點異想天開不是？人（不只明言三不朽的中國人，這普世如此）居然認定並賦予種種生命重大希望於其上：某些本來一樣短暫的光、影和聲音，可以躲過最嚴格的自然法則、時間法則，做到和它們最不相容的事。這根本處因此不得不是悲傷的——應該是不得已吧。在總是由權勢和財富統治的世界裡，人並沒有多少選擇多少機會，我們必須等你們、努力撐到你們沉睡下去才行，是以，時間本來之於聲譽是最不利的，但如斯現實裡，時間反而成為唯一可能的盟友，唯一的可能路徑。人因此得特別做很多事，如打造出一條特殊的友善時間甬道。

你只能活兩次

在突圍之中，聲譽最經常對抗的，還不是權勢和財富（洩氣的說，這通常硬碰硬不來，能避開就避開），而是同為光、影和聲音的聲名，這是必要的分離，一切可能從分離開始——惡紫之奪朱，惡鄭聲之亂雅樂，惡那些虛張聲勢、胡言亂語、四處討好權勢和財富的假人假東西，惡一樣會搶占或污損破壞這僅有友善時間甬道的東西。再說一次，不朽不壞從不是個自然結果，也不是誰一個人給得起的允諾，甚至不是真的，當然更不會時間一到，恰恰好那些糟糕的光、影和聲音一起消失，只篩選過也似、結晶也似留下來美好的光、影和聲音驚心動魄；不朽不壞是一個用詞稍稍過火（也就是人的希望稍稍過火）的意志和想像，由此成為人給自己的一個非常艱難工作。長期來說，時間若有所承諾，只在於它可以把人帶回到某種漢娜・鄂蘭所說不參與、無興趣、沒利益的基本位置，鵲橋俯視人世微波，洗掉人特定的激情、偏見、張牙舞爪、宛如集體附魔催眠這部分（但新的激情偏見云云仍不斷冒出來），以及讓原來的權勢和財富沉睡（但每個當下都有它的權勢財富），這是時間僅有的、也不免殘破不堪的公正；我們從另一面來說，這其實仍是人的現象而非自然，比方波赫士寫《阿萊夫》這樣一部精美明迷的書（立言），和韓國大叔發明騎馬舞瞬間全球幾億人跟著跳（應該既不算立德也非立功；我故意選用這個出書時必已遭世人遺忘的聲名熱潮為例，好凸顯一些真相式的東西）畢竟大有不同，能讀《阿萊夫》的人數在任何時刻、任何國度都不會多（所以財富報酬和跳舞的大叔完全不能比），惟刻痕深得詭異，某些人會不斷回想它，並讓它深深沉入自己記憶裡，在那些跳騎馬舞的人很快累了、厭了、散了、遺忘了之時，依然晶瑩依然有所發現。時間的延長，於是有機會把這些微粒也似的個人緩緩聚起來、收集起來，如同時間大河在某個彎處、迴旋暫留之處沖積成一小塊人的沃土，類似這樣。

惟這一切同樣不會在遙遙未來憑空發生，這其實是人默默撿拾累積的結果而不是古物出土，像本雅明已夠戲劇性的動人死後聲譽，並不是我們這些後來的人驚豔的發現，而是有人一直審慎的、惟恐遺失的把他的書、他的話語，以及必要的歷史蛛絲馬跡奮力送進這一特殊時間甬道，是那幾個早早認出本雅明美好價值之人的守護結果，令人感激、感動——人要援引這一可能卻接近不可能的時間友善效應，此時此刻就得開始工作，更好是成為一個生活習慣，設法在權勢和財富的種種刺眼光線裡，遮擋出、找出這些總是微光模樣的、彷彿被遺棄的東西，「擁有並保存」（安博托・艾可的囑咐），設法在人們全然的、死亡般的遺忘到來之前拾起它，再虔敬的、心懷希望的交託給時間。所以本雅明說是「拾荒者」，包括在人們酣睡之時工作和彎腰撿拾的姿勢都像個拾荒者；所以波赫士說「我們有義務成為『另一些人』」，權勢和財富之外的另一些人。

（附記一事：台灣一位原本我寄予過希望的書寫者，明明白白的如此回應我，不，他要做「這些人」。誠實的、理直氣壯的趨炎附勢，是我們這個時代的基本光景。）

波赫士不說「不朽」（他害怕不朽），他的講法比較實在，說「掙扎向永恆」，他深知未來有太多不測的、難能盡如人意的事會發生——時間從來不是一條就此平順流去的大河，事實上，才在不遠處，我們每個人很快會遇見的，就有一道大斷裂的絕對關卡等著我們，那就是死亡。所有掙扎向永恆的東西，不只聲譽，也包括財富權勢和其他，都不得不在此處鬆手、易手，交代給接著活下去的某些人，也自然的，有其中某一部分是過不去的，跟著我們自身灰飛煙滅。

張愛玲極聰明的講她祖母將死去兩次，You Only Live Twice。張愛玲當然是很聰明的——祖母自己死一次，等到張愛玲也死了，祖母又會跟著再死一次。

聲譽，比較怕權勢還是怕財富？

想聲譽，就不得不去想權勢和財富，因為這是人類世界的主導力量，構成聲譽的基本處境，我們總是得檢查、追問，如今聲譽這東西身陷何種狀況裡——這裡於是有一個問題：由財富統治的世界，和由權勢統治的世界，哪一個是聲譽比較困難的當下處境？

十年前我寫過一篇談以撒・柏林的文章，名為〈在天命使者和君王策士之間〉，談到蘇格拉底的審判和死亡，以及日後柏拉圖重返雅典創辦學園的截然不同做法，「與蘇格拉底相反，柏拉圖發起的討論僅在小圈子裡進行，不讓市民參加。」

以下這段文字，不怎麼長進依然是我的基本看法：「（柏拉圖）這個隔離在人類的思維歷史上有其重大意義，它保衛的，不僅僅是討論者的人身安全而已，最重要的，它有效的保衛了智慧本身，不受流俗意見的騷擾，這部分意義愈到近代愈重要——智慧本身不僅對掌權的君王構成威脅而已，正如蘇格拉底審判的啟示，它更經常的冒犯到一般公眾社會，即便是雅典這一個以允許公民自由討論爭辯為傲的民主城邦（十年後的今天，我會把「即便」二字改為「尤其」，尤其是雅典這樣所謂的民主城邦）。其實，我們很難分類的直接判定不同統治形式社會對智慧的寬容程度，掌權的君王有較大的懲罰力量和較容易看出來的冒犯不起之處，然而相對來說他通常是較有鑑賞力的；而民主架構下的社會乍看承認人思維和言論的自由，但它平均主義的本質，卻根本的扞格於這個以智慧為職志並依此建構成的獨立性等級小世界。總而言之，寬容在每一種社會總是有限度的，君主時代，對智慧的懲罰傾向於暴烈殘酷但卻是間歇性的，運氣好壞端看你碰上的是誰坐君王那個寶座而定，是開明的凱瑟琳女皇或恐怖伊凡，一旦出事容易連命都沒了，但對勁的好日子，智慧是受尊敬的，從君王到一般黎民是願意耐心聆聽的（不管聽懂多少）；而在廣義的民主社會中，對智慧的懲罰的確較少涉及人身，它只是不耐煩甚至根本性的不相信不理會，因此抵抗遂是經常的、常駐不去的，尤其在公眾社會得到大眾傳媒這個巨大的武器之後，流俗意見得到消費市場機制的強力支撐，其音量和及遠能力陡然升高並快速成長，如今還加上民粹性更厲害的網路，在比大聲的鋪天蓋地噪音下，人或許沒事（端看怎麼定義「沒事」），但智慧所需要的寧靜、耐心思索和聆聽空間卻愈來愈難以存留——」

這一番文字，應該不至於讓人得出某種反民主的錯誤結論吧，但你知我知這樣的風險總是存在的，所以得再稍稍說一下。

討論遂難免有所質疑民主，這裡，我先引述康斯坦覺得不得不指摘盧梭時這番心思起伏的話：「當然，我不想和詆毀偉人的那些人沆瀣一氣。如果我不小心在某個意見上和他們一致，我會不禁懷疑自己；我不想因為和他們意見相同而自責……我覺得我必須拒絕承認這些假朋友，盡可能和他們保持距離。」

我自己是百分之百相信民主的，或者說每一分鐘每一秒鐘都相信，說到底，除此之外，人還該怎麼活著呢？——最根本處，我以為這正是生命最基本的樣式，獨立，自主，自我負責云云，當然，自在自如的生命總是難以避免的碰撞一團，這樣最素樸如基本事實的生命樣式，於是也是最難完好、不打折扣獲致的樣式。也因此，民主（某種具體形式的民主），是人類諸多所謂統治形式、社會建構形式的其中一種，但同時，它也是一個（隱隱的、應然的）目標，超乎所有其他形式之上。也因此，我也嘗試著把人類其他的統治形式、社會建構形式縱向時間的聯繫起來，看成是人一系列的努力，為的是不斷接近這個目標，其最大值、其最舒適最可能的實現。這麼看，人類的確是進步的、有成績的。

民主（或說如此自在自如的生命樣式）永遠無法真正完成，現實裡，一如那些永遠無法企及的革命目標，製造出一種我們還算熟悉有經驗的陷阱（也進一步是一種詭計），那就是討論它、檢驗它、質疑它這些必要的工作變得很困難，時時處處都是顧忌。尚未完成，很容易給人們一種猶脆弱、得先集中一切力量護衛再說的錯覺，要惡意的栽個罪名也是簡單的，那當然就是保守、倒退、反動、居心叵測云云這種鉗口式的不堪手法。

以下，我們最常識的來說——民主，是讓人可以把一己的思維、感覺、聲音話語和行為最大可能的釋放出來，這本來就不會是個更平靜更安適有序的世界景觀，而是我們認為值得。民主，對人有諸多被低估的、始料未及的要求，某種確實的意義來說它甚至是更嚴苛的，比方說諸神衝突問題，這就遠比想像的難受難忍而且是人每天的現實，太多哲學家社會學家心理學家證實過這個（比方E·佛洛姆），也太多文學家小說家描述過這個（比方杜斯妥也夫斯基《卡拉馬助夫兄弟們》的大審判官寓言），人會想逃離這種自由，受不了那種懸空失重、事事不確定的狀態，害怕做沒正確答案的決定並負責；人往往想求助於一個單一大神，聽從一個命令、一種安排。

而這裡我們真正要說的是，這同時是回到某種（程度的）叢林狀態——緊緊黏貼著民主思維的平等主張（所以是人的主張而不是事實）往往給我們一個輕忽的錯覺，在叢林也似的世界，從不會每個個體、每種力量都恰恰好大致相等形成某種相安無事的靜力平衡（這非得靠法律和各式規範來補救、來防衛不可，這也才是民主不真是返祖為原始叢林之處，即托克維爾早在兩百多年前說的，有信仰、有法律、有傳統和價值信念的民主），每一個不同時空、樣態的叢林都必定有某些壓倒性、侵入性的力量。單一力量絕對獲勝、統治的叢林，很容易形成一種單一核心和單子般、烏合之眾個體的詭異權力景觀，當代政治學觀察到這個（比方納粹的法西斯現象）並已充分討論，由於少掉了中間層級的必要層層隔離、緩衝和冷卻節制，這種全新的、二十世紀如怪物冒出來的極權形式，有可能比歷史上的君王專制政體云云更危險更暴虐不講理，因為它通過多數、集體來檢查壓迫，無時無處不在且能巧妙豁免道德負擔甚至總是以道德為名，也就是小彌爾早人類世界現實一大步先察覺的深深憂慮：一千個人的暴政和一個人的暴政都一樣是暴政，只除了前者更讓人無可遁逃。

也因此，儘管這幾十年來多看到很多如同證實，我自己仍然無法同意霍布士的「利維坦」說法，這樣的結論選擇很悲傷，也誇大，其實並非歷史事實，歷史的真相是人始終在奮力抵拒、找尋其他種種可能；我甯可把霍布士所說的當作一個尖利無匹的洞見，一個警告。我相信民主，但知道它會索取不小的代價，這毫無僥倖可言，比方很多我珍視的、人可能有的最好東西會變得非常非常困難，如昆德拉談大導演費里尼時說的，如今我們是站在一個後文學、後電影、後藝術、後價值云云的時代（他還強調，他是在自由的法國某一夜晚而不是被監控被噤聲的布拉格才清楚感覺這樣；當然，「後價值」是我加上去的），我算是心平氣和的把這看成是一個我們的歷史處境、一個時代交付給我們的難題，理解它、承受它並在這樣的限制條件裡工作。我想起馬克思和恩格斯年輕時日帶點虛張聲勢的《共產黨宣言》其中一段，馬克思相信歷史的進程無人能擋無可逆轉，他也以為這是進步的，所以帶著接近興奮的欣然之心，而他也注意到了，某些中世紀宗法的、傳統的典雅東西細緻東西，包含人的信念教養，可能只能一併化為歷史灰燼留在那裡。如果我沒讀錯的話，馬克思（不像日後的馬克思主義者）毋甯是惋惜的，它們過不來，倒不是這些東西罪惡、腐朽合當丟棄，僅僅只因為和當前的世界變得難以相容而已。

不一樣的是，我不想下這麼大的歷史結論，也痛恨任何贏家全拿、單一力量完勝的歷史場面和主張，再想望再美好的東西都禁不起這樣包含民主自由，這無論如何都會是暴政。台灣的自由主義大師錢永祥（台灣的大師和神祉濫到毫無價值，但錢永祥是當得起的），這些年不再多談民主，轉向價值的強調和護持，是的，民主不會徹底完成，但民主仍需好好討論，它有太多該防範、該補救的空白之處、蠻橫之處，好讓它不反智不真的回返叢林；要等它徹底完成再來反省它檢討它，等於放棄反省和檢討。老實說，現在才開始，已經算遲了。

對民主的再一次承諾

來強調一下我自己的民主新底線、我的再進一步決心。

英國艾克頓爵士典雅但堅定的歷史名言這麼說：「你講的話我一句也不同意，但我願意用我的生命來保證你講話的權利。」——這揭示著一道「思想／言論」自由的極生動底線，也透露出我們對一個多樣化世界的必要護衛暨其期待，即便這個多樣化世界時時具體的冒犯到我們，讓我們極不舒服。根本來說，多樣化世界對個人來說往往不是真正的目標，這裡有著人高度節制的不得已成分，來自於人足夠豐碩的歷史經驗，簡單說，個人尋求的是玉而不是石頭，只是玉來自於、藏孕於石頭之中，為了少量的玉，我們必須忍受一大堆難看的石頭。

但證諸這幾個世紀以來的更徹底實踐結果，更證諸當前民主世界（包括台灣或說尤其台灣）的種種實況，我更喜歡比爾・布萊森的改寫，這位娶了個英籍美麗護士的有趣美國旅行作家說的是，「你講的話我一句也聽不下去，但我願意用我的生命來保證你有當個十足混蛋的權利。」

我願意再把底線如此下調，一個對民主更堅持的新承諾。

這絕非空言，我想我已實踐多年了，尤其在我作為一個出版編輯時——如果以我個人的私密看法來說，超過百分之九十的書籍都是沒必要寫出來、沒必要出版的。

怪哉怪哉

有另一本書，問世時間是一九六六年（一樣出版於一九六〇年代那個有趣但沒什麼人真能信任的歷史抒情時刻），叫《權力與特權》，作者是美國社會學學者傑豪・藍思基。台灣彼時和大世界仍有一定的「時差」，出版和閱讀有濃厚的「補課」味道，這本書在約二十年後才有中文版，收在彼時遠流出版的「新橋譯叢」這組知識書裡（錢永祥正是這組叢書的編輯委員和譯者之一）。

我印象最深刻的是全書首章開頭，章節標題是「問題：誰得何物又為何？」，我找出這本已三十年的書，抄下它的開頭——

「一九六〇年秋天甘迺迪當選總統後不久，美國人民再度被提醒起美國的怪事。他選擇羅伯・麥納馬拉當國防部長時，新聞報導說麥氏在金錢上的犧牲將很大。麥納馬拉在福特汽車公司任副總經理時，他的薪水及其他待遇一年已超過了美金四十萬元。他最近升為總經理（剛被委任為國防部長之前），薪水不用說是更多的。但是當一個國家的國防部長一年只領到二萬五千美元，大約相當於他任福特公司總經理時薪水的百分之五而已。」

所以藍思基前引了《愛麗絲夢遊仙境》書中一句，作為本章的定場詩：「愛麗絲叫著：『怪哉！怪哉！』」

哪裡奇怪呢？藍思基解釋：「然而，如果仔細想一想，我們會不由得感慨這件事的奇妙之處，同樣一個人以同樣的技術能力升任到更重要的職位，照道理應該賺更多的錢，但是結果發現所得減少了百分之九十五。在他新職位上承擔整個國家防禦的重任，領到的薪水卻比不上那些在私人公司成千的小小經理人員。／如果說這只不過是一個特殊的例子，我們可能認為這是一種趣聞，不必加以思索。但事實並不然，我們只要隨便看看美國人的生活，就可以找到數不清的這樣的例子。」

藍思基於是先下了這個結論，彷彿完全不懂（其實是不接受）最基本的經濟學解釋：「人們所獲得的報償和他們提供的服務的價值以及工作上的犧牲，看不出有什麼連帶關係。」

所以藍思基接下來的問題便是：「我們怎麼解釋這種差別？」或是：「誰獲得什麼，為什麼？」——這個素樸的詢問有著更進一步的好奇，那就是人們為什麼不好奇、不覺得這是怪哉怪哉之事。

半世紀後的今天，果然我們更不覺奇怪了，如今我們誰都會隨口回答藍思基：市場機制，或供需法則。

如果說還有什麼小小可驚之處，那必定是麥納馬拉任職福特公司時的年薪：「他的薪水及其他待遇已超過了四十萬美元。」——四十萬美元？怎麼可能會這麼少？要知道，當時的福特公司如日中天，又在麥納馬拉手上大獲全勝（也因此甘迺迪才挖他），今天，一個毫無未來性可言的ＮＢＡ或美國職棒大聯盟的二十歲平庸菜鳥，都不只拿這個錢，而且是已經通膨調整後的確實數字。

資本主義長多快、長多大啊。

我們可以這樣想下去，回到我們關於權勢、財富和聲譽的全面思維，把這三者視為人的完整報償，那我們可能會說，一個所謂「更重要職位」的美國國防部長，他更大的報償可能來自於權勢和聲譽，所以儘管他在財富上有所犧牲，仍可以由權力和名聲處來取得（甚至更大的）滿足云云。

但再想下去，如果一個國防部長，實質上已不如一個大企業執行長有權力，更沒有好名聲受世人尊敬，薪水又遠低於人家，這又得逼我們如何解釋？——除了說這個人有點傻氣、說他仍有某種不合時宜的信念這樣令人提心吊膽的理由？

所以說，即使我們一派輕鬆用「市場機制」和「供需法則」來搪塞這個疑問，事情仍是怪哉怪哉；這個號稱最全面、最乾淨、有了它就再不需要人世間其他任何獎懲系統的市場機制，也仍是怪哉怪哉。

藍思基的疑問，倒讓我遠遠想到《莊子》，《莊子》流傳版本總置放於開卷首篇的〈逍遙遊〉裡一個奇怪名字的商品「洴澼絖」——這大約是一種祕傳的藥物配方，像護手霜一類的東西，保護人手不凍傷皸裂。故事大約是，此一藥物配方原是浣紗業者所用的，但有人機敏的看出它更大的用途，出價百金買下來，轉獻給彼時打仗打瘋了的國家，在軍隊冬日渡河作戰時發揮了奇效，此人遂由此取得權勢地位（但應該不至於一下子拔升到國防部長吧）。莊子用這個故事來討論他「有用／無用」的著名思索，同一個東西，或經濟收益獲利百金，或成為打開權勢世界大門的入場券云云，有趣的是，高飛如九天大鵬的莊先生怎麼會舉這樣的世俗例子，忽然成了個權勢財富世界的內行人、津津樂道者乃至於行銷專家？

「洴澼絖」這個故事，兩千年後的今天事情也該倒過來說才對——更大利益的做法不是獻給國家，而是作為商品上市，如果你也看到如雨後春筍不斷冒出來的大藥妝店和店裡擠滿的人，始於日本，走向全世界。

怪哉怪哉。

死獅與活獅

從感覺如此不均衡，到我們今天絲毫沒感覺，這說明世界悄悄變了。《詩經・小雅・桑扈》，兩千多年前的這首詩，揭示了當時人們願意相信（或尋求）的權勢財富和人行為的正確關係，或其正確順序，幾乎把這看成是某種定理：人的行為發生在前，權勢和財富的到來在後；也就是這首詩帶著戲劇性強調的，所以是權勢財富求人，而不是人去乞求權勢財富，所謂的「彼交匪敖，萬福來求」云云，你做了對的、好的、有益眾生的事，自自然然會站上權勢和財富的頂峰。權勢和財富，合理來說，就是人的報酬，以及更進一步的，人的證明。

至少曾經理想上是這樣。

藍思基的此一小小驚異發現，其實早在兩千多年前的中國已「預演」過了，那就是始於春秋末年、大爆發於西漢的大商人力量。一個只管為自己賺錢的商人所得居然高於、倍於一國國相乃至於君王（何況只是個部長），這怎麼可以？——和二十世紀這回不同的只是，彼時財富力量才抬頭，其他方面的進展及其配備還跟不上來，這崛起的財富力量遂被馴服下來，至少，它柔軟的潛伏了下來。

很清楚，這就是個（過於簡單一元的）大報稱系統，理想和現實的差距在於，它實際上由誰認定？當然是有私心的權勢者而非公正的神或原理。這個以權勢為中心骨幹豎起來的報稱系統，我不認為是中國獨有，我們很容易在其他文明、國度都看到類似的東西，為的是建構出統治秩序，並收納最好的人才。人才散逸出統治大網之外，不僅可惜，還是危險的威脅的，人會失意會變得不可測會左衝右突還會乾脆造反算了，中國某朝某皇帝在問清楚某叛亂首領的生平之後如此誠實感喟：「這樣一個人才地方官員失職不舉用，也難怪他會造反。」

用我們現代的話來說是，這樣的人才就跑到別家公司或自己籌資創業了。而所謂「全世界最好的工作」既然都在這裡，人也就獸群一樣聚集向水草豐美的這裡來，此一生動畫面，係由另一位皇帝揭示出來，他在高處看著進京赴考求仕的魚貫而入士人，單純開心的說，天下英傑人物，都「入吾彀中矣」。

這樣一個壟斷式的理想大報稱系統，當然太簡單太狹窄，也自然在歷史現實裡顯得虛偽。現實通常因果「翻轉」過來，是權勢（以及它羽翼下的財富）在前，人的「正確」行為在後，如柏拉圖《共和國》大辯論碰到的第一個不舒服現實真相暨其難題便是：正義，就是強者、統治者的權益，由它來定義。

但我們得公正的說，〈桑扈〉描繪的這樣一個報稱系統及其秩序圖像，並非為著美化如政府公關部門所做的。〈桑扈〉帶著淑世糾正之心，也有譏刺成分（奮力講正確的事自然構成譏刺），在承認這樣的統治機制前提下，它試著再往上去，讓權勢之上有某些更崇高的東西，仍有原理性的、有是非善惡可言的規範力量，權勢不自動就是正義的，權勢統治仍得尋求其合理性，也有所服從。

〈桑扈〉之詩，於是只是我們很熟悉的東西，包含於幾千年時間裡人對權勢強弱軟硬不等的抵抗行為之中（所以霍布士那種人為求自保、把自己完全交出去如奴隸般服從單一強大力量的利維坦之說，並非歷史事實，人也不可能長期的、普遍的這樣子，人複雜多了，也稍微勇敢一些）——我們幾乎可以說，人其實有抵抗權勢統治的「習慣」，儘管我們屢屢覺得並不夠。

但為什麼不擴而大之的就說，不管它是權勢或財富，人有抵抗任何單一統治力量的習慣呢？基本上是會這樣沒錯，但我們得注意到至少兩件很特別的事——一是時間差。習慣的麻煩正在於它的黏著、改變調整不易，以至於總是落後於變動不居、無情前行的世界。現實的來說是，當世界由權勢統治移往財富統治，幾千年的習慣難以說改就改（習慣除了黏著性之外，也還有技藝的問題，實戰之中淬煉幾千年的抵抗技藝也得跟著修改調整發明），那些勇敢的人還持續追打這隻垂垂老矣獅子、死獅子，甚至頗一廂情願的把那隻已更強壯肆虐的新獅子引為盟友云云（這點，台灣和大陸的現實狀態明顯不同，大陸原來那隻獅子猶強大噬人。全球的不一致不同步，更增加此一時間差的深度和難度）。當然，樂觀點來看，這也許就只是時間的延遲而已，人自會察知調整過來；二是比較麻煩比較實質內容的，財富的統治滑溜、陰柔、滲透還彷彿是人們心甘情願，它通常是匿名的、非自然人的，比方以法人的公司形式、以機構（還具實體）機能（無實體）形式，沒有真正核心致命的人物存在，也就難以瞄準、難能建立目標，乃至於所有針對人的抵抗戰鬥老技藝只能廢棄無用。而最根本的是，財富成功的大大縮減了它自身的公共意義公共範疇，不像權勢從古到今都是公共性的，權勢自身同時是個「道德主體」，完整的曝現於舉凡道德、倫理、傳統和一切社會規範的檢視之下，無從躲閃，而在此同時，財富則舒舒服服的躲在私人的、自外於幾乎全部規範和價值信念、接近純相對性的堅固碉堡裡面。我們會發現可用為對抗它的武器變得很少很少——如此成功說服世界，是資本主義最不可思議的歷史成果及其最堅實基礎，它的首位先知正是亞當・史密斯。

不能自由選擇顧客的日本國鐵

諸如此類的實例俯拾可得，我們選一個稍大的、稍稍怵目驚心的，那就是日本國鐵（ＪＲ），多年前我最終知道的數字是，負債已超過兩百兆日圓，慘到極點。

日本的整個鐵道系統方便、舒適而且覆蓋面廣而密幾乎沒死角，但有不熟悉日本的朋友去旅遊，我總會交代一句：「如果能有選擇，絕對要選私鐵而不要考慮國鐵，最簡單的辨識是，避開綠色。」——比方從關西機場進京都，我會建議搭紫色（或朱色）的南海電鐵到大阪難波，再轉紅色的大阪地鐵或步行（這三站沿著兩排大銀杏樹的御堂筋大道，「雨中的御堂筋」，是大阪最好看的路，熱騰騰的、果然如「天下廚房」的道頓崛位於其中點），到淀屋橋轉藍色的京阪鴨東線直達京都祇園四條站。聽起來好像很麻煩，不是有綠色的ＪＲ哈魯卡快車直抵京都站嗎？是的，即使我故意不公平的選這一行程來比較，仍然，這趟得換車兩次的私鐵之路，居然還比較快、比較便宜、比較準時（ＪＲ較容易有狀況），車子也舒適，還有車行路線選擇的兩邊風景。最終，ＪＲ快車出來是匆忙、雜沓、生冷不見天日、有強烈逆旅感逃難感的京都總站宛如身陷迷宮；京阪鴨東線則進入京都稍後即沿鴨川北行，實際窗外風景而外，朱天心尤其喜歡極了這一路的小站連續站名，中書島

→伏見桃山→丹波橋→墨染→藤森→深草→稻荷大社→鳥羽街道，有顏色有香氣有山水起伏還有人但如此沉靜杳遠，是京都藏起來的一幅卷軸大畫，下車，你會發現自己就站在四條大橋畔，風通常很長很好，鴨川清淺的汩汩流著，藝妓出雲阿國銅像擺著典雅但嫵媚的身姿，這裡正是前方祇園和東山神社之鄉的入口，全京都最值得站定下來、呼口大氣、整理整理心思的一個點。

高額負債，讓日本國鐵深陷我們都很熟悉的經營惡性循環之中，也因此一直是人們討論公營私營的不會錯過實例，負責扮演那個「所以不該這樣」的生動沙包——其實也沒那麼糟糕，比起其他國家的任何鐵道系統（如敝國的台鐵和高鐵）；它仍奮力跟上日本的私鐵，只是沒那麼好而已。

何時搭國鐵呢？沒其他私鐵可選時；為什麼沒其他私鐵呢？因為它們不來；為什麼私鐵不來呢？因為會賠錢——有不少這樣的時候或說地方，尤其是你在人跡較稀的鄉下或北海道寬廣大地時。這正是日本國鐵之所以先天不良、難以和私鐵競爭的根本原因所在，拉一條路線到某個人口只幾十上百的山居小村落，這不是任何私鐵會做的事，基本上不做也不會挨罵，頂多只軟性的兩句道德呼籲，更接近低聲下氣的請求；但國有的鐵道系統就不一樣了，它非去不可，否則有一長串罪名每天輪著來，並在選舉投票時定期總清算，歧視、勢利、怠忽職守、不平等不公義、不顧老百姓死活等等等，都不是針對經營能力，而是道德指控。這幾十上百人，對私鐵而言叫顧客，可自由選擇服務不服務的顧客；對國鐵而言則叫「人民」，有各種莊嚴大價值大誓詞守衛、有各種不可讓渡權利在身的人民。

其大背景是，偌大日本由東往西由南而北，各私鐵系統割據般取走它要的、認為符合經營效益的區塊和路線，留下的空白由國鐵負責銜接、補滿——實際經過當然稍稍複雜些、拉鋸進退些，但結果大致是這樣。和全世界其他遵循資本主義之路的所謂進步國家一致，人的思維轉向先一步完成，形成某種新的「思潮」，決定社會的集體選擇，近三十、五十年來（視不同國家的發展進程而定），私營化是個已辯論舉證完畢、如真理如神諭的進展方向，只有居心叵測、腐爛反動並打算繼續貪污撈錢的人才會阻擋。我們在台灣稍後親身經歷的也是這樣，公營的釋放遠比想像的快而順利，其間必然伴隨而來的官商圖利勾結弊案都只是一個必要之惡的過程。

公共價值消散法則，這個用來證明私營優於公營、乃至於財富勝過權勢的堅固通則，果然同樣在公營走向私營的階段起作用，誰會稍微認真替國有講兩句公道話、多爭一些呢？——公共價值消散法則，沒人擁有，往往也就沒人保衛，如所有公共設施的品質和其毀損速度（台北大安森林公園體貼設置的免費取用防蚊液機，才幾天時間而已，九處有六處已損壞已被偷走，三分之二）。在台灣，最生動、宛如神來的詮釋來自老兵銀行大盜李師科，他衝進去，大喝一句：「錢是國家的，命是自己的。」醍醐灌頂般當下所有行員都心領神會如聞救贖，很配合的交出錢來（但老實說，能搶多少呢？）。這一冷酷、精準、無所不在但令人不免沮喪的法則，能夠抵抗它的只有人自身的品質和教養，以及人超越一己之私的複雜價值信念、人自己聽見的道德命令聲音，因此總是有限的、有時而窮難以信靠的，而且恰恰好都是資本主義很成功一一排除削弱掉的東西；換句話說，你只能跳出資本主義之外、財富世界之外、乃至於經濟學的論述之外才能反對它，那是哪裡？

和公營轉私營進展方向一致，如麥納馬拉由汽車公司入朝為官，這些年台灣也掀起一波向企業求才、央請出任內閣部長的浪潮——成果讓人爽然若失，沒什麼成功的案例。這裡曝現著兩處真相：一是部長這一職位（不僅僅是薪資待遇，而是其職位持續性、其意義、其成就感，以及那種做得動事情的最起碼感覺等等），很顯然已吸引不來夠好的企業人才，我唯一從政的、也短暫當過閣員的朋友鄭麗文親身經歷的告訴我，那幾位還願意一試的一線企業人物，老實說都還有著某種過時的傻勁，殘存著某種古老的家國天下情懷，「捐個兩年給台灣吧」，就像年輕時服兵役那樣；另一個是乍看很奇怪宛如中邪卻必定發生的現象，那就是這些在他企業本行看來頗聰明靈光的人，一入內閣忽然全變笨了。一直以來，我們傾向於用國家體制的笨拙性、恐龍化來解釋（這也是真的），但更深刻的毋甯是，國家不是企業，國家同時負荷著諸多彼此傾軋衝突的目標，國家如耶穌說的不可以放棄任一隻羊，每一隻羊都堂堂正正是公民、國民、人民。選擇當然遠比計算困難，難太多了，這些計算能力精良嫻熟的人如同被廢了武功。

「如果國家是企業——」，這只是某種暢銷書的書名而已，國家「不可以」是企業，所以這也不是人類福音，而是我們得稍微用力抵抗的當下現實走向，免得太多人被放棄。

史密斯先生 vs. 史密斯先生

亞當・史密斯並不攻擊人的道德和價值信念這些東西，他只是自自然然的把它們排除出去；或者說，他感覺自己發現了某個「局部性」的原理，在這樣一個封閉的準科學思索裡，具體的人、臉以及黏著人的所謂道德和價值信念，都是（暫時）得隱沒的東西，上達科學原理層面的世界是容不下人的。

所以漢娜・鄂蘭堅毅的指出來，亞當・史密斯，乃至於日後的馬克思，他們用以建構理論的「人」，都不是已進入到人類世界的人，而是某種「勞動的動物」，是生物性、物種性的人。事實上，亞當・史密斯還寫過《道德情操論》這本書，日後也有不少人拿這部書為他的「道德感」辯護，試著和解這兩位史密斯先生。

《道德情操論》我從頭讀過，還不只一次，重讀不是因為它的深奧豐富，而是不放心，懷疑自己沒真正深刻的、正確的讀它，錯過了其中隱藏的什麼。現在，我可以這麼直說，這其實不是一本非讀不可的書，平凡、單調、沒高出於一般常識性的東西，「老天怎麼一點才華也沒有」（借用侯孝賢看完某大導演電影的有趣感言）。這也幾乎是「另一本書」，和《國富論》各自分別寫成，甚至像由兩個不相干的人寫的，兩本同一作者的書找不到什麼意義的交集點，最簡明的解釋是書寫者於此並未多想，日後誰都照眼看出的矛盾衝突，書寫者本人反而全沒意識到。

這裡只看這些話——「一般所謂的文人，經常是家徒四壁的。」—「隨著這種顯著才能而來的大眾的讚美，時常成為他們的一部分報酬；這種報酬的大小，與其才能的大小成正比。而在醫業上，這變成其報酬的大部分；又在法律上，恐怕程度更大；在詩和哲學上，這幾乎是報酬的全部。」也就是說，史密斯斯先生知道，詩和哲學幾乎沒有財富報酬，這如何和他看不見的手結合起來？

哪一個比較能代表亞當・史密斯本人呢？——這麼說，《國富論》比較像是神來之筆，而《道德情操論》則是亞當・史密斯的終身之作，這本書的書寫跨越了幾十年，經歷了六七次的修訂，也就是說，人的道德情操問題才是他一生思索的主題目。

因此，合理的來想，亞當・史密斯並不以為《國富論》此一原理的作用範疇能有多廣多遠，它封閉於單一的經濟事務這「一隅」，毋寧更接近於為國家的經濟部門找出來一個機巧易行的策略（可讓經濟活動更有活力、效益從而國富民強云云），而不是替換眼前世界樣式的新建構藍圖；不是要衝撞眼前世界，而是在這既有的統治基礎上多給人一點空間，釋放出人更大的力量，在英王統治的牢固但過度審慎的帝國，這樣有限度的鬆動一定承受得住，而且是明智的、健康的、會有好結果的。

只是，歷史不會理會本人的原始企圖，歷史有高於人意志的奇妙走向——說起來，《國富論》和達爾文的演化論，有極相似的歷史戲劇性，這兩位英國紳士都沒要撼動世界，更不召喚群眾寄情於群眾，他們只想揭示、並靜靜的好好的說清楚某一個基本原理，一個他們認為如此清澈、理應近乎常識但何以遲遲不為人察知的道理。

有關《國富論》的討論實在太多了，這裡我們只切入的問，亞當‧史密斯重新釋放人的自利之心，讓這個強大無匹（其力道、其涵蓋範疇遠超過史密斯的想像）也從不會消失的生命本能力量，不受外在規範以及人內心道德聲音的阻攔，人依最有利於自己的方式任意而行云云，這樣和人類世界建構起來之前那幾百萬年究竟有什麼不同？為什麼可以有不同？如有不同，那究竟是多出了什麼或少掉了什麼？

同一隻手

同樣一隻看不見的手，理應得到同樣的結果——台灣昔日的生產力名言：「同樣的人，同樣的條件，同樣的作為，想得到完全不一樣的成果，那就叫——笨。」

為什麼不是無止無休的相互衝突侵害、陷於所謂「原始的混亂」，以至於如霍布士所說人為求自保不得不放棄其他所有甚至甘為奴隸？為什麼這一回的自利之心反而帶來秩序，而且還是更高更美好更完整細膩的秩序，超出任何人的睿智設想，接近於上帝才擁有的所謂「看不見的手」？——只除了如今人更多，地球更擠，人和人之間躲避隔離不易，而且可用的手段和武器更精進，按理說，混亂衝突只會轉而熾烈、慘不忍睹才是，這些為什麼沒有、不會發生？

有個已極不合時宜、濃濃政治不正確的老笑話，但聽聽無妨——傳教士氣憤的責問某食人族部落酋長：「都什麼時代了你們怎麼還不進步？」「有啊，現在我們改用刀叉來吃。」

所以關鍵不在於自利之心，在別處，有新的變數加入——自利之心這玩意兒長得全一樣亙古不變，並沒有新的舊的這種分別，亞當・史密斯「看不見的手」和太古洪荒那幾百萬年的是同一隻手，它甚至還早於人的出現，不是人的，而是生物的，事實（幾百萬年時間、無法更長更充分了）

證明，那安排出來的不是《國富論》所描述、乃至於今天資本主義發達的世界，而是一個讓人無話可說、萬古如長夜的世界。

所以真正的改變在這裡，這才是全新的——人類世界。其出現、其建構及其繁複厚實的內容，以及最重要的，對人自利之心的有效攔阻約束能力，郁郁乎文哉，這才讓看不見的手得到不一樣的成果，不很快走向全面的混亂和掠奪。這是一個完全不同以往、也一直被嚴重低估的必要基礎。

讓自利之心把人、資源、聰明才智引領到最需要最富效益的地方，並爆發出其潛能，善用每個個體和他所在生命現場的準確聯繫和知覺，這如亞當・史密斯所說確實接近基本原理無須反對駁斥，但讓此一現象能長時間成立、能持續運行無礙、不很快失控製造災難，則有賴於這個自利之心要掙脫如桎梏、甚或要取消打倒扮演陰森森歹角的飽受誤解傳統人類世界，由這個既存的人類世界負責吸納、減緩、冷卻、壓制這一近乎盲目前行、自身不配備任何煞車轉向機制的力量。這有點像人類設法把核分裂暴烈釋放的毀滅性能量控制下來轉為有用電力一樣；當然，也有點像人類對核電的深深憂慮，我們真的能一直的、永不出錯的控制好它嗎？

日後，自由主義經濟學者總傾向於把理想世界描述成無政府、不存在任何規範的世界；但另一方面，又沒有任一個經濟學者真的主張我們得廢除人類社會的全部法律，包括經濟規範的相關法規（不都一樣會干擾、污染這隻看不見的手嗎？），有這樣的經濟學者嗎？

自利之心所驅動的，總的來說不是人的行動，而是人的活動，乃至於只是一種運動而已——人不必多想自身行為的理由，不必預想其後果其影響，事後也不必、更無從反省檢查，這樣實在太舒服了，彷彿卸除一切尤其是責任這最沉重不堪的東西，已接近宗教（我自始至終相信，舒服，而不是道理的嚴謹周詳，才是資本主義說服全世界的真正理由）。依史密斯所言，多想反而（一定）不好，這只會破壞這隻看不見的手所安排的更好秩序、更好世界；甚至，依日後的進一步發揮闡述，這反而是人一個「不要命的自負」、反而會把人引入地獄（海耶克有言，「通往地獄的路往往是善意鋪成的」）。

亞當・史密斯說話當時，人類世界對人自利之心的壓制大約是太超過了，或說自利被權勢者所壟斷；人類也想太多了管太多了，乃至於以為人已窮盡歷史看穿未來知道一切（的確是不要命的自負），遂讓這一力量長期閑置而且奄奄一息，更難受的是其不自由。因此，適度（還不用考慮何謂適度，離適度還遠呢）的解放開它是正當的，更是當時一個必要的歷史階段策略作為，包含於、同步於全面性的大解放風潮之中。

當時世界的事實真相是，這個人類世界依循各種召喚各式驅動持續前行（不只自利之心一項而已，它甚至只是跟隨的、加盟的），歷史來到某一特殊時點，解放是全面的、多樣的、四面八方飛出的，既解放自利的人和思維，也解放了更多種不自利的人和思維。我們甚至該這麼說，彼時人類是成功的擊破了、打開了少數人的自利，即那些長時間乃至代代世襲獨占利益、好像只有他們能自利、其他人都得恪守嚴苛道德律法規範的權勢之人，以全部人的自利來取代少數人的自利，更以種種不自利不自私的作為和思維來曝現他們超越他們。

事實真相也是，十七、十八世紀前後的人類成就可不只是財富增加而已，更加顯著的是，人類世界在那個歷史時刻彷彿提升了一大階，更多人文人道的、高貴的、創造性的東西及其想像力在那時候燦爛發生，——當然，也跟著凶險，未知的、無經驗也無從預見的種種凶險。

幾百年後的今天，亞當・史密斯不必去想也想像不到的當前世界模樣，事情是否倒過來了呢？人的策略作為是否大有必要重新調整？——脆弱的不再是飽受壓制的自利之心，而是這個人類世界？是否需要保衛的不再是已大獲全勝的自利之心，而是這個作為必要基礎的人類世界？

停下來讀首詩：〈我的一生〉

來讀首詩，迂迴一下，或作為一種預備。波赫士的〈我的一生〉，我先注意到的是這兩句：「我無與倫比，卻又與你相似。」我馬上想到的是我較熟悉的、朱天心小說中的主人物，總是獨特的、還帶點駭人之感的、彷彿從芸芸眾生裡甩離出來的「我」（或「你」），卻悄悄的、不知不覺的滑向一些人、一群人、一種人，歸返於遍在的眾生和命運。詩是這樣——

這裡，又一次，記憶壓著我的嘴唇，
　我無與倫比，卻又與你相似。
我就是那緊張的敏感：一個靈魂。
　我固執的接近歡樂，
也固執的偏愛痛苦。
我已渡過重洋。
我踏上過許多塊土地；見過一個女人

和兩三個男人。
我愛過一個高傲的白人姑娘，
她有著西班牙的寧靜。
我看到過一望無際的郊野，那裡
落日未完成的永恆已經完成。
我看到一些田野，那裡，吉他
粗糙的肉體充滿痛苦。
我調用過數不清的辭彙。
我深信那就是一切，而我也將
再看不到再做不出任何新鮮的事情。
我相信我貧困和富足中的日夜
與上帝和所有人的日夜相等。

接下來，我們來稍微想一下：相似的、生物性的人，以及無與倫比的、從生物本能掙脫出來的人。

特別的人和不怎麼特別的人

「人真的是很特別、卻又不怎麼特別的一種生物。」——這是古生物學者古爾德的一句話，在他談到當年林奈進行生物分類、煩惱無比該如何把人納入、放到某個恰當位置一事說的。關於人，的確很難把話說得更好、更準。

大部分時候或說範疇，人的確一點也不特別，有關人的身體構成以及其本能性行為，不折不扣就是大生物世界的一員。我們理解生物世界愈多，便愈不覺得人在其間有何獨特突出之處，而且，絕大部分時候，我們的身體還不歸我們「管」，它自動吸收、自動防禦、自動輸送分配合成、自動生長衰敗病變瓦解。有科學家甚至不把人的身體描述成「一個」，而是原本各自獨立的微小生命巧妙相處結合起來的（包含於其他大型生物的演化來歷），像細胞內有各種明確獨立線索的懸浮粒線體、像毛髮細胞是否原是某種帶鞭毛的微生物加盟云云；我們的身體是否原是個小小的演化場域乃至於一部分原是戰場。科學家安慰我們，不必因此覺得有失尊嚴，仔細想過你一定會比較喜歡現在這樣，要你每一秒（或更短時間）同時指揮全身數以兆計各種形態功能不同的細胞，安排紅血球有條不紊運送，把白血球派去有外敵入侵或內部叛亂之地，要小腸絨毛趕工吸收，指導肝臟細胞完成高度專業、其實我們絕大多數人根本不會的化學工程云云，你會累死煩死一刻也活不下去，你會非常非常感激我們的身體如此「懂事」知道自動自發。

但人真的是很特別的，差不多在距今一萬年前左右，溫文的哲學家雅斯培稱之為「覺醒」，不同生活地區的人們從彷彿百萬年的長夜裡「同時」醒過來（演化大時間尺度意義的同時），一點一點建構起彼此或有參差但的確只屬於人獨有的小世界，也就是我們熟知的各個古文明，當然包含著或說源於、啟動於人無與倫比的種種意識和思維，人無法歸結於生物本能、宛如切線飛出的某一部分自由意志，以及最特殊也從此揮之不去的、人對自身死亡的窺知和其持續思索焦慮，以及因此跟來的時間計算分割意識，人彷彿也站到了自身之外的某處回頭看自己想自己。

這個占絕大部分的、毫不特別的、穩定透明單調的人，和這個微弱的、很特別的、又毫無生物經驗可依循的人，能否和解相處？不曉得，我們只知道人努力想做到這樣，但看人類歷史，人更多時候不斷察覺的是兩者的背反，人彷彿撕裂開來成為兩個也似的。幾乎各個文明都把這描述為一趟創世意義的旅程，出走的、背離乃至於犯罪的（偷了某物或違抗某一禁令）、遊蕩迷途的、充滿重重致命考驗和凶險的、但卻也壯麗且帶著微妙驕傲感尊嚴感的人的冒險旅程；通常，這或是單一一個人的旅程，或由某一個有堅定意志的人說服、率領眾人出走，跟從的人則不時抱怨、後悔乃至於想掉頭回去云云。波赫士似乎更喜愛《神曲》裡的而不是《奧德賽》的航行，那是回到綺色佳多年後已老去的尤利西斯最後一趟旅程，他是否記得甚至尋求先知提瑞西阿斯預言他的幸福死亡呢？總之，尤利西斯勸服這些老水手，「人不該像野獸一樣渾渾噩噩過日子」「人應該不斷尋求美德和知識」，這次他終於離開了其實只像是內陸湖泊的平靜地中海，穿越過直布羅陀大門（傳說由海克力斯劈開），航向真正的荒波大洋，還直抵南半球，在那裡看到了模樣完全不同、惟數量更大光度更璀璨奪目到嚇人的另一種星空，也就在那裡，船遇見了巨大雪山並在大漩渦裡沉沒——

道心惟微（特別的人），人心惟危（生物的人），就連尺寸和力量大小比例也都大致是如此沒錯，人不敢心存僥倖。這個很特別的、已不同以往的人得不斷對抗遠比他大的東西，得對抗更大部分或成分的自己，彷彿一鬆手一懷疑一起舒服安全過日子的念頭就復歸消失、就被吞沒回去。人絕大構成部分仍是生物如中國人說的禽獸（那年頭不講究修辭的政治正確性），人異於禽獸幾希的成分微小到幾乎不成立、難以寄託希望，甚至只像是人心裡面一閃而逝的一點鬼火一點靈光。

這裡我們要多說一點的是，兩者的輸贏消長，可能不僅僅取決於尺寸和力量絕對值的大小差別而已（否則歷史就太無聊了），更在於人相信什麼、希望怎樣、如何抉選云云。人潮水般起落的思維，構成變動不居的歷史判準，遂形成消長。

生物本能是普遍的、趨同的、單調的，人皆有之不必證明說服，人一鬆開就自動落回那裡放心吧；然而，人超出生物存有這想來奇妙的部分，卻是個別的、歧異的、發明的、善惡難明的，彼此矛盾衝突相互抵銷是其常態。但它在一開始往往是有優勢的，像一道一道光穿破黯黑而出，容易第一時間抓住人的眼睛形成悸動，惟長時間來說卻也讓人眼花撩亂難以分辨無所適從，時時生出「干我什麼事」的厭煩感逃離感，容易疲憊化蒼老化——這樣我們也許就更知道了，何以在知識成果不斷累進的現代，人獨特的、非生物本能的這部分會有點詭異的不進反退，人類世界時時、處處出現某些再清晰不過的返祖現象，折返原始和野蠻，毫不可惜的、丟垃圾般一件一件丟掉人們耗時千年時光才學得才建造起來的非比尋常東西；這不是誰的錯覺，而是一個結果。

如今，X-factor我以為是民主政治，這是我們這個時代的歷史判準，再次決定其輸贏消長，有可能就是終極性的定讞——民主政治當然是站在人生物體這邊，要不然它還能站在哪裡呢？

這麼說並不矛盾。民主試著把世界交回到所有人手上，這會在第一時間、可以幾無時間接縫的帶來宛如遍地花開、彷彿什麼都有可能的解放效果，整個世界頓時活過來、動起來也似的（二次戰後陷入殘破窒息狀態的西德經濟，其復活翻轉的關鍵據說是，西德的經濟部長在那個下午隻身走去全國性廣播電台宣布，解除所有經濟管制，就這樣，西德也因此很快翻轉成長為整個歐陸最強最富的經濟體。後代的自由經濟學者津津樂道並引為典範，也把此一歷史大事說成如此簡單、如此戲劇性），這樣的歷史記憶太確實有之、太印象深刻而且太動人了，也就讓人不多想其他，容易遮蓋住其他真相，尤其長期的、稍後才緩緩顯露的同樣確確實實的真相。民主當然不只是一次宣告，民主是一種社會機制政治機制，有它難以違逆的根本運作邏輯，民主的社會一樣得不斷做出決定、做成判決並管理。根柢的說，它尋求人的最大公約數，而最大公約數總只能是人生物性本能這部分；或說，民主不信任人個別的睿智，避免單一個人獨斷的種種危險（都是真的），但也就容易失去那些只有單一個人才可能看見、感知、並持續深向思索修改的東西。集體是不思索的，不可能有深度、有鑑賞力，更掙脫不了實存的薄薄當下；而一種非人的機制更不會有同情，還不會有必要的耐心，這些是一定得支付的代價，只是帳單寄來稍遲而已。

自由，確實是人類世界長時間缺乏、不足的珍貴東西，太多我們熱切想望的事（寫一首詩、發表一個新原理、開發某一塊土地、提出一個改革主張等等），其他種種條件已齊備成熟，只等自由如東風吹來，以至於自由總是被說得簡單而絕對，彷彿有了自由，這一切就都自動成了。但所有稍微認真做點事情的人都了解，並不是這樣，所有動人的成果，包含那些看似瞬間發生、完成的東西，當然全是長期的、積累的，人無法「自由」的懂得它看出它來，伽利略不是靠著自由才察知地球在動，托爾斯泰也不是因為獲取了自由才寫出《安娜・卡列尼娜》來（你我要不要也「自由」的試試看？），這不折不扣是能力，其核心更是處處有約束、有無可違抗規矩、並時時感知種種生命森嚴限制的專業能力，是一個人沉靜浸泡於他的工作五年十年乃至於一輩子（要不要誇大的描述為「奴隸般、如同被綁著一樣工作」呢？），才獲取的非比尋常能力，如波赫士所說「這是積我這一生經驗才能說得出來的話」；甚至，這是來自於一個傳統（我們這個業餘化時代最輕蔑、也最視為自由大敵的東西之一），專業堆疊為層級的傳統，亦即一長串的、代代相信並接續這樣工作的人才可能獲取的特殊能力，如波赫士也說，我能寫些什麼呢？我能說的，就是古希臘人的困惑，古波斯人的困惑，古埃及人、古中國人的困惑……

我們可以帶點文字遊戲的講，這些，終究需要一個所謂「自由的心靈」云云——這是千真萬確的，但「並不是你們所說的那種自由」，也可以說，這需要更多種的自由，更富品質和深度的自由。它所掙脫的諸多限制，係來自於個人的認識和能力進展突破，不惑不迷不懼，如同人站上一定高度，目光自然不被遮擋，這不待社會集體的同意、應允，也不是人類的民主建構所能供應的，歷史的經驗事實是，這裡面還包含著諸多屢屢並不見容於人類曾有過任何程度樣態的民主社會、時時遭民主機制粗暴侵入侵犯的自由。

我說，人在不怎麼特別的自己和另一個很特別的自己這兩邊判定抉選，民主政治會是終極的定讖。這意思是，我以為民主政治是無可阻止逆轉的，也是我們所可能擁有最好的集體生存樣式，沒理由阻止它逆轉它（如萊布尼茲這個極世故柔軟的哲學家認真但意味深長所說的，這個已實現的世界就是人類所能有的最好一種世界），而且民主也最自然合理舒服，符合素樸的生命存有本身（其獨立、其無所隸屬……），像是一個終於水落石出的結果、一個實現。

所以，這也就是我們現在以及未來的基本處境了；某些部分可以斷念當它是個代價——那些背反著生物本能的事情會變得很困難、愈來愈困難，有些太特別的東西更可能保不住，不管它如何打動你、你如何珍視它，新的拆除打掃工作正加速進行中，接下來我們得在這樣的條件下工作。

我們所能說服這個世界的最佳理由可能只是，得適度的保衛這些積累的、層級的、不同於生物本能的、也就是當前世界一樣一樣拆毀的東西，其實一直是靠這些東西撐著，才讓民主不真的等於民粹（「純粹」的民主怎麼會不就是民粹呢？），不讓這整個世界真的回到原始和野蠻如那幾百萬年云云。但這很難有用到接近悖論，因為生物本能基本上是不思考不對話的，得伴隨著適度的災變（我們虔心希望是適度的、可承受的），人們才能以一種最簡明的趨吉避凶本能來拖住它延遲它。

國家這東西最終會消失

波赫士晚年，曾以某種死者的、遺言的說話方式如此直書：「我相信國家這東西最終會消失。」——至少，對我們這一整代人而言，這並不是個太出奇的判定（或說希望），就像他在另一回訪談中講的，他是在「個人和國家相對立」這樣的信念薰陶下長大的，我們全都是。

有趣的是，這極可能既不在遙遙未來也不是什麼淒絕壯麗的歷史大事、大時刻，僅僅只是當下的日常事實而已——國家確確實實正在消失之中，以雷蒙・錢德勒說的那樣「每次都死去一點點」的告別方式，漫長的告別。我自己是沒敢如此確定那種完整的、彷彿至此從人類世界消失的、連名稱帶其形式和內容的國家死亡會不會到來，也許，它會以某種更接近地理名稱之類的方式留著（如義大利曾經只是個地理名稱而不是一個國家），並以某種事務性、日常功能性的次級機構模樣繼續存在。但，就我們一直以來要對抗、要去之而後快、要像徹底拔掉彷彿自由最後障礙彷彿惡之核心的那個國家而言，幾乎等同於快要不存在了；至多，它只是聽命辦事的小弟幫凶，而非老大哥。

日前，我在咖啡館遇見一位年輕朋友，謙稱是我的讀者，台灣人，在上海某跨國金融集團工作，他和我說到美國的「國家資本主義」（很標準的中國大陸思維的慣用詞），我嚇了一跳，有點沒禮貌的打斷他——你確定華爾街和美國聯邦政府是這種關係？不需要更新嗎？是不是應該倒過來才對？這絕不是文字遊戲、聰明話，華爾街是在美國境內沒錯，但它可以比一整個美國還大。

這有點好笑，人類歷史常這樣，像是那種故意捉弄人的惡玩笑，是不是這麼說，「黑夜已經過去了，但黎明還沒來，你們想多知道什麼，回頭再說吧。」——一種國家萎縮消亡的圖像逐漸真實起來，但卻完全不是我們以為的、我們這一整代人反覆思索並描繪的那樣，那些我們反對國家的堂堂理由，絕大部分依然存在，甚至還更堅固更難以撼動，也更隱藏難以確認對象而已。也許錯在我們自己，我們總困於現象相信A和B是共生的、不獨立存活的，但其實往往可以，或C和D是矛盾的，不可能共存的，但其實也往往可以。《一九八四》這部從時間上、從鎖定對象上都已解除的末日之書，其中令人最印象深刻的是無所不在的、人毫無隱私可言、宛如楚門世界實境秀的監視器，但又三十年後的今天，且不爭論老大哥是消滅了還是以另一種形式存在，全世界的監視器數量在這三十年增加速度最快，尤其在所謂的民主進步國家更如雨後春筍般遍地冒出來，更好笑的是，不是老大哥裝的，而是人們努力爭取、乃至於人們自己花錢的（還好大量生產，價格陡降）。別的社會我不知道，至少台灣，理論上並沒這麼風聲鶴唳的危險，理論上也無需因為這一點點的風險和不便就放棄人不受監視的自由（有趣的是，這還是民主最根本、號稱絕不可讓渡自由的原則），但它的存在跟電線和自來水管一樣，已是生活標準配備了，在建築設計圖階段就得標定好。

（也許人民、依生物本能而行的人群式人民，才是老大哥的終極面貌，一隻流體的、新型號的利維坦，新巨靈，像電影裡那隻非結構的、裡外同質的液態金屬終結者，好萊塢最棒的怪物。二十世紀尤其是納粹之後，對這樣的新極權傾向有所警覺的人多起來了，只是一直不知道在民主的大框架裡該如何恰當的、有效的阻擋它處理它。）

朱天心在她的新書《三十三年夢》裡引述了這段話，說者壓住自己的失望悲傷讓它變得很美麗的一番話：「然而我確知曾經有那樣一個晚上，世界在預言實現的邊緣猶豫了一會兒，卻朝向背反的方向去了。」

好像一次又一次、一個晚上又一個晚上都這樣，人是很特別又不怎麼特別的一種生物，不特別的那部分較大、力量較強，也舒服，構成了某種疲憊的歷史引力，構成了「人性」。

接下來，我們要想的是李維-史陀說的「隔離」，他所說孕生事物多樣性必不可少的隔離。李維-史陀顯然也是在「個人和國家相對立」的此一時代空氣中長大存活過來的，只除了他存活較久，活超過一百歲，以一個人類學者的眼睛看著這個世界一整個世紀時間。稍後，他冒著被懷疑為種族主義的可憎疑慮和危險，重新思索審視國家的、部落的、社群的古老界線，以為每一個文化都「必須具有某種抵抗性」。

無論如何，「隔離」這個詞總是讓人很緊張，尤其當它包含了我們以為惡遠多於善的國家界線時。

如登與如崩

「多樣化的世界不斷在消失」，這話由李維-史陀說比由我們來說更接近「證詞」，而不僅僅是個憂慮——這是他的工作，或用李維-史陀自己的話，這是他在這個世界的「位置」，他幾十年每天相處的現實。作為一個人類學者，他的工作內容便是不斷往返於發見和失落（發現它的同時，也正在失去它），視野不折不扣就是一整個地球，包含距離我們最遠、根本不曉得它存在的各個異質社會和社群。看著太多我們看不到的、想都想不到的各種人、地、事物。他的多樣化世界圖像是遠比我們精密詳實到不可思議程度的一張；也看著這些東西不斷的就在你注視下消失，永久的消失，這紙死亡清單也遠比我們能羅列的要長太多了。

人類學是得極沉靜、需要可怕耐心耐力、強迫自己像一棵樹之於某一塊土地那樣相處關係的漫漫悠悠工作（最生動的呈現必定是馬凌諾斯基那本接近禁忌的奇書：《一本嚴格意義的日記》），而李維-史陀講，人類學的另外一面卻像是救火救援行動，永遠在跟滴答作響的時間賽跑，時間永遠是最珍貴的東西又同時是最大的敵人。這裡有個解除不了的時間矛盾，「面對著可用時間和浪費掉時間之間的不相稱關係，我無法不覺得心如火燎。」

然而，其背後還有一個更大的、原理性的、我們也都很熟悉的時間矛盾，正是這個大矛盾包含了、促生了前一個矛盾——那就是建構時間和拆毀時間的永恆不相稱關係。建構時間，中國人帶點咬牙切齒意味的稱之為「如登」，爬山一樣，緩步的、累死人的但急不來，依山的高度、陡斜和凶險程度，惟無論如何都大量耗用時間；拆毀速度，則是人有束手無策之感的「如崩」，就像山塌下來或者雪崩那樣，某一個狂暴力量衝擊過來（大自然或人為），瞬間結束，人甚至來不及逃命。我們於是把前者的成果稱之為「文明」，因為我們由此循線察覺出更長時間來歷的知識和技藝養成及其他，也就是作為準備的、作為建構基礎的時間甚至得更久更遠。古巴比倫那一整面懾人心魂、人站它前面總感覺自己被縮得很小的浮雕城牆，是人獻給女神伊絲塔的，打造它的人相信自己一直活在這樣亙古的、綿密的、彷彿天地伊始便已存在的護佑之中，所以真正動手的時間只是時間冰山浮上來的那一小角而已，只是人其中一次鄭重無匹的、彷彿傾盡當下所有所能的實踐而已（人不做點犧牲、吃點苦頭，如何能說自己是虔敬的呢？）；而毀掉它則只需要幾管炸藥和人瞬間的狂暴之心，這兩樣東西如今隨時可從網路上取得或很快學會，我們通常叫它Vandalism，汪達爾破毀或野蠻人破毀，背反艱辛漫長的文明建構，人回轉原始和生物本能。

於此，人類學其實一直是高度警覺高度自制的，連玩笑都不能開、字詞都不能放心使用（也因此馬凌諾斯基那本國王新衣也似的田野調查私人日記才這麼令人驚駭，忍不住笑出來的驚駭）。只因為誰都曉得「人類學是在殖民主義的陰影下誕生和成長起來的」，罪惡的源頭正是國家，昔日帝國主義式的強勢國家，這個滔天罪行般的記憶在這門學科烙得太深太痛苦，遂讓人類學逃離般走向幾乎是另一極端的所謂文化相對主義，絕不允許在不同民族、社會之間劃出高低不同的價值等級，無心的、隱藏的都不可以——這一相對主義嚴厲要求往往到不自然、不近人情也不合理性的地步，一直讓人尤其是認真進一步想事做事的人感覺不安、不對勁。比方說某些部落社群殺嬰或殘酷對待女性的種種傳統作為，究竟是完整構成其生存方式及其文化結構不可單獨抽走的必要部分，或僅僅只是人的愚行和暴行、人的自我停滯、甚至長期合理化並縱容某一部分人利益的詭計裝置云云，至少，結構不該是一成不變只此一途，它必定有微調和修改的空間才是。年輕時日的李維-史陀在他《憂鬱的熱帶》書中就曾這麼質疑過，一個在面對這類駭人聽聞殘酷之事謹慎不發一詞、甚至連人的最基本反應都不敢洩漏的人類學者，回到自身社會，往往滿腹意見天天罵人，隨便什麼看不順眼的小事都跳出來大肆批評一番（不是也該都視之為自身社會和文化結構不可更動的必要部分嗎？）。這極可能是李維-史陀在他學術圈子裡屢見的事實，我們要如何妥善的解釋這樣的矛盾？晚年的李維-史陀也說：「在講到『原始』社會時，我們把這個詞放在雙引號下面，所以，人們知道這個詞是不恰當的，是由約定俗成的用法加給我們的。然而，在某種意義上，用這個詞倒也還是確當的，儘管我們稱之為『原始的』那些社團並非那麼原始，但是他們希望自己真的是原始社團，因為他們的理想是讓自己停留在諸神或祖先在有史之初創造出他們的那種境地之中。當然，這是一種錯覺；這些社團絲毫不比其他社團更能逃出歷史的變遷。」

稍後，人類學於此有所鬆動（比方司徒華等人相當審慎的、有調和意味的所謂軟性文化階段論，小心翼翼的把進步這個東西引進來），但嚴格的相對主義仍然是人類學天條，在田野調查出發前夕總要再回想一次並自我告誡一番。

在相對主義已切割這麼深的隔離要求之下，何以李維-史陀要再次的、而且再而三的強調隔離？還需要怎麼更隔離？他是否發現了什麼不斷穿透過相對主義的更危險東西？

相對主義當然是大有問題的，長時間下來，相對主義幾無例外的一定製造出懶人來，在極少數寬容審慎自持的和善之人而外，不成比例一整排帶著做張做致樣子的懶怠之人；更糟糕的是還不見得和善，因為對自己更有利更舒服的方式是，不把相對主義理解為一種自我規範，讓異質的他者成立，而是一種再無人可置一詞的放縱權利，帶著一種疲賴的攻擊性，「只要我喜歡，有什麼不可以」。這是基本事實——我們直接說，相對主義把最根本、最底線的是非善惡之辨，連同人的全部價值信念和道德意識，一律貶低為個人偏好，人什麼也不堅持而且不該堅持，人放棄了判斷和選擇（而文化正是人在生存的漫長時間裡不斷做出的必要判斷和選擇），如此，實際上得到的絕不會是一個一個獨立自主的、保有特殊性多樣性的個體，而是沒有內容沒有縱深也沒抵抗力的原子化個人，原來一層一層可阻擋、遲滯、過濾入侵之物並幫我們爭取到可貴時間的中間層級被拆除殆盡（所有稍微認真談民主的人都曉得，這些中間層級的存在之於社會的健康運作有多重要，比起那些莊嚴的個人自由云云誓辭，這層層屏障如堡壘的中間層級實際的、沉默的保衛著人的現實自由空間），人單獨而且無遮無援的整個暴露在大世界面前，如此，縱橫無阻如脫韁並迅速統治一切的，只能是當下最強勢的東西、最流俗的東西、最一致如集體公約數的東西，也就是那些不多於、不高出於人生物本能的東西。

讓我們回到最原初的意思不故意誤解（時時記得原意、不故意誤解，是我們應該努力建立的良善習慣，大大有助於思考和討論的順利前進）。相對主義要求人不侵入、不作為，原來是強勢一方跟自己說的話才對，是這些人類學者前進到一個個「從幾十人到兩三千人」的脆弱社群時，提醒自已只攜帶個人必要物品，千萬記得把背後強勢國族那些重物留在自身社會裡云云；而李維-史陀再談隔離，並強調抵抗，很清楚，人的身分變了，如今說者所站的位置以及設定的講話對象變了，基本圖像也整個變了，比較接近「所有人一道」。我們每個國家、每個社會以及生存之地或許當下具體狀態不一，但已然有著很類似的、乃至於可理解為同一源頭的困難處境，而且可見未來（應該不會太久的未來），只會更趨同彷彿人類演化、人走上這一趟文明建構之路的共同命運，誰都無法置身於外的命運。最簡單現實來說，我們都一起面向著超國族社會、乃至於超越了人自身的全球化洶洶威脅，我們曾擁有的豐富性和多樣性可能都在加速消失中云云。

晚年（很長的晚年，活著活著超過了一百歲），李維-史陀談更多自身社會裡的事物，法國的、歐陸的，也許是偏於自省的緣故，話大半不會太順耳。文學上他比較謙卑，以一個人類學者的眼睛來讀，很可思議喜歡的是巴爾札克、康拉德和狄更斯這些有著多樣人物和豐碩行為、物件的小說（某種確切意義而言，大敘事小說正是提前人類學出現的田野調查報告），而他相對有把握的繪畫和音樂就不客氣了，尤其是繪畫（比方他批評莫內以及印象派畫家，「帶領出一大批沒有他們那般技術又沒有他們那種天賦的模仿者，這一切造成極壞的後果」；如同波特萊爾也講莫內的：「他是繪畫藝術開始走向衰亡之路的第一個人」）；至於所謂的前衛派藝術、現代藝術，李維-史陀則直接說那是「墮落」（「如果極權主義要站哪一邊，那它多半會站在所謂的前衛派繪畫一邊，以及支配著它的龐大商業和政治設施」）。李維-史陀也講，當前世界我們很容易注意到的一個持續現象，便是人「美德」不斷毀損；人「有一種放棄自身責任的傾向」。

惡言必反之。可想而知，這必定引來熾烈的反擊和一堆酸冷的話語，我們更加熟悉的是，這是一個六十歲、七十歲、八十歲老人講的話（如今，人至遲年過五十就不該講任何話，該像回歸古老生物那樣沒有老年存在的世界一樣，自己默默走向死亡）。李維-史陀也選擇跟這些反應「隔離」：「我們面前的誤會真是堆積如山，我根本不打算逐一的清理它們。它們不值得我花那麼多時間。」

失去的技藝

李維-史陀這番話，是導演侯孝賢（愈來愈是個電影老工匠）喜歡並記住的：「我對藝術技藝情有獨鍾，這是人類在幾千年時間裡創造出來無可替代的最偉大成就之一，它形成的基礎是人對自身在宇宙之中地位的一種認定。藝術提出的問題，像其他許多問題一樣，絕對不是單一層面的。」

這是李維-史陀一貫的看世界方式，他的這些批評話語始終環繞著此一核心及其深深憂鬱：技藝，「失去的技藝」。

李維-史陀喜歡日本也因為這樣。波赫士喜歡其人的文雅沉靜，以及彷彿把詩的美、詩的幸福之思遍在的呈現於人的一飲一啄每天日常言行和什物之中，李維-史陀則跑各地一一去看在地的職人工匠並嘖嘖稱奇，這極可能是日本最好的部分，也是日本為全世界保留下來的最為動人東西（「你在那裡感覺到高度發達的文學藝術和技術文化直接通向上古時代。而那恰恰是人類學者所熟知的時代」）。李維-史陀因此很感慨法國大革命的如此沉重代價，那就是當時世界的一次夷平重來，人好不容易摸索建構起來的這最深刻深奧經驗部分，只能玉與石頭般隨同該糾正的傳統部分一併被截斷，甚或一併視之為惡丟棄掉，你怎麼可能只要這邊不要另外那邊呢？日本則鬼使神差接連兩次躲過這樣砍伐的現代革命大斧頭，幕末維新那回，歷史過錯暨其責任概由德川幕府承擔，萬世一系，據說源自於高天源的明治天皇以乾乾淨淨的樣子重返統治位置，這在近代世界歷史上是少見的，也許完全沒有；二次戰後，盟國和麥克阿瑟將軍最終保留下來萬世一系的天皇制，用一部分的歷史正義換得，你若問李維-史陀，他一定會說值得。當然，眼前還有第三次，以財富為其核心的全球化浪潮，這回抵不抵得住呢？歷史不可多得的好運氣還沒用完嗎？

李維-史陀這番話，我（責任自負）試著把它簡化為「人在世界為自己找到的位置」，聚焦於「位置」，真正要隔離要保衛的極可能就是這個——李維-史陀正確的指出這經歷著千年時光，我想多強調的則是單一個人在這裡所投注所耗用的，幾十年，相對短了些，但卻是每個人僅有的。人彷彿釘牢在同一塊土地上，日復一日的工作並與之相處，這和不斷移動的人不同，他看著的世界於是不再是第一眼、不是概略的印象，而是第二次、三次、四次、N次，他於是逐漸能看到細緻的部分，隱藏的部分，以及不同上次所見有所改變的部分；也不再只是單純的一個視覺印象，人不知不覺把心裡不斷堆疊加厚的視覺印象串接起來，便形成「看法」，包含種種理解，以及記憶和預言。所以李維-史陀說這絕不會是單一層面，不會只停在這裡，而是人由此和世界發展出特殊但複雜而稠密的聯繫。

我馬上想到的是福克納，最像老工匠老農戶的小說家，他曾說自己只是持續在「一方郵票大的土地上」書寫，雙重的隔離：小說這門行當的隔離再加上人現實空間的隔離。但從這裡，他非始料所及的一步步創造出他日後命名的「約克納帕塔法」世界，包含了他自己，他一路上溯的家族記憶，他恩怨情仇一言難盡的美國南方，以及更久遠彷彿天地之初就開始的善惡糾纏不休的人類世界。他原來只是想寫他傾慕的祖父，傳說中的一個戰鬥英雄、一名好漢；最終，他不得不跟自己說並據實寫下，這其實是一個專橫、殘忍、頑固、幽黯的老人，而且既不傳奇也不獨特，甚至半點都不英勇，那是粗暴和衝動，以及習慣不把人當人對待而已，也就是那種最典型的美國南方莊園奴隸主而已。

今天，這種人仍時時處處可見，比方在美國茶黨的瘋狂反智時刻——技藝就有如此的預見預言能力，或正確的說，所謂的預言其實就只是這樣，是人由此逐漸掌握了一個個隱晦但恆定的通則，其中愈接近生物本能的行為愈透明愈一再重複只是「又來了」而已。

我們接著來說技藝的穿透力和其完整性。

稠密性與完整感

朱天心很喜歡《CSI犯罪現場》的LV部分，LV當然是拉斯維加斯系列而不是美學上土得不得了的大名牌路易斯・威登（人們何以趨之若鶩的追逐這麼難看的東西，對我來說永遠是個謎）。有很特別如節慶的一集，謀殺現場是一場花園婚禮，死者是很討人厭、有太多人可能殺她的新郎母親，導演遊戲般重複使用了四名犯罪調查員進場的主觀鏡頭，所以，好人尼克，我們跟著他看到的是握手、擁抱、祝福云云的一派和善歡樂畫面，以及一張張人的笑臉；憤世到屆臨犬儒的莎拉，則只看到假花、緞帶、人日光下不免剝落有裂紋有接縫的化妝和隨時會掉下來的首飾等等一堆假東西；年輕如猶處於青春期的葛瑞格，一路上就是不斷擦肩而過來不及看的辣妹，尤其是那幾位新娘好友的瘋瘋癲癲伴娘；最後，來的是昆蟲學家組長葛瑞森，CSI最精采的一個人，整個世界瞬間靜下來，再沒人聲樂聲（奇妙但確確實實的自動隔離），我們好像來到了某叢林小島，並進入到某種微物的、凝視的世界，放大的葉片和花瓣生著近乎透明的茸毛還隱隱浮現出脈管，葛瑞森津津有味看著的當然是停在上面的瓢蟲和蚜蟲——是的，同一個現場，四種景觀。

人看到東西，是生物演化成果；而人會看到什麼，則遠遠不是生物性的，最終，這是一種能力，不折不扣是能力。

我們往往只把這解釋為人的偏好，人的情感和嚮往云云，你珍視什麼就會找到什麼（如尼克和葛瑞格），我們的視覺不知不覺是選擇性的，這是真的，但其實不夠，情感偏好也許可以把你帶向它發現它，但不具足夠穿透力，通常僅能止於事物表層，也不足以找到隱蔽的、深埋的、乃至於應該有但還沒有以及因為種種緣故並沒有的東西（或者說，看出空白，極富意義、充滿各種有趣線索和啟示的空白）；要具備穿透力還得有知識。

但那種裝上去的、如莎拉看到隨時可取下來或掉下來首飾般的知識也是不行的，知識的取得只是第一步（我們這個時代變得非常容易的一件事），知識還需要時間相處（我們這個時代很奇怪變得有點困難的一件事），如梵樂希所說「應該是可攜帶的」，在實踐裡不斷的理解它、裝填它、微調它云云，讓自己和它多重的嵌合起來。這樣的知識不會再遺忘（不僅僅只是游泳和騎腳踏車而已），根本已不存在遺忘這個詞，最終它更像是生長起來的，不只在腦子裡，而是整個身體。一般會說這才讓知識不再是身外物、不只是一些空蕩蕩的詞條，但我要計較的說，這樣知識才具備足夠的稠密度。

稠密，相當於一棵樹和一幢人工建築、一隻鳥和一架飛機的差異。

近一兩年來，我時時縈繞腦中、幾乎快覺得是此生最遺憾的一件事，便是卡爾維諾來不及寫好、講出（但已明明成竹於胸）的第六個演講，備忘錄缺了的六分之一一角，極可能還是收尾的、有最後結論意味、最終叮嚀意味的六分之一。據卡爾維諾夫人告訴我們，「卡爾維諾想把第六次演講稱作『稠』，計畫人到了劍橋便動手撰寫。」——真希望能把他從長眠中叫起來或通過某種降靈術找他回來。有些時候，我們還是很願意相信人死後有知，可以繼續講話以及知道自己做成了什麼，少掉好幾種寂寞。我相信漢娜・鄂蘭講本雅明「死後聲譽」時，也一定有著類似念頭。

真正足夠稠密、和整個人確確實實嵌合起來的知識便是技藝（形成為技藝或說由技藝統合整理起來），人一生最主要做著的那件事，這是人能夠穿透世界最深入的部分。薄薄一層純視覺的世界其容量有限花樣也有限，就連時間都不具意義或甚至等於不存在（所謂「永恆的當下」，生物性的時間知覺或說無從知覺）；我們所說的多樣化世界必須是有厚度有縱深的，其中太多東西我們甚至說不清這究竟只是人發現或是人的發明（究竟是羅丹鑿成了它或羅丹從某塊大石頭裡釋放它出來），每一門技藝都是一道獨特的路徑，擁有唯獨它才擁有的合理但神奇的想像力，總的構成一個在在令人驚喜、畏懼、感覺如此不可思議不知從何而來的多樣可能世界。

縱向深入是技藝本身的歷史路徑及其目標，由一代目二代目三代目這樣穿越個人緩緩展開，永遠不完成也不屬於單一個人所有，人感覺是自己（有幸）參加它、投身於它，更多時候是一種不私有不私為用的「責任」；對個人而言，因此更富意義或說更為實際的極可能是，人以此技藝為生命核心、為定點（即「位置」）的橫向聯繫整理，近取乎身，旁及遠近他人和花草樹木鳥獸蟲魚，俯察山川大地，並上看日月星辰云云，這則是時時在個人身上作用並完成的（卻也不斷猶豫微調修改），人和他所在的世界形成一個往復的、親切的、響應的生動無比網絡，時間不再只單調流逝，時間往往又安定又緊張，又從容有序卻也屢屢感覺不夠，波赫士（以及很多人）常難以言喻的描述一種工作中的「幸福」，某種結結實實的東西，一般容易說成、理解成所謂的成就感但不大對，因為這並非只發生於成果出現的這末端一刻而已，這是更根本、更經常的而不是某個特殊獎品，存在於其「位置」而不是藏在其作品之中，更何況作品往往是失敗的、不完好不盡意反而不免懊惱（如果書寫者對自己誠實的話），所以卡爾維諾和波赫士才都說，作為一個讀者的時候遠比作為一個書寫者幸福。

借用馬克斯・韋伯的說法，我會講這是一種「完整感」，日復一日的，人和他周遭一切，跟世界建立起一種近乎一體的極親切的聯繫，你甚至感覺得到這一聯繫正在發生、伸長、強韌、稠密，眼前一寸一寸明亮起來；我的小說家好友林俊頴講得更好，他回想著自己《我不可告人的鄉愁》這部了不起的小說的這一趟書寫：「今天我只想記下兩首歌，兩首相隔五十年，我想像自己在兩者間走鋼索，我譯成自己的文字，這樣我就好像長出吸盤，有所黏附有所依恃。這一日我多麼愛這個世界，我忠誠的過完它，沒有二心。」

（林俊頴性格低調偏冷，獨居簡出，儘管人很和善，不像我這樣很糟糕時時討厭這個世界討厭人。還好我們都算為自己找到這樣一個生命位置，有可以一直做著的事，要不然還真會像房龍在他《人類的故事》書中講的：「否則你甚至會開始憎惡這些人。」）

韋伯很早就注意到人知識的完整性、人對世界的完整感受正在失去，人類的知識總量當然是不斷增加的，但卻像碎裂開來，落在每個人身上往往是局部的、稀疏的、東一點西一點的，我們對我們謀生的工具、對每天使用的東西了解很少，甚至想都沒想過也不知該如何想，我們因此也無法建立起一個稍稍成形的總體世界圖像，有一種虛浮起來的感覺；韋伯指出，過去人們不是也不能夠這樣，他必須對自己擁有的東西和周遭人事地物有足夠稠密完整的了解，尤其是他生存所繫的工具和材料，否則根本存活不了，而惟有這樣整體的掌握，才構成為「一個」對象，人才可能進一步思索

（自自然然發生的思索）其所以然、其意義。

世界變成這樣當然是進步，人的存活一事變得簡單許多，人類世界一天比一天更接近「百姓日用而不知」這句話。但事情總是得一併來想才好，包括我們習稱的代價，也就是我們如果可能並不願意支付、失去的東西——人類世界清清楚楚的虛無化走向並不是什麼好事，但由此看來絕非偶然，這是個歷史代價，是人知識完整性喪失的效應之一。虛無的一個解釋正是，人無法思索、尋獲、確認、建立意義，「最初不曾具有的意義」。

不僅僅是知識總量和分工的問題而已

人知識完整性、人對自身存活世界完整感受的失落這事，可以說是「注定」的，至少有兩個根本性的大麻煩，一是知識累積總量的問題，另一則是分工——只是，這可能都不足以完整解釋我們當前的困境。

知識總量不知不覺超出了個人的負荷，從學得到記得，這不是什麼祕密，我們或許都記得曾經好像有過這樣一種時代、有過這樣一種人，「他彷彿知道所有的事」（這句話曾是讚語，如今大概只用為嘲諷），上窮碧落下黃泉什麼都會，比方一般會這麼理解、描述達文西這個人，事實上，我念大學時也就是不過才三十五年前，國學大師錢穆的一名虔敬學生也曾如此說他的老師，我因為當下太震驚了，所以一直記得：「老師他地上的事全知道，天上的事知道一半。」這裡，不必真去討論是否達文西、錢穆或誰當得起這個稱謂（更多時候，我們以為某人知道一切只是因為我們知道得太少而已，無法察覺他不懂什麼或懂錯什麼），我們用波赫士這篇極好玩的文字來一次解決它：「一七三一年前後，一個德國研究人員用了很大的篇幅撰文討論一個問題：亞當是不是他那時代最好的政治家，甚至是最好的歷史學家、最好的地理學家和地貌學家。這種可笑的假設不僅要考慮天堂般國家的完善與否，也要面對沒競爭者這事，還要考慮在世界起始的那些日子，某學科是很簡單容易的。當時的世界史是宇宙唯一居民的歷史，這種歷史只有七天，當個那時的考古學家還真容易。」

至於分工，把一個完整的東西，尤其是完整一貫的實際作業拆解開來並不斷分割成更細，好讓其他人、更多人的力量可以加入、發揮，這也是「自然」發生，其源頭是人的思索，人想認識世界，也就是卡爾維諾在他備忘錄裡一講再講的，人得不斷把認識對象分割得更細，直至令人暈眩（他顯然也認為這是當前世界的巨大威脅）。所以，分工不是福特汽車工廠的發明，一如人思維不斷細分為更小單位不自笛卡兒開始；分工與人類世界的建構同步並互為因果，很可能還稍早一步發生，因的成分大於果。

知識的累積和認識對象的不斷細分，終極的來說，的確都會讓人知識的完整性、人對世界的完整感受成為不可能，但這怎麼說好呢？這可能比較像世界末日式的或人的死亡，我的意思是，最後可能躲不過，宇宙一定有末日（不管是爆炸或沉睡），人一定會死，但並不是現在；在最終的那一天到來前，人還是有一些時間和空間，也還有事可做。這樣終究會被一筆抹消的事究竟有沒有意義呢？還值不值得人去做呢？這可能是個人才能為自己回答、無法讓渡的問題，惟我們仍可去詢問、去聽聽別人怎麼說怎麼想，比方李維-史陀這個活過一整個世紀的人類學者：「我說的是，人必須活著，工作，思想，並且敢於正視自己不會永遠活在世上，有一天，這個地球將不再存在，到那時人們所做的一切都不會留下來。」

這裡，我們先不管最後的毀壞，我們實際的來看現實會是怎麼一種光景。

知識總量的累積，逐漸讓人「尋求能夠覆蓋現象總體的解釋」愈來愈困難，但現實世界裡，這個折磨並不發生在一般人身上，於此，一般人只能說是「間接受苦」，其困擾大概僅止於，很難方便找到可放心跟從、保用終身的答案，沒有唯一的神，沒有先知及其命令，我們能仰靠誰。

真正受折磨的只是為數不多、上達知識技藝最高端的人，日暮途窮，不得不面對最終的虛無，但卡爾維諾說得實在很好，很難想像還能怎樣更好：和極致的「淵博」同義，這是一種晶瑩通透的虛無，或說賦予了虛無一個無比透明精緻的樣式。在人的認識之光即將抵達其終點，已疲憊、再無力穿透、駐足下來並緩緩熄滅的這一時刻，反而往往是非比尋常的，絢麗，遼闊，而且寧靜——小說世界裡，因此才寫得出《布瓦與貝庫歇》這部不可思議的作品，以及稍後喬伊斯的《尤利西斯》和普魯斯特的《追憶似水年華》，當然也不該遺漏波赫士那篇人被自身知識及其記憶壓垮的《莎士比亞的記憶》等等。卡爾維諾長達幾十年意識著人的此一處境，也反覆用小說來攻打來繼續思索，《看不見的城市》《命運交織的城堡》《如果在冬夜‧一個旅人》直到宛若最後這一天已到來的《帕洛瑪先生》；昆德拉也這麼看費里尼，費里尼晚年的電影如《舞國》和《揚帆》，已無法只用他眾所周知、驚歎的華麗想像力來充分說明，其光華還超出了這個，我以為，這裡多了兩種非比尋常的夕暉之光，一是他自己生命的夕暉，另一是電影這一創作形式、創作技藝的夕暉，兩種光芒恣意的交織潑灑在一起。

李維-史陀也確認過那種「人知道一切」時代的消逝，或者說確認過從來沒有人真的這樣：「十九世紀的一些知識分子仍然生活在始於伏爾泰時代的傳統之中。一個維克多‧雨果可以相信自己能夠對他那個時代的所有問題做出判斷，我不再認為這是可能的。這個世界變得太複雜了，在每一個問題上必須考慮的變化因素實在太多，一個人只能選擇在某一類問題上做專門人才——例如艾宏就是這樣，他選擇的是集中精力研究當代社會，這是個合法的選擇。但是，想要同時既做他做的事，又做我的事，這就是不可能的了。我們必須做出這樣的選擇。」

根本的來說，其實從來沒有人真的知道一切，擁有過全部知識。所以，我們所說對知識的完整掌握、人對世界的完整感受也不是這樣、更無須這樣，這至少可上溯到蘇格拉底所說的「無知」這一晶瑩的虛無之詞。事情真相是，知識的累進之路本來就由分工所鋪成，所謂的完整不是無一遺漏，恰恰好相反，是來自於選擇和強調，人把有限的知識縱向的貫穿起來組織建構起來，找出其內在的「一貫性」，由此得到一個穩定的位置，一個基地般也磁石般的認識核心，持續跟上世界的變化，持續對話，持續吸收並創造出新的知識，並嘗試提出對世界的解釋和預言云云。人再一次意識到知識的總量超出了某臨界點，只是讓人最終的理想，也就是柏拉圖式的每個領域、每門技藝在末端處會合為一的古老希望落空，再次落空，每次領域、每門技藝愈來愈像孤島還不斷遠離，連彼此對話都找不到語言了。比方物理學走到量子力學這一步，再沒辦法把方程式「還原」為一般性的語言來描述來說明；也就是說，物理學仍如昔日面對著一整個宇宙，只是這些新的知識成果再難以攜回一般人的世界來，至此物理學已無法回頭，大物理學者普朗克因此感到沮喪、沉重、抗拒，以及悲傷。

現實裡，分工的進行狀態大致也類似這樣。分工的拆解，借用李維-史陀的話是，「知道什麼時候什麼點停下來是聰明之舉」；也就是說，拆解有其「最適性」，拆解不是均勻的、一致的、直線的無休無止進行下去——因此，實際狀況「原來」很複雜，每個領域每門行當參差不一，只因為比方築一座城和寫一首詩的分工最適性是不一樣的；甚至同一領域同一行當也參差不齊，因為最適性總是尋求的、嘗試的。像我較熟悉的書寫領域尤其文學書寫便難以分工，連助理、祕書或徒弟都用不上（不只是因為用不起），賈西亞・馬奎茲因此講這是「全世界最孤獨的行業」，比學術研究工作還四顧無人。他的比喻還不是孤絕的一人孤島，而是遭遇海難，書寫者激烈的和沒頂大浪隻身搏鬥，沒有誰真能救你。

可不可以硬拆呢？當然可以也實際發生、正發生，比方通俗文學、類型文學的書寫，尤其好萊塢大肆入侵此一領域之後，書寫愈來愈像分工組合作業（其實通俗文學即使從頭由一個人完成，實質上往往都是分工組合而成的，因此這只是順利找到「實現」方式而已）。這其實不自今日始，古早最有名的例子是大仲馬，這傢伙的「思維」非常「現代」，只可惜生不逢時如曠野先知，與其說他是小說家，還不如講他是公司負責人兼工廠流水線領班，他聘用糾集眾人之力，因此極富效率的「生產」了幾百部作品，大概也賺到了些錢，只是除了《基度山恩仇記》，幾乎已悉數被人們遺忘，如昆德拉語這些書的確也「只配被人遺忘」。

如今回頭來看，大仲馬的書寫拆解像是個預言。分工有其最適性，而最適性卻是可變動的，端看人相信什麼、想得到什麼。張力的兩端一直是，你究竟要奮力寫成一本最接近完美的書，還是希望獲取最大的經濟效益？是要完成一本接近一百分的作品，還是生產出一百本六十分所以總數是六千分、數字效益高達六十倍的作品們？

所以馬克思此一預見是準確的、了不起的。他指出分工的後果會有全面廢除技術的傾向。在財富統治的近代世界，完整一貫的技術被拆解成「動作」，每個專業的操作者只需要一點點技術就夠了，因此，過去由無經驗者、由初入門學徒擔當的差事，如今都凍結為人終身的職業。

所以，我們說分工「原來」是複雜的、個別的，這個原來加了引號——修正一下，各個領域各門技藝並非真的完全沒共同語言，貨幣便是最簡易的共同語言，流水般不怎麼被阻攔的流入每個領域每門技藝內。財富的作用力量每強大一分，各個領域各門技藝的個別性、差異性、複雜性便消失一分，這是當前世界的狀態和常識。

我並不認為是哪個領域哪門技藝單獨面對著這個極可能是人類歷史有過的最強大統一拆解力量，我們當下的某種震撼容易集中於幾個個別領域（比方文學），只因為我們長期以來認定這該是「質」的、不應追求效益和數量的特殊行當而已。財富力量的拆解是全面的，因此，基本圖像不該是個體的人和財富力量的一對一對抗，以至於好像這僅止於是某個特殊領域裡的某種道德抉擇，人該強固義利之辨，不該拿的錢絕不拿，靈魂無價云云。較恰當的基本圖像是，所有領域、每一門技藝自身的層級都逐漸融解掉，「化入」到單一的財富世界結構裡，分門別類的人成為一致性的、單面向的所謂「經濟人」，試試看，你如何畫出或只是想像出一顆原子和一整個世界的對峙圖來？訴諸個人的道德抉擇真的是不得已的，也是力量不夠的，螳臂當車。留兩隻這樣張牙舞爪的螳螂，其意義大概僅止於「樣品」，也許人類世界還不算已做成最後決定。

來說一下台灣當前兩位大導演的不同分工故事，才剛發生——導演李安，台南市想爭取它這位傑出的子弟回家拍片，所謂城市行銷，all you can eat的樂意提供這個古都全部歷史檔案資料任君挑選，但李安以為這是有困難的，他熟悉的工作程序是偏好萊塢分工形式的，得有人負責先整理、閱讀這些龐雜原始素材，大致到凝結出題目乃至於劇本初稿階段，導演才進來並決定要不要；導演侯孝賢，以藩鎮割據夕照大唐為背景的《刺客聶隱娘》，則一頭栽進到浩瀚的大唐史海裡頭，像老石匠老木匠從石頭木頭的尋找、一一摩挲開始，時光悠悠流逝正像梭羅在《華爾騰湖》裡講的那個「製造一根完美手杖」的印度寓言故事，「十年磨一劍」這句古老的話及其古老的作業方式，因此重新被想起和討論，有讚美之意，當然也有著擔心和嘲諷。

業餘化傾向的世界

「失去的技藝」，用現實的話來說是，我們正處在一個不斷業餘化的世界——每一個領域都面對著此一相似威脅，也許關起門還好，只是愈來愈出不了大門一步。過往，我們相信這樣一種基本模式幾乎當它是天經地義，專業的小世界像是一個個小研究室，其成果想辦法運送回一般性的眾人世界來（當然七折八扣無法是全部），由此，我們合理的認定，人的素質是不斷提升的，很多現在還不能、不會的東西只是假以時日，人類世界的前行軌跡終究仍會蜿蜿蜒蜒上揚，人對自身未來有一種根本的安定感信賴感。如今，這道運送之路已處處開始顯現窒礙不通的跡象，旅蹤稀少有一種麻煩，魯迅講，世間本來並沒有路，人走著走著便有了路；倒過來，世間本來已走出路來了，人不再走，此路就復歸消失。

正因為如此，我一直對那些運送知識成果回來的人有一種敬意和欠他點什麼的感覺，我的人生名單裡第一個名字便是平民史家房龍（小說家阿城說他也是）。他們往往必須捨棄一種深入世界的自由，柏拉圖著名的洞窟理論描述過這個，說像是掙斷了鐵鍊離開了陰暗洞窟，極可能正是柏拉圖自己的親身感受，眼前的迷霧退去，如抽絲剝繭緩緩看清更多事物真相、世界真相，這的確很迷人，而且實在，幾乎是幸福的，但他們得回洞窟來才行。像雷蒙・艾宏，有人對他的如此感慨我以為是很公正的：艾宏要是少管一些現實之事，他可以是下一個孟德斯鳩。然而，艾宏和過往的運送者如伏爾泰當時已大有不同，如今這道人稀之路更多各式風險甚至凶險，而且少掉了「尊敬」乃至於僅僅只是「尊重」——細膩的講理，揭示令人不舒服的真相，動輒對人陷入生物性的激情澆冷水云云是「不受歡迎」的（這已是盡可能文雅的用詞。一般群眾最方便的反應便是惡意的高喊「聽不懂」）。「艾宏不是我們這邊的人」、「甯可跟沙特一起錯，也不和艾宏一起對」，這些法國六八學運當時的年輕人名言真是生動極了（比諸今日已是經典級別了，果然事情是順流而下的）；而在此同時，在專業小世界的人也對此常有微詞，確實，總是無可避免必須有所簡化、疏漏、犧牲準確性和深度，要挑毛病挑漏洞不難，而且一個個都是有據的，事實上，這連本雅明都逃不掉，而且就發生在《發達資本主義時代的抒情詩人》，他最美麗稠密的一本書，我們今天讀到的版本正是法蘭克福學派的退稿，理由是太多感性資料、太少理論建構云云，本雅明說他不得不很痛苦的、以「土氣」但符合規格的論述方式重寫一遍（但時間留下來的是遭退稿的那一原來版本）。

華人世界當前的運送者如楊照如梁文道，情況也類似這樣，像梁文道，他熱愛香港，也喜歡台灣（他成長歲月住在台灣，也在台灣念完中學），更關心大陸（一個崛起中，無論如何你總希望它走上較對之路的大國），而如今在香港他可以是「港奸」，在台灣又只因為直言憂慮了台灣當前的閱讀現象於是「中國代言人滾回去」，在中國大陸他當然一直是敏感的、視之為麻煩的人物，一言一行被留意被追蹤記錄。有三地不收的味道，我曾要他攤開地圖好好找一下，如國中幾何學找三角形的中心、重心、內心什麼的，看來他最合適的居住地必定是台灣海峽中央某處，乘桴浮於海。

業餘化，把專業夷平，談論再專業再困難的問題都不必準備沒有門檻，這像什麼？像投票，票票等值，等於說，沒有內容，只計算總數（技術上已非常容易，即民調，甚至電腦會自己計算處理，如粉絲數、按讚次數），這最根柢處有個極尊榮的、幾乎無人可反對的價值核心，那就是普遍平等原則，我們這一時代已長成最巨大的東西之一，托克維爾早在兩百多年前就看出來了，他說「無可阻擋」，指的是它當下已展現的沛然力量（在歐陸，然後在美國），極可能也預見了它的如此未來歷史軌跡，以托克維爾精密審慎的性格和看事情方式，大概還有些許的不放心（托克維爾曾講過：「愛平等勝過愛自由，是法國的大不幸」）。無可阻擋，改用今天李維-史陀的話來說便是，注定了從一種狀態進入另一種狀態，但無法「聰明的」知道在什麼時候什麼點停下來。

然而，業餘化的世界不真的會走到一個全然夷平的世界，那倒還好，如某種無政府狀態（說真的，這是我個人的終極夢想，包括波赫士所相信或所期望的「國家這東西一定會消失」，但我灰心的以為，人類世界已再不存在這種可能，理由不勝枚舉，而壓垮大夢駱駝的最後稻草是已成鐵一般事實的全球人口總數，要在這一尺寸的地球養活這麼多人，世界非得高度組織起來才行。生物學者告訴過我們頗精確的數字，以物種的自然生態平衡來計算，所能允許的人類總數是六百萬，想成現存一千人裡不到一人可活著比較有實感）。全然夷平的世界，先說，其終點不會是零，而是一，這是另一個現實的歷史通則：只剩一個，由它占領全體，吸納一個個專業的、分據的小世界，只因為再不存在一個有意義、稍具抗衡規模的另外力量來阻擋它。因此，如果我們覺得有必要想像一個順流而下的終極世界圖像（或以為理解、推論、比較、反省云云），那會是這樣一個頗詭異的景觀：大漠孤煙直，一個平坦不毛或說到哪裡全都一樣如同一塊的大地，以及一個鬼一樣聳立的極巨大層級系統（但不是《一九八四》歐威爾光禿禿描繪的那種，其實質內容細節會比較接近另一本——《美麗新世界》）。

如果有最後贏家（這麼想想當然不為危言聳聽，而是存留一個警覺而已），那大概只能是財富，以財富為核心編組起來的單一層級系統，只有它是全球性的、無疆界的，而且是人類的公約數。

嘗試著把國家視為中間層級

錢永祥必定是台灣最知道國家這鬼東西為何物的人（要不要加上之一呢？），包含它已發生和可能發生的全部危險、罪惡及其能力限制。有回，誰好奇的問他為什麼還肯如此持續關心政治，還能對國家這東西猶存寄望？我記得老錢的回答大約是（事關記憶，話語責任當然由我承負）——除了政治，如今還有什麼足夠的、乃至於整體性的召喚動員力量？老錢顯然也意識到另一個更強大、更需要抵抗的東西。

確實，有太多事無法由個人完成，甚至，即使是最個體性的一人志業之事（比方文學書寫或個人價值信念的思辨堅持），最終仍得是集體的，只有進展到集體、為集體所共有，才堪稱之為「實現」。在個人身上，我們只能說是「存留」或「等待」，如司馬遷把他一人寫完的《史記》藏諸名山，如本雅明死後多年才來的聲譽，問題是，如今我們是否還能像過去那樣寄情未來呢？未來當然不會憑空發生，未來函數般受著現在的限定，你必須把你想望的未來藏孕於當下，現在就為它做好一些最起碼的事，以及存留足以抵擋滅絕所需的最低理解支援可能（即使孑然如本雅明生前，仍一直保有這樣一批忠誠的友人和世界某種微妙的、難以言喻的「善意」。生物學者告訴我們此一通則，當某一物種降到一定數量以下，滅絕的單行道機制便啟動了），否則不會有什麼後世風雨可等，漢娜・鄂蘭嗤之以鼻但已變得奢侈的「死後聲譽」也無由發生，只會像波赫士講的，是某個人的一個夢。

此時此刻，有關國家的存或廢，於是我換個方式想——我們是否應該開始把國家這東西看成為某種「中間層級」？這樣也符合當前的基本事實，國家不再是最高、最後的主權單位這已好一段歷史時日了，也就構不成惡的終極來源，如今它介於我們所說全球單一財富機制和不斷夷平的世界之間，這是國家的新位置，現在，以及舉目可見的未來。我們說，存留和終極的、單一的巨大核心思維不一致、行動不一致的中間層級是必要而且健康的；甚至我們說，這才構成民主「正確」而且足夠堅韌的樣式。幾個世紀下來的歷史實戰經驗已充分確認此事，是常識了：只投票日當一天主人那是幻覺；把個人權利寫成莊嚴誓詞乃至於寫入法律，也還是框架的、稠密度不足的而且保證不了，現實裡不足以一天二十四小時守賊般防堵時時滲透入侵的力量，民主得明智的在普遍平等大原則的沖刷下，設法存留一個個、一層層的中間層級，這才是一堵一堵實質的牆，隔離出來並保衛著人最終的「自主空間」（小彌爾、以撒・柏林）、人的「私人房間」（本雅明）。

我剛從卡爾維諾那兒又學來一句話——未來有名無實。

剛剛才發生一件事，是容易弄混但很有意思的現實實例——歐盟判決了荷蘭和盧森堡的某企業特殊優惠稅法為不合法，追討星巴克咖啡和飛雅特克萊斯勒汽車一大筆稅金。星巴克這家該死的全球咖啡連鎖，去年（二〇一四）在此一地區淨利高達十幾億歐元，卻只繳交六十萬歐元的稅，算一下吧，你會得到一個遠低於百分之零點一的奇妙稅率，是的，有這樣的實質稅率，合法的。

我們曉得，如今國家已愈來愈難單獨決定其稅率高低，趨勢則是定向的下修，明白的講，國家愈來愈難從企業、從富人那裡拿到錢，國家節節敗退——過去，其焦點集中於關稅的下降，這還算是糾正性的，包含於人們對國家長期的對抗作為裡，理由是宛如經濟學天條的所謂貿易自由公平競爭，國家不得用關稅壁壘來設置貿易障礙、保護本國企業。但這些年來，則單純只是企業的強大和全球流動，是國家相對的力所不及和其不斷失敗。

我們用實際的、熟悉的事例來說。比方近年來台灣一有增稅的想法（更多時候其實只是某一暫時性特殊優惠條例的到期和中止），第一時間必定響起一個並不容易駁斥的聲音，那就是企業會出走，這只是把企業往其他國家趕，其結果是稅收的不增反減（當然也是誇大的、恫嚇的遊說之詞，供給面的詭計）。很長一段時間，我們曉得某些特殊的企業如航運，懸掛的多是非洲賴比瑞亞的國旗，現在則滿街是開曼群島和貝里斯註冊登記的公司，包括一堆從出不了國門一步的小出版社（作為一個編輯，於是我有十多年時間算開曼外商的雇員）。所以歐巴馬全球追稅，應該沒什麼像樣成果，但話說回來，也只有美國、中國大陸這種市場尺寸國家還能試著這麼做，台灣是想都別想。

微妙的是，歐盟這東西該如何理解、定位？算國家還是某一種超國家的「組織」？——我們「請循其本」回到橋上，注意它的基本位置和相對對抗什麼。很明晰，和過往IMF之類的國際性組織不同，這裡歐盟對抗的不是國家而是跨國商人、財富力量；其公平性思維也不是企業封閉性的、功利效果的，而是傾向於一般性的、人皆有知有感的公平。這裡，我自己以為歐盟的深一層意義是國家，在荷、盧這些小國任由全球性財富力量予取予求放棄自身基本職掌時刻，接手想國家原來就該想的事，做它該做的事。

國家不會是人對抗財富力量的可靠盟友，更多時候它屈從甚至共謀，這我們心知肚明。但我們說過，國家不同於企業，國家面向著每一個人而不僅僅是顧客，普遍的道德思維是國家所以成立的必要構成成分——我們一刻也不必引為盟友，我們只要求它，這是正當的，多少也是有效的。

之後幾天，歐盟再次推翻原單一國家的法庭裁決，判定臉書這家更該死、世紀人性瘟疫般的更大公司監控非用戶一事為非法——這本來更是國家該為我們守護的事。

我用一個編輯和讀者的位置來看

人類學者的自自然然優勢，使李維-史陀清晰看到我們看不到的人類多樣性，比方婚姻法則和家庭、親屬結構，比方人處理衝突的辦法，比方人怎麼安排每一天，比方人對自己以及未知世界如何猜測和解釋，等等。

我想到，我自己也擁有個可堪與此抗衡的身分，我不就是個出版社編輯也是個讀者嗎？——正如人類學界對李維-史陀的著名微詞：他田野做得太少，書又讀得太多，原來如此。

書籍的確有不及人類學者親身親履的部分，尤其稠密的感性經歷這部分，儘管眼見不一定就可信，但那種壓在眼前的難以替代實感仍是驚心動魄的。然而，書也處處有著更強的地方，它必然更全面更根本，像是人類學者措意較少的我們自身社會深層部分，像是更古遠已非實存的一個個人的社會云云；書籍克服了人類學者徒呼負負的時間問題，而空間上書籍又包含了人類學，人類學的成果也仍藉由書籍呈現和傳遞。

面對業餘化走向的世界，我們來說一個有關書籍的樂觀現象——樂觀些的人常會這麼主張，事情的進展總是過熱，但事情不會停留在衝過頭的極端之處，它如鐘擺般會「自己」盪回來。我的出版工作和閱讀經歷可證實這是真的，像是，每事隔一段大致時日，書籍小世界總會掀一波重讀經典、重返人類珍貴思維成果的風潮（風潮是稍稍誇張的用詞），像人心累積了源於不安的某些能量，人覺得這樣的荒失怠惰下去終究不是個辦法，人贖罪般想振作一下等等，於是，那些個處心積慮的編輯便把收在抽屜深處的書單掏出來，市面上會推出個幾組沉重的大書，也出現一些相關活動和相關冒出來的人，以及那一段時日讀得齜牙咧嘴的辛苦讀者云云。文藝復興？

但另一個伴隨如雙星的現象也是真的，我比較了多年，也一直告訴身邊的編輯友人——每回重返經典的洋洋書單，值得注意一下，總是比上回的短了些，和時間的自然累積逆向，或說人遺忘的速度快過獲取。比方一套經典文學的編印，三十年前我們認為得有三百種才裝得下，十年前那次，可能已取捨成一百種，今天再做，大概只允許自己考慮二十本甚至十本。

不僅書單變短，書本身也跟著變薄變輕靈——同一個作者只容一本，而且通常是較薄較讓人愉悅的那本，比方福克納是《我彌留之際》，而海明威則是《老人與海》（當然這兩部中篇都精妙絕倫沒錯，至於費滋傑羅的《大亨小傳》則理應沒資格卻又總是出現在這紙短書單裡）；甚至，書奇妙的縮小了自己，像是雨果的《悲慘世界》，我手中就有這麼一本掌中型袖珍文庫版，厚度僅一百頁，但封面上鄭重保證這是完整全譯，如所言屬實，我想這本書應該隨書附贈顯微鏡才是。

歌德曾以螺旋形的盤桓前行軌跡來說事物的歷史進展方式，試圖包含直線和反作用力的轉彎、停滯和倒退云云，這當然仍是簡約的、近似的說明圖示。事物的進展受力不只一種，如一片羽毛懸浮，它同時受到浮力、風力和引力云云的拉扯影響，而最終引力會獲勝，這是更強大或說恆定不去的力量。

我以一個編輯身分，以兩步路就能走到看到的誠品或金石堂書店的書架擺設圖像在時間裡的調整變化，來看李維-史陀他們得辛苦跑到世界角落看到的東西。

編輯其實一直置身於李維-史陀所說的「隔離」的世界，即使並不強調這個詞。如果編輯面對的（或被說服）是個全然夷平的世界，他所能選擇、出版的書將變得很少很少，少到這個工作、這個身分位置將不再成立。昔日鹿橋寫他的《人子》一書，說他這本書是「寫給九歲到九十九歲的人看的，九歲以前就由他母親念給他聽」，人當然可有這樣俏皮的期望（但其實最好不要，那只會讓引力更快發生作用），但真正符合如此資格的書寫不了幾本，如果由我來說，我會說只容一本，而且很薄，幾句話就能說完——當然，所謂的暢銷書仍是一個書種，但它們只是同一本書的不斷重複，最單純意義底下的不斷複製。

世襲化的民主政治

一位名曰金泰成的韓國教授朋友，二〇一三年韓國大選後差點移民台灣。他翻譯台灣的文學作品，也一直過譽的喜歡台灣，而這回還得加上朴槿惠的當選——他不解也憤恨難平，朴正熙的女兒欸，怎麼可以繞一圈又讓朴正熙女兒當大統領？

他在意的是朴正熙，我在意的則只是大統領，想的是稍長時間、稍微普遍層面的事，當然也同樣帶一點點不解不平——民主政治的世襲化現象，這似乎有愈來愈清晰、愈成形的傾向，難以用一時一地的偶然來抹消它，可以嗎？

曾經有種世襲現象我們有其他的解釋，或說我們以為情有可原，那就是國家掙扎走入現代化民主國家的階段，事涉抗爭、革命以及「犧牲」（死亡或入獄云云），需要代夫出征（代理人）或父死子繼（較接近克利斯瑪轉移），台灣當然也經歷過這一熱血階段。

我們且將目光集中此地——東亞，算是亞洲最現代化、民主運作較成熟、人也最自由獨立（經濟條件上、意識思維上云云）的地帶，也通常被視為亞洲民主化的「樣本」，但今天在最高權力位置的，不只南韓朴槿惠，還有日本安倍，新加坡則建國至今一直不改家父長統治，開明專制加上原君王制的直接父子相傳，其2.0版統治仍堅固不見盡頭，中國大陸還不算現代民主國家，其領導班子當然個個是有家世有來歷的所謂官二代太子黨。也就是說，當前東亞的國家最高領導人其實幾乎無一例外，台灣勉強算是尚未選出個二世、Junior，但如果我們把目光下移一點，記得莊子所提醒我們愈往低處去總是看得更清楚。在國會議員和地方首長知事這些層級，世襲化現象往往如生根於特定土地的作物一般，任日升日落四季流轉更迭。這樣，我們的世襲化圖像便不是個頂端處的點狀現象，而是一個金字塔模樣的東西，愈往底部愈寬廣、堅牢、稠密而且行之有年由來久矣；這比較像是個結構，而不是一個現象。甚至，也許我們該這麼看，朴槿惠、安倍何妨也加上李顯龍，一一通過正規民主選舉仍成功掌權的頂端現象，是這個結構（逐漸）「浮」了上來，這逆向於我們的常識判斷，一般總簡單相信民主選舉會是其決定性的遏阻機制。

說個也許不大倫不大類的例子——日本男星木村拓哉拍過一齣名為《Change》的連續劇，台灣播過，且大選一到就隱喻的重播一次。劇如其名，講一位滿頭鬈髮、嗜好不寐觀星的長野鄉下小學年輕老師，鬼使神差當上日本首相，以一介外行人、闖入者或天使改變了日本政治云云，是馴服日本人對其鐵籠狀權力結構（已不只針對萬年官僚系統了，而是內閣制的民選議員和其上首相、大臣全體）的不耐及其慰藉。但最有趣的是，木村究竟因何而且如何選上國會議員？答案是他執政黨核心老牌議員的父親忽然墜機身亡，他「被迫」繼承家業上陣（也就是說，一整個福岡地區非他不可如無人），他來自一個政治世襲家庭，是另一個教父克里昂家族的小兒子麥可。這樣安排，是編劇不知不覺的合理化考量，源自於一種根深柢固的社會認知，也就透露出如此有趣極了的訊息：人能翻天覆地做成一連串神奇的事，但選上國會議員這一步，拿到進場門票還是得照老規矩來，

「Change」的不含這個；你（一介外行人）或可改變一整個世界，惟前提是先有一個國會大老級的爸爸。

美國也馬上大選了，還是提醒一下，這是人類世界第一個正式正道的民主共和國，民主選舉已不間歇進行兩百多年了。我相信我這本書寫完、出版（順利的話）時一切已水落石出，但我以為記下此事是有意義的，這透露出大選結果不顯現、而且如事過境遷將被遮蓋住的另一真相。

相當長一段時日，美國兩大黨最可能的出線人選，居然一個是前總統夫人，另一個是前總統兒子以及另一前總統的弟弟，再提醒一下，這可是有三億人口的大國家，並非沒其他活著的人。所以當時我想，還是就讓希拉蕊當選吧，為人類全體，也為美國，不只因為希拉蕊遠較聰明能幹（布希家族是有非比尋常的不聰慧基因沒錯，但愚蠢和單純的智能不足還是有所不同，愚蠢是笨再加上壞，難以忍受，以及承受），還包括不那麼世襲化，此外，換個女總統也算有歷史標示意義。美國若在二十世紀末二十一世紀初出現所謂「布希王朝」，還父子兩代三總統，愚蠢的就不是布希家族了，這將是日後美國最難堪、任全美國所有淚水也洗不去一行的歷史。

不能講還好，極可能更糟，稍後，共和黨（已接近是財富世界的代理人了）的人選，小小布希下滑，旋風般捲起的居然是房地產大亨川普，川普此人該如何比擬說明呢（趙藤雄？林榮三？還是戴勝益或黎智英？）？——我相信最終這還是會（暫時）止歇，真正投票選總統那一刻人還是會莊重正經些，但這仍是當前的民主選舉真相，只是還不至於是最後真相而已。

我試著猜測，比方小彌爾或以撒•柏林這些已不在的人會怎麼想？他們對民主的看法已夠複雜審慎了，某些部分的推想甚至是悲觀的，但會到這樣嗎？

（補充：校稿階段，此事有更不堪的發展，川普居然成為諾貝爾和平獎的候選人，這個不斷亂給的大獎又有了新的下限，但這回該死該跳海的不是川普了，而是斯德哥爾摩那些蠢蛋。）

（再補充：大選結果，再次證明這是個愚蠢到極點的國家，無話可說。）

民主選舉像是「洗權」了

當然，受憲法保障，朴槿惠選總統當總統是正當的、毫無疑問的。

只是，事情的另一面是——和人類原有的世襲歷史不同在於，這個權力的「再」授予，是通過正式民主選舉這一轉折的，依民主政治的基本思維，這可是經由全體公民以公開、普遍、匿名、等值的方式鄭重同意的，較之傳統世襲多了這一道最困難取得、幾乎一次清除掉它全部道德弱點的認證手續。

大白話來說，人們知不知道朴槿惠是朴正熙女兒？從頭到尾知道，所以，民主選舉的結果便是——選前，她是朴正熙女兒；選後，她就只是朴槿惠。

感覺很熟悉對不對？這很像洗錢，只是洗的是政治權勢而已。

加進兩種現實可能

民主政治下的世襲現象，長期以來絕不是沒人注意到，毋甯較像是不舒服加上點不以為意，它留在底層，那些我們可放心解釋為現代性民智未開、各自封閉、利害關係以某種初級形式糾結纏繞一起的地區。順此，我們很容易視其為所謂的「落日現象」，只是歷史的殘餘物，來自於人們的慣性和惰性，這可交給時間，時間自會以代價最小、最不驚動的方式分解掉它清理走它。

這麼想有其簡單道理，這種「博感情」、人世世代代積累成的情感繫帶模式，的確很難套用於更大地區乃至於全國性層級（也意味著較重要）的民主選舉上。南北才四百公里的台灣這種時候顯得很大，何況美國、中國（打算什麼時候開始選舉呢？）。

人對世襲權勢的不安和試圖抵拒其實來得甚早，像是中國春秋（兩千多年前），便有「世卿非禮」的說法——大夫只是世襲身分，卿才是政治職位，也就是實際掌權任事的，這部分不該世襲；「非禮」也不是道德指控而已，禮是典章制度，所以非禮也有不合法的意思。這看得出來，彼時人們已努力想分離這兩者，在當下的穩定秩序和人的基本公平思維之間尋求一個點。當然，實際狀況仍是世襲，或輪流（依權勢的自然起伏或通過爭奪），像魯國，正卿就是季孫家老大，次卿是叔孫家老大，這與其說是制度保障，不如說是實力，一種超越了制度、制度都難以規範的現實權力結構。

現實做不到，但這樣的抗拒意識仍是根在的。

台灣，我們實際上都看到了，在選舉進行途中，世襲始終是負面的、疑懼的，也是對手絕不會錯過的攻擊目標，人們大約也程度不等的察覺，這不正是民主最原初要對抗要打倒的嗎？不正是民主制度發明發生的理由？以至於有諸如此類負擔的候選人總得小心翼翼處理，並得巧妙的、適度的劃清界線（可又不能劃得太清，讓人感覺虛偽，甚至無情，為攫取權力不惜背叛出賣親人云云）——所以，它究竟是如何穿過民主、穿過極不利於它的選舉來到現代的？

成熟民主甚至後民主時期如逆勢上揚也如返祖的此一世襲化現象令人好奇，但這是個專家的題目，得由專家來回答——我比較想不清楚的只是，如今該擺在哪個專業裡？只是嚴謹的政治學思維好像遠遠不夠。

這裡，我們只試著加進來兩種可能，都是偏現實變化的部分，好供作誰全面思索的材料（如兒童把剛採摘到的鮮花一整蓬捧給你）——

一是所謂「業餘化傾向」的問題。我們來看這一樁幾乎可膺選為「台灣之光」的事實（不是只要贏外國人、管他什麼都叫台灣之光嗎？），那就是台灣奇妙超前全世界一大步，一整批一整批從企業界、學術界、傳播界、影視界以及無以名之只能稱為美女俊男界引進人來，擔當國會議員和政務官（中央部、次長和地方局、處長），對了，還有副總統這個人形立牌人物；要整整十年後，日本國會大選才有幾乎是抄襲的所謂「刺客」候選人。從台灣到日本，這些政治外行人很少有用，也通常用後即棄。

再稍後，歐巴馬的忽然崛起和當選也有這意味，他以世人久違了的克利斯瑪奇魅力量闖進白宮（當時他在全世界大部分地區的風靡程度甚至高於美國本土，如果有個直選的世界國總統，他一樣會當選），然而，就華府層層疊疊如無光鐵籠的權力結構及其運作而言，歐巴馬仍算大半個素人，他上台最正確的一件事可能是用希拉蕊為國務卿，這個浸泡於華府核心權力世界太久以至於不討人喜歡的極精明女子（還有站她身後那個更如狐狸的柯林頓），沒有她，歐巴馬一開始還真是寸步難行。

政治仍是一種專業，所謂政治權力結構，也不僅僅是一堆最骯髒的人的既得利益脆弱聚合而已（作為一個「人民」，我們或可耍帥或帶策略意義的這麼說，但千萬記得別被自己的暫時謊言騙了，低估了問題的程度也錯過了真正「敵人」），這是一個組織起世界、組織起公眾事務和工作進展的必要東西。專業需要日復一日的時間養成，太多細微稠密處無法簡單的標準作業化、工作手冊化，而是仰賴判斷、鑑別、選擇和決定，這是經常性但最困難最難跟外行人講清楚的部分。長期以來，人們「正確」的分別出一個政治世家和一個專業工匠世家（比方日本從平安朝至今一千年以上不廢的神社木匠家族）的必須有所不同，不在於各自專業這部分，而是政治事關眾人全體，有太多太多利益藏於其中，人性問題非常危險（夠大利益的專業家族如相撲、歌舞伎一樣是可怕的、充滿「政治」的，只是較少氾濫到我們的公眾世界來），我們必須打斷它的延續，這當然是取捨，捨棄一部分專業成果，來換取安全和公正。也因此，政治學裡一直相當認真討論所謂的「行政權」（或類似概念的東西），民主制注定是業餘化走向的政治制度，而這一業餘化進展該聰明的停在什麼時候什麼地點，找尋一條並非事先存在的隔離界線，才能讓政治不失去它專業的、有效的最起碼判斷作為能力。

現實裡發生的是，極端業餘化對政治專業的持續攻擊，剝洋蔥般順利剝落的仍是外圍，不容易真的動到盤根錯節如老樹妖的核心，也是因為終究得有人負責去做那些所謂的「骯髒活兒」，因此，民主政治下的世襲返祖現象儘管看起來詭異但並非矛盾；或我們更通則的來說，一個極端總是召喚出另一個極端，形成共謀乃至於共生，消失掉的是中間，以及因此才構成的必要縱深。

更現實來說，這些年台灣兩黨清楚意識到人們對政治人物的換血要求，也不斷做出回應，但一次一次的新名單裡，最終一定看到比方柯建銘和王金平這兩個名字不是嗎？——而且是在這兩人已幾乎通不過正式投票選舉考驗的情況下，仍非得保障性的送他們進國會不可。

另一個現實變化部分，是我們稍前已留意過的，財富的累積也一樣呈世襲化走向。權勢和財富，這兩個磁鐵般也相吸也相斥（端看當時擺放的相關位置）的世間最巨大東西——這只是各自的、不相干的同向演化而已呢？還是必然彼此呼應、彼此作用強化，遂有個隱隱成形的、欲出的不一樣世界？

民主政治得多花這筆錢

政治學和經濟學當然是兩個各自成立、各自深向探索的專業學科，但開玩笑來說，我們這個地球並沒大成這樣（事實上是相對縮小中），可順利擺放進兩個如此巨大而且張牙舞爪的東西，還能有意義的將它們隔開來，我們造不成兩個這樣尺寸的獸籠子，它們遲早會撞在一起咬成一團，爭搶以及共用一個地球。

無論如何，這幾個世紀以來以民主為思維核心的政治理論探索，今天回頭來看真的有點讓人驚奇，那就是財富這東西在其間的存在感如此薄弱、模糊，幾乎是蔑視了，這不是每處環節都起著沉重作用、每一個關鍵判斷主張和設計都該鄭重考慮並好好計算的東西嗎？倒是經濟學這邊，在它的幼年期階段曾經也叫政治經濟學，當時新世界方興未艾，經濟事務還沒組織起自身的獨立網絡，它（暫時）依傳統置放於政治的大框架裡面，把自己視為總體政治作為的一個項目、一個部門工作，有最終仍得賣予帝王家的味道。當時這批大英帝國的知識分子的此一心理傾向是很明確的。

我們總不知不覺認定民主政治是比較樸素、不花錢的政治樣式，但這得由現實而不是用理論來說，理論有它猝不及防也無法要求它預見的種種死角，總是執行下去才一個一個冒出來。現實的確確實實結果是，樸素也許是真的，但不花錢則未必，往往只是其目的、方式和途徑不同而已。

這麼說，今天台灣，我們也許不會花錢去搜集去建造像西安碑林這樣奢美但「無用」的東西，但我們花更多錢建造了一堆樣子很樸素但一樣沒用（更沒用，勞倫斯・卜洛克所說「那些建了只為將來拆毀它的東西」）的機場，一度還險險發展為很公平每個縣市蓋一個，密度之高必定是全球第一，是另一種台灣之光。並沒有更節制更理性這回事，差別僅僅在於：這是帝王、還是民主選舉遊戲的「玩具」；來自於帝王個人的嗜好誇示，抑或來自於政治人物和財團建商的熱切要求而已（而且投票認證的老百姓顯然很吃這一套）。事實上，建「機場林」比建碑林更處處可見財富力量無所不在的身影和其操作不是嗎？

至少，民主政治注定得多花一筆錢，或正確的說，多出一處對財富力量的依賴才能順利進行，那就是民主選舉本身——打斷權力世襲，讓權力恢復為公有，讓社會階層上下流動，這是人類歷史一項了不起的成就，唯一始料未及的是，我們沒想到這件事最終會這麼花錢。

花錢到什麼地步？數字大到引發質變的地步，也就是，讓民主政治繞一圈重新向世襲靠攏。

一九六八・我童年的民主選舉回憶

事情有急轉直下的味道，就在我們這一代人的眼前發生。

先來說一下我自己親眼看到並清清楚楚記得的，我今年「才」五十七足歲，不過半個世紀多一點點的時間——我父親曾在宜蘭當過整整十年縣議員，參加過四次選舉，一九五八到一九六八，當時台灣仍是萬年國會不改選，代議士的最高層級是名額極有限的省議員（全宜蘭縣只兩席，幾乎是保障的、壟斷的），因此，各地縣市長和縣議員選舉已是全台灣最主體、最熱血僨張的民主大事。選舉經費從何而來？當時不存在民間公司企業，只有小商店，若有所謂的金脈，無非是地方上的公營銀行、信用合作社、農田水利會和森林開發處（宜蘭是太平山林場的木材集散地）云云，都牢牢握在執政黨手中，我父親自始至終是無黨籍的（當時黨禁未開，還早），只能用自己手中的錢，亦即一些祖產。這構成民主選舉的最初級門檻，從來就不真的是人人選得起，那只是理論上可能、是個理想。

後來我父親營造工程生意失敗離開宜蘭，當然不能賴給選舉花費，只說明他這十年議員生涯還算「乾淨」，或我二哥較了解內容的家人說法：「笨」——但這多少形成了我童年對民主選舉的第一個報稱性狐疑：如何可能有人肯賣房子賣田地，只為了竭誠無私替眾人服務？

另一處童稚狐疑則是：人如此自我吹噓，說自己又有超凡能力，又勤苦任事，什麼都會都懂，而且道德操守一無瑕疵云云，這樣集聖哲於一身的人，居然卑微的請求眾人賜他一個機會，好讓他可以為大家犧牲奉獻，這又如何可能？——我十歲以前就曉得自己永遠做不到，成為一個聖哲以及成為一個一輩子純犧牲奉獻的人，更做不到這樣又自誇又虛懷若谷。我這一生從沒任一秒鐘起過參選從政的念頭。

但當時選舉其實還不太花錢，也沒太多社會配備社會條件可花錢——競選場子只有擂台式、地方歌唱大會式的公辦政見會（現在應該還殘存著，只是像樣的候選人不去了，還是已不聲不響廢掉了？）；競選傳單一律是巴掌稍大、劣質單色印刷的一張小方紙，其形制和彼時電影院介紹劇情的「本事」一樣，小孩很快發明出一種特殊摺紙法，剛好可摺成候選人大頭照在上的長形小紙牌在地上打（把對手的牌打翻過去就算贏），免費童玩；競選活動正式展開那十天借一兩部鐵牛車小卡車遊街，必要行頭是麥克風和一大堆鞭炮，聲勢震天煙霧瀰漫日頭為之一黯，再有錢些則雇一團西樂隊前導（樂曲仍不脫〈遊子吟〉那兩首，跟送喪行列一樣，那是這一平日士農工商的烏合樂隊僅會的），多年後我讀賈西亞・馬奎茲的《迷宮中的將軍》，有這兩句：「你誤以為這又是一場革命，但其實只是一場鬥雞。」

日後台灣地方選舉必備的買票作業當時還沒發生，最起碼宜蘭是如此，執政黨力量牢不可破，不必用這麼麻煩又這麼花錢的方式來，真有需要，直接從選票動手腳即可。

我知道的疑似作票情事發生在一九六八年我父親最後一次參選時，宜蘭光復國小開票前夕忽然停電，兩三小時後這個票箱開出一個很奇怪的結果，某一候選人（名張學亞，奇怪我居然還記得，也見過他幾回，清清楚楚記得此人長相）囊括了九成選票，單一票箱拿了三千多票。

唯一知道的疑似買票情事也發生於一九六八年那回，看來一九六八可真是宜蘭縣民主選舉劃時代的「進步」一年——該候選人是宜蘭市大酒家的年輕女老闆（謝姓，名字我也記得），無黨籍，初次參選就以第三高票當選，地方上言之鑿鑿花了八十三萬台幣，當時這在宜蘭是嚇壞人的天文數字，我想那是傳聞過程中人人多加一點的結果，人們拿到的也並不是錢，而是家裡炒菜用的味素（味精），古老的實物貨幣。但往後些年地方上懷念不已的，卻是她競選團隊（當時叫「運動員」，選舉運動）的那一群鶯鶯燕燕姊妹，誰都首次見到她們光天化日成群出現在宜蘭市街頭，拉票如拉客，其實專業嫻熟得很。整個宜蘭市興奮得不得了，都感覺顫抖起來了，不只是成年男性而已。

這個色彩繽紛的隊伍，多年後，我才在王禎和的《玫瑰玫瑰我愛你》這部小說中又看到。

愈來愈需要財富的權力結構

想較正確也較有效率了解權勢對財富的依賴，我以為，還是直接察看國家權力結構的尺寸大小增長，這才是根本的、恆定的、非一時一地特例性的——比方有相當一段時間，我對中國歷朝歷代的官制縱向變化非常有興趣，這揭示了、也嚴重牽動著太多事、太多事實真相。官制，是一個定向的不停膨脹又不斷分割的東西，從漢朝（可大致視之為中國第一個穩定王朝）的只二、三階層級到清代的至少十八階（正從各九品，還有一堆「未入」的小官小吏），這只是其垂直部分，水平的分割、拓展、創建也許幅度更大，權力不斷伸手探入到它原來管不了的角落，像清代就不只有傳統六部而已，還有多出個理藩院尚書，權勢可能更大或說更靠近核心帝王，這是典型的「滿官」職位（如宗人府、內務府等），掌理已成規模、而且清王朝特別有感覺的四夷屬國屬地及其民人。

就像我們也都經歷的，這幾乎是一個通則：權力機構的新單位新職位一旦設置了，就很難再撤回，往往改朝換代乃至於民主革命下來都沒辦法。多年來，台灣（過去是一個誇張的大型國家權力結構）一直有政府瘦身、簡化權力層級的覺知和實際行動，但很少有成果可言，尤其總的來算，人員也沒少，經常性預算也沒少，甚至單位數目也沒少（只是換個衙門名稱吧）。所以有諸如此類並非全然誣賴的笑話——要瘦身嗎？太好了，那就先成立一個專職機構來規劃執行吧。

我們可以設想一個這樣的基本圖像——在某一塊郵票大小的地方，擠滿了全國或者全天下最「昂貴」的一大批人，歷來很具體稱之為肉食者錦衣玉食者云云，在那樣一個普遍清儉、勤苦的年代。這一大群人不耕不織不漁不獵（有時也獵，但最好不要，因為那更昂貴了），而且不只個人之用，他們還得推動一大堆工作。所以，就像某種科幻電影裡的外星怪物，它得四面八方不斷吸收巨大能量才能生存並順利活動；也再清楚不過了，它和所在土地嚴重脫離自給自足的比例關係，它於是愈來愈得依賴一種人，不是勞苦卻一直被頌揚、被說成民之本也的農人，而是來回穿梭、把它和遠方財貨生產聯繫起來的商人，不管這所謂的商人是轄屬於官家或他自己。

權力結構的不斷膨脹，限制了它日後的所在地選擇，也就是帝都的設置地點。比方綜合性考量，長安也許本來是最完整最平衡的，它有古稱膏壤的渭河平原為基地（難怪至今麵食仍這麼優質好吃），又號稱據崤函之險，防衛起來舒適容易。但至少宋以後就不適用了，帝都選擇當然有其種種歷史機運（比方帝王發跡地點），但很重要的現實原因便是渭河平原已明顯「不夠大」了（相對於不斷變大的權力結構），財貨的轉運輸送也相對的困難而且危險，道阻且長，這是險要地勢的兩面，適用於官兵和盜匪，你怎麼可能只要這邊不要那邊呢？宋選了「無險可守／運輸便利」的汴京，貼近更富生產力的長江流域，知不知道這有危險呢？不至於那樣天真不覺，但外敵入侵是遙遙未來的事，也可能不發生，而吃穿用度是每天醒來都發生的事，汴京的帝都風華，是中國歷朝歷代最柔軟實際、最物質性的，不像我們說長安或日後北京那種威嚇性的、壓倒人也似的榮光東西。

其實至晚到唐代中葉此一「權力結構／所在土地」的失衡已很沉重了，唐代有一個被日後歷史嚴重低估的人名叫劉晏，便是負責處理這一迫切難題的人——唐代宰相不是正式職位，俗稱的宰相不只一個（這也是我們理解唐代權力核心構造的重要線索之一），像密謀誅殺宦官失敗的甘露之變，一夕之間便死掉了四五個宰相。劉晏最大的成就便是打通並組織起整個王朝的運輸網絡，長江流域的豐沛財貨得以源源注入長安京城，史書上說「民不加賦而國用自足」，也就是不藉由加稅而是有效率的轉運調度並降低浪費。從劉晏之後，唐代真正的那個宰相就有了很容易辨識的印記，那就是看哪一個身兼「轉運使」。

可以再稍微提一下大運河，南北走向的人工水道。從其他任何角度來看，這都是不該存在的東西、帶來一堆災難的極野蠻東西——大運河太不「自然」了，硬生生的南北切割，破壞了這一整塊土地的整體自然生態，長期犧牲著一大堆人的生計，比方截斷長江黃河間一整排東流入海的河道（淮河水系大亂，淮河從此找不到出海口，四處淤積流竄），比方蘇北這一大片土地的鹽化、沙漠化云云。大運河得克服南北地勢的不自然高低起伏並保持行船的水位，這是一樁很昂貴、很艱難還很殘酷的工作，得和沿岸所有人民「搶水」並獨占，幾度嚴重到正式立法嚴禁人們「盜水」，否則以問死甚至連誅論，如此不計一切蠻幹，目標只有一個：讓巨大的中央權力機器取得生存養料並順利運轉下去。

根本上，權勢對財富的依賴只增不減，如一條歷史單行道，由此我們不難推想，哪天依賴超過了臨界點，兩者的關係便可能一夕逆轉過來——被依賴者倒過頭來成為控制者，如一隻緊緊扼住脖子的手，這是很常識性的、也很難不走到的結果。

用錢把權力買過來

「為了要在英國建立自由，無疑的他們付出了代價，正是在血海中間，才能淹死專制政權的偶像。然而，英國人並不以為出了太高的代價，換來了善良的法律。」

這段話是法國人伏爾泰講的，說話時間為一七三〇年左右，當時，整個世界仍由傳統的權力結構（君王、教士、貴族……）所控制。伏爾泰因為「德・羅昂事件」流亡英國，在那裡看到了某種令他很興奮的歷史變化正在發生，早他母國法蘭西一個大步。

事後歷史證實，英國人的確沒付太大代價，且遠遠比伏爾泰以為的少太多了——又整整半個世紀以後（一七八九），法蘭西才爆發大革命，歷史的象徵畫面是伏爾泰被關進去兩次的著名巴士底獄被攻破，法蘭西王國尤其首都巴黎果然成為血海一片，此時伏爾泰已死了十年，沒見到代價如此巨大的一幕。

當時，的確如伏爾泰所言：「英國是世界上抵抗君王達到節制君王權力的唯一國家。」——「節制」這個用詞始料未及的準確，也始料未及的特殊。伏爾泰一定希望這是其他國家可師法的進展模式，但法蘭西走上的是砸毀而非節制君王的另一條路。稍後一段歷史，人們要從專制走上民主，總是偏向於法蘭西的大革命暴烈清算形式，而不是英國這種延遲的、步步精細拆解的形式。

當然，英國的此一特殊歷史走向不會只有單一的簡單明白原因（伏爾泰也極好奇，曾嘗試列舉了一排，比方島國海賊後裔人民的特殊堅強性格？比方英國人對自由如此突出的熱愛之心？等等），但財富的相對力量在這段歷史裡始終是很醒目的，尤其每一個關鍵拮抗談判時刻。伏爾泰甚至隱隱把這當成是此一歷史變化的開端及其基礎：「經過了十字軍的瘋狂行動，君王破產了，就把自由出賣給領地上的農奴，而這農奴，由於工作，由於經商，發了些財；城市獲得了解放，自治區享有了特權，在無政府狀態中重新誕生了人權。」

順此，伏爾泰得以注意到一系列的英國特殊現象。像是英國貴族和商人商務、和金錢的親密關係（「唐相德爵士、國務大臣，有一個弟弟就以在城市裡當商人為傲；牛津爵士統治英國時，他弟弟就是在阿勒頗當代理商人，不願從那裡回來，且終老於該地。／這種風俗，在英國早已開始甚至過時了，而在堅持貴族世系等級的頑固德國人看來卻顯得怪誕可怕；他們只知道這樣想：『一個英國貴族子弟只是一個有錢有勢的市民，但在德國都是親王』」）；像是「下院的力量一天強似一天」，在對抗教皇、國王、貴族重臣和主教的勢力，「下院漸漸成為攔阻這些急流的巨壩」，等等。

所以伏爾泰在〈談商業〉裡下了這樣結語：「商業已使英國的公民富裕起來了，而且還幫助他們獲得了自由，而這種自由又轉過來擴張了商業，國家的威望就從這些方面壯大了。」

應該可以更正確的這麼說，在權勢對財富的依賴不斷加深的人類歷史普遍走向中，英國的特殊性之一，便是它財富的領先快速成長，快一步到達了財富和權勢關係翻轉的臨界點，日後，英國的民主化歷史的確一直重複發生這樣的事——君王缺錢要求徵稅，便得變賣祖產也似的釋出一部分權力，就跟他手底下的貴族老爺賣其采邑土地和城堡一樣。以至於我們可以稍微誇張的說，沒有大革命的英國，其民主自由的權力是「用錢一次一次買過來的」。

有興致多知道過程細節的人可去翻閱史書。我們要說下去的是，這其實不是什麼英國人奇妙稟賦的、特殊聰明富想像力的作為，這只是基本人性使然，所以更長期來說，有歷史後續、有啟示力——人只剩腳鐐手銬，再沒什麼可保衛的了，那當然非常可能如馬克思說的起來革命（不革命還能做什麼？），而且堅決勇猛得不得了如人間凶器；但如果人擁有的除了腳鐐手銬還有很多其他的呢？那人會想的、可以想的也就多了。一般而言，需要的東西能夠用買的，就犯不著冒生命危險去搶，這儘管不會到一百個人中有一百個人都這樣，也相當接近了成為可信的通則。日後，馬克思設想的普世性革命沒真正發生，有種作勢已起卻又熄滅下去、虎頭蛇尾之感，人逐漸遠離那種「一無所有／做世界主人」的所謂革命情境，拆彈的正是財富這隻逐漸出沒於全世界的看不見的手。歷史之路也由法國式的一次爆發切換向英國式的步步拆解。

只是，財富的購買行動不會就此停下來，它只是買得更聰明、徹底、精準，知道如何一一分離出它要的和一般人要的，只最大效益集中買自己要的。財富看似健康（如伏爾泰、亞當・史密斯）、作為一般人盟友的日子很短暫，甚有道理的，至晚至晚到財富和權勢關係翻過來那一刻為止。

權勢世界的新窄門

有關權勢對財富的依賴，最意想不到，但也幾乎是決定性的歷史一步，便是民主選舉──儘管人們一開始或沒能清楚意識到，但真相總是會一天天顯露的，或者說，人們總是慢慢會摸索出來的。

怎麼會不是呢？道理如此簡單、堅硬、無趣──權力每隔一段時日重開重來，想穿過窄門成為權力封閉世界裡的一員，選舉相當程度以及最終是唯一的一條路；贏家或許遠遠還談不上全拿，但不贏則什麼也不是，連根本資格都沒有，這是權力通道的新瓶頸，人怎可能不愈玩愈大、傾盡所有竭盡所能呢？而且我們得進一步看，過去人們可是連命都願意押上去的（一堆人的命，包括現在的和未來的，如當年太原李淵被次子李世民勸服起兵，長歎一聲，會由家而國的是你，會讓這整個家族自此萬劫不復的也是你），民主選舉進步了文明了，按理已沒命可拚，所謂生命財產，既然去掉了生命，那當然就更得拚金錢拚財富了。而這無可避免的也意味著，那些只有生命可拚的人失去資格黯然出局了，剩下有財富可拚的人，是的，有競逐權力資格的人繞一圈又變少了，且一天天減少中。

我們說過，選舉一開始係進行於所謂的「熟人社會」，這是人與人關係一個極複雜但固定的網絡，由百年千年累積的恩怨情仇以及所有一切綿密編織起來，在這裡，「每個人都知道別人的所有事情」，因此輸贏結果往往透明穩定甚至早早決定，選舉往往只像一道手續、一場儀式，彼時有限的財富力量並不突出也無從突出，或者說，財富長年已編入到此一大網絡之中，地方上的富人就是所謂的頭人之一，意即在地名人或意見領袖，財富還不是當下單獨的力量，而是分解成、轉化成長期的影響力云云。此外，這裡還有個歷史時間差，選舉其實早於民主制的發生，在君王統治的夕暉時日，像歐陸法國的第三級議會或英國下院，當時通過選舉遴選的更像是人民代表，而不是如今我們所說的議員，有更接近集體而非個人的身分，也還不像是一種生涯而是一次任務（孫中山「負責把縣民決議攜帶到中央」如信差如鴿子如傳真機電郵視訊的國大代表設置，便是此一古老的「遺物」），而且，在傳統的權勢世界這更像是闖入者甚至對抗者，時時有彼此破局翻臉的危險，這也和財富的根本保守性格有扞格，富人總是較聰明的躲在第二線。

所以，人們，尤其是那些在高端上談民主的人，相當程度低估了民主選舉和財富的關係，是可理解的——經歷著這樣時代、牢牢銘印這樣一種世界基本圖像的人（才離開我們今天不過幾十年而已），還真無法想像會有個選里長都得花幾百幾千萬、選總統（台灣這種size）幾十億起跳的古怪新世界；就像站在我們這個「選舉很花錢」「搞政治需要很多錢」的時代，再不容易記得選舉曾經只是這樣。

不再用自己的錢選舉

對選舉這個人人已熟悉到厭煩反胃程度的東西（不只婚姻，選舉往往亦如圍城，有票可投的社會想衝出去，沒票可投的社會想衝進來），這裡，我們只再看兩個點、兩個眼前的事實——一是、用自己錢選舉如我父親當時，那樣一個時代應該已過去了；二是、財富世界尖端一級的人並不參與選舉，會跑出來的僅止於幾個二級的、不入流的、有點不甘寂寞又腦子長得怪怪的有錢人，像川普這種的。

不再用自己的錢選舉，競選經費的膨脹速度更快於個人財富的累積這不是全部理由。邀請別人的資金進來、讓人在贏得的政治權力裡有「股份」，如此，拿到的便不只是金錢而已，金錢同時也是信物，代表以這些金錢為核心的單位機構、組織系統和其展開的網絡也可望跟著進來；通過金錢的往來穿梭，進一步把一個一個既有的網絡更密實、更擴張的編織起來，這才是聰明的、積極的、「永續的」——這事我們用財富世界的創業投資邏輯ＡＢＣ來看，一切馬上顯得如此簡單明白。

採行內閣制的日本（除了官房長官一職，首相和大臣皆得是國會議員，都得先通過選舉），永田町永遠有那幾個幾乎是終身職的（再交給兒子或親族親信，民主世襲）、以他姓氏為派系之名、總有十幾個幾十個議員依他號令一致行動、人泡在酒色財氣太久整張臉已變形的老妖怪級議員。一般直樸的說法是，他們之所以長期保有這個非憲法賦予的特殊力量，其關鍵就是募款能力，以此「資助／控制」其麾下議員；也就是說，靠的不是你有我也有的人民選票，而是掌握金脈、深入這一個個綿密而且永續性的財經網絡。是啊，搞政治是很花錢的。

還在用自己的錢選舉，如今的意思就悲慘起來了，這意味著，你完全得不到任何交錯縱橫網絡的支援，沒人願意投資你，你的企劃案不成立，你只達擺小攤開小店的層級，你毫無機會只是來鬧的。

如此，我們也就差不多看懂了第二個事實——從此一網絡的更實在角度。真正尖端一級的富人好整以暇身在此一網絡的高處深處，大蜘蛛一隻也似的，李嘉誠講，不要跟你投資的事業談戀愛，所以可進可退可放可收。政治權勢職位總有它長短鬆緊不等的任期，不損失的財富職位沒有這困擾，或說只一種，那就是來自上帝而不是人間律法的生死大限，而這也仍有可討價還價的一定延長餘地，其最有效的談判籌碼仍是財富，通過各種昂貴的尖端醫療照護，要一個富人死去也並沒那麼容易，人的現實壽命長短和財富多寡大致是正比關係不是嗎？但「沒任期」有比單純時間限制更實質的內容，比方，財富職位不受定期檢驗，不必在特定的棘手問題攤牌並弄髒自己，也沒有一堆成文不成文的道德約束，不必時時裝出勤苦、樸素、清廉、正直、同情、忠貞愛家等種種辛苦僵硬的表情，更不用每年據實申報一次財產公告天下如脫衣服；也就是自由，人所能擁有最接近無限的自由，但我們不好再說自由無價，而是昂貴，去到各個不歡迎外人的國家，進入到各個封閉之地，做各種非比尋常的好事惡事云云，其實一一都是有標價的。

財富職位最後一處的千年遺憾，也就是社會地位終究不夠高、不真的受人尊敬云云這個缺口，如今看來也完好補上了——我算是親眼見識，那個百億富豪宴請的晚餐，日後我寫成《世間的名字》書裡的〈富翁〉一文，只是有些話我忍著沒講，算是「春秋為賢者隱」之類的。那一晚，在座有清高嶙峋的學者，有桀驁不馴的作家，有動輒掀桌的社會運動人士，有憤青型、紅衛兵型的反對黨新世代，熟識不熟識，我很「習慣」大家平日的生毛帶角模樣。當然，適度的禮貌是好的，公平來說一如往常不卑不亢的也大有人在，但仍然，那是如愛麗絲掉入樹洞的一晚，一堆人對百億身家主人的「尊敬」、尤其對他任何議論的如響附和仍讓我歎為觀止，這傳出去大家還要不要做人啊？事實上，才前一天炮打自己黨中央天王大老要求世代交替還上了政治版新聞頭條的反對黨年輕人，我說的全是真的，他自我介紹時是立正站好加九十度鞠躬，就像品學兼優的小學模範生那樣。我想像如果換成是總統或行政院長這一餐又會是何種光景（不至於到這樣吧？）；我也想起錢鍾書的那幾篇小說，還一直想著已故薩伊德的鏗鏘名言：「人世間沒有一種權勢大到你站在它面前時不能大聲說出真話。」是啊，都說的是真話，只是有些話說得比真話更真心話而已。

要補充說明的是，那其實只是一個談論兩岸關係及其可能的晚宴，沒涉及任何金錢事宜，因此，財富力量是隱而未宣的，沒人拿到任何錢，只是人心裡面的各自期盼盤算狀態而已。

有這個其實並不好笑的老笑話：「我有一百萬，你尊敬我嗎？」「錢你的，我又沒有，幹嘛要尊敬你。」「我分你五十萬，你尊敬我嗎？」「你五十我五十，大家一樣多，我幹嘛尊敬你。」「那一百萬全給你，你尊敬我嗎？」「錢都歸我了，是你該尊敬我了吧。」——總之一句話，老子就是鐵了心不尊敬你。那一天晚上，我還真懷念這樣一種時代，甚至這樣的犬儒之人。

「熟人社會」連同其傳統網絡是萎縮並注定消逝的東西，民主選舉亟需填補的新社會網絡建構，最有效率便是通過金錢（光是總統大選的全國電視廣告一項，在美國得花多少？在台灣又得花多少？）。我們難以想像還有什麼東西比金錢更像流水，可最快的、且人人不抗拒的順利流往任何地點，把陌生的、遙遠的、隔離的一塊一塊穿透串組起來。說金錢如水，其實是對錢的不尊敬、不夠熟知，金錢的流動不止向下，更多時候它抗拒地心引力往上跑，這是一個大自然界不存在、也不可思議的神奇東西。

我親族裡有個已不來往的富人，我曾聽過他如此自豪的宣稱：「我留給我這兩個小孩最寶貴的東西，不是這些財產，而是我結交的所有朋友、我的全部關係網絡。」

辦案的人，不管是電視電影裡或現實裡，都知道「以錢追人」，順著金錢的流向走，任何人任何事都勾串得起來，最快找到完整的事實真相。

當然，像回事的民主國家都憂心金錢對政治（尤其集中於選舉）的交易支配關係，所以有所謂政治獻金和競選經費總額的上限規定，降低權勢對財富的依賴——但這作用很有限，因為網絡關係是綿密的長期的，既遠遠早於競選活動，又遠遠延續於競選結果之後，不是一次銀貨兩訖、你交錢我交貨拍得到照片的買賣，所以無需也找不出司法認可的所謂對價關係。財富權勢在每一次選舉的「交換」，已是例行性的（無需重新說明解釋，只要直接講個金額），只是這一網絡關係的再一次確認、修補和強化。

事實如此簡單如同其理——怎麼可能有人給你幾千萬、幾億元，卻什麼要求什麼期盼也沒有？我們以為自己生活在哪裡？天堂、地獄、還是淨界？

不是金錢總額，而是這個反覆編織已如當代天網的網絡，所以克魯曼才說，今天的有錢人不僅僅是更有錢而已。

當世成佛

於宗教，如今我們幾乎人人都是人類學者，以極徹底的相對主義彼此相待，連法律都是（比方美國聯邦法寬容沙漠印第安部落使用某些仙人掌科麻醉物，這是他們傳統宗教崇拜的必要東西）——當然，永遠還是有些煩人的叫囂聲音，比方台灣的某些基督教會，如靈糧堂。

因此，我對藏傳佛教完全沒意見，以下我要說的只是藏傳佛教在台灣的一個淺薄時尚現象——生活在整個地球最高、最接近天的地方，空氣稀薄到幾乎不足以供應「正常」生命活動，土壤凍結，萬物生長極度緩慢，一種沉睡也似的寧靜乃至於死寂，連屍體都不腐爛不分解，一座座拔起的雪山像崇高美麗神祕危險的神云云。活在這樣一個奇特的世界，人對生命（自己、他者以及為數不多的動物植物其他物種）、對生活的看法自有理由是任何我們不可思議的樣子，即便是學來的佛家信仰，怎麼可能還依然是低平、濕熱（佛家要求清涼，但藏人要清涼幹什麼？）、生態喧譁獰猛的印度半島的原來內容？

台灣很流行過一陣子藏傳佛教，大致徘徊於社會較上層，也就是我們稱之為「人生勝利組」的成功人士，細心點的人會注意到某些高檔華廈屋頂上張揚的不太協調的五色旗幟。最富裕、最物質內容的人轉而尋求幾乎身無長物的人們的宗教崇拜方式，這是不是某種「省悟」、某種生命大回歸呢？很容易也很方便這麼想，但不見得。

奧祕我以為集中於藏傳佛教的一個極特殊宗教見解及其主張：當世成佛——果然距離天堂比較近，在這裡，只用一生時間就（保證）能走到，立等可取。原來在印度恆河世尊那裡，這是人類所曾描述過最長的一道路、最深遠的時間意識，得歷經如恆河沙數的劫，無限多個無限——

直接這麼講吧，當你的人生差不多什麼都有了，所剩下那一兩個始終到不了手的、乃至於會擔憂會懼怕的東西，就顯得巨大無比而且迫切，如忽然逼到眼前妨礙呼吸。所以，所有古來富有天下的帝王都很快（理智程度不一的）想到生死大限，求助於宗教僧侶或方士，這是他們人生最後一處缺口，最後一道難題，我們尋常人等想不起、擔憂不起的事，是他們每天的生活基本事實——至少從這一點看，人類世界確實是進步了，令人欣慰，過往整個人類世界只供應得起寥寥幾名帝王如此想，如今這個「只剩死亡無法解決」的名額已擴展到至少百分之五、百分之十的人了。

於是，生死大限的處理可分兩部分惟殊途同歸，一是努力延遲死亡的到來。這原是最科學的，只是科學的審慎允諾永遠無法令人真正滿足，因此很快又得是神人的，我所認得、聽聞的數量有限富人都有他專屬的「神醫」，如管家如保母如掛滿全身的醫療儀器，務求第一時間馬上發現死神找上門來的細微腳跡，或更提前的，堵住每一道祂的可能路徑；二是購買天堂的位置。人間的豪宅已經買得差不多了，而且，如果注定他日非得搬家移民，怎麼能不預作安排準備呢？——當前社會四十歲以上人（其實距離死亡還很遠）的基本話題及其進行程序，不論從何開始，經驗顯示大約半小時之後通常地心引力作用也似的又落回健康加鬼神。這一程序隨著人財富數字和年齡數字的加大而加速，也就是說，錢愈多，人愈老，好像這世界就所剩愈少，再沒什麼值得稍微認真對待的東西。

原來不見得這麼單調劃一——像孔子，他曾說自己「不知老之將至」，不是年紀沒到，而是專注於其他某事，人不斷有新的學習、新的發現，時間的作用之於他是累積而不是剝落，是一個綿密不間斷的生長歷程。

天堂的預售屋既然全長一個樣子（所謂至善、至福、極樂的世界，理論上不容許有不同等差，絕不可存在你有我沒有這等事，這是完美的基本鐵則。差別僅僅因為人的描述方式及其能耐），選哪一個就很簡單了——當然是立即交屋那一個。印度佛家原來時間無限遠的交屋方式，用當前財富世界的交易規矩來說，這幾乎構成詐欺，法律上，任何合約都必須清楚註明時間期限，是成立的要件。

我們倒不必排除種種有趣的意外可能，像是某些好事包括偉大的科學原理發見可以由誤會或錯誤開始，生命裡最珍貴乃至於救命的東西始料未及由某個瞎交的朋友攜來云云。藏傳佛教，富人也可能由此跋涉過高冷難行的青藏之路，進一步走向更遠方沉靜說法的世尊——但一般說來，這不是藏傳佛教在台灣這一波流行的普遍現象，佛經被打開、被吟誦、被抄寫，但其實很少真正被閱讀，理由太簡單了，當世成佛，心急如焚，人沒有這樣的時間餘裕和心思空間。佛的說法話語於是像什麼？像某種咒語，或更確切的說，是某種魔法某種神通的起動式（像日本青少年魔法動漫所說的ＣＡＤ裝置），用來發動、召喚某個神祕的力量；只取其聲音，完全無需意識到其內容。

佛陀求法說法，當然不是無聊的、憑空幻想的創造出大時間來，這是他思維展開的結果，也是他這樣想事情所需要的基礎和空間（這才裝得下去），其中隱含著他對世界的確確實實看法，以及他對人、對生命非常審慎非常精緻的種種察知——我們用較現代的話大致來說是，這位很溫柔的、毋甯心腸太軟的昔日王子，是個對人世間各種苦難太過敏感的人，生老病死，他幾乎是震驚的、悲慟的。世尊尋求、窮究讓人避免受苦的一切可能，但這太難也太漫長了，在人世間遍在的、持續的苦厄和可望的救贖之間，有太多人無力改變難以撼動的東西（所以佛家並不假設有無盡善意公義的神，也不怎麼太尊敬祂們；佛家也最不強調公共性的是非善惡，有點強調不起的味道，只當這一切包括不平等不公義、包括印度半島的種姓制是人的基本處境；佛家也因此是不容易「轉化」為革命力量的宗教），人最能改變的只是人自己，自己的情感狀態、自己的生活方式、自己的生命態度等等。大時間若有什麼詭計成分，大約是人最根本的一處支撐（還是需要的，要不然真的太辛苦了），一個讓人沉靜下來的允諾、接近無限遠的如此允諾，還不至於構成不當誘引讓人心生種種僥倖，而一定有著讓人離開當下、不全然綁緊於當下的自由之感關懷之感（人跟大時間裡所有一樣受苦的生命聯繫起來，成為所謂的「眾生」），讓人目光清澈起來。

佛是人不是神，計較點來說，口宣佛號原不是對神的祈求（儘管充分宗教化之後變成如此），而是人和人之間的相互瞻望、記憶和模仿學習，也因此，還有人誇大的說，佛家根本是無神論者。佛家原是人深刻的自省自清，所以波赫士等人說佛家有一種奇異的、動人的文雅，思維的成分很重，用一般的話來說，其哲學成分遠超過宗教。作為一種宗教，於是很吸引尋求思維超過尋求神蹟、尋求答案超過尋求利益的人，成為一種「有學問」的宗教，如中國早早探頭到不可知論世界、但仍對「生命／死亡」最終緊張關係欠一個處理的讀書人；佛家也是世界最底層的人的一種安慰，這才是世尊當年拋妻棄子離家尋道的原意，那些身在亂世的人，那些對外在世界沒力量、無法有主張的人，那些單純受苦的人。

但，很難是擁有財富之人的宗教，除非是「另一種佛教」，一個以神通替代思維、快速提供天堂位置的佛教。

布達拉宮距離台灣有一段路程，高山症也讓人心生畏怯，但相對來說仍是近的、容易的、很便宜的。伸個手轉動布達拉宮的法輪，這是時間的「得來速」窗口，人世間最有效率的時間濃縮作業，花半天就經歷完恆河沙數的劫、接近無限多次的輪迴——是哪個精明如鬼的、廣告才子型的傢伙設計出這個東西來呢？這當然是神奇的，更重要的是，這太划算、太吸引人了。

大時間

這裡，我想換另一道路來想時間之於聲譽的必要（幾乎是一種依存關係）——先不說聲譽，而是公義，意即把「死後聲譽」易為「死後公義」，這樣有直指核心的意味。

求解答，最好當然是去問專家，求助於在這個問題裡面浸泡最久、耗去最多時間心力的人。公義問題的專家，我想是宗教中人，如基督教會高舉的：「上帝是公義」。

應該可以這麼明說，人類世界得把公義問題想最徹底的是宗教者，其規格程度還超過了史家；或者說，人若要窮究的、一隻羊也不遺失不丟棄的完成（接近）無瑕無憾的公義，最終總得是宗教的，由歷史時間進一步拉長為宗教時間，也就是說「很遠」再進入到「無限遠」。

所有宗教幾乎都存在類似的大時間意識，或清楚，或模糊，或直接明言要到世界末日（即無限遠時間的最後一個點），或至少是人死後猶存在猶洋洋不改前行的時間云云。我們或許會說，宗教原本就是處理死亡的，但這只說明死後時間意識的發生而已，人更進一步追究、分割、並「使用」死後時間，甚至再延長它到無限遠，我以為這來自於公義問題的思索。公義是人生命基本疑問的其中一個，包含在人完整的生命大謎之中，還是其中較容易讓人激動、溫差較大的一個，人愈能妥善的、完滿的處理好它，活起來會更好更容易、怡然，也更能建構起所謂的生命意義生活意義，較值得一活。

拉長時間，並總是伴隨著程度不等的果報或審判概念，這是公義問題使然，要一個獎懲機制、一個報稱系統。

當然，這樣的訊息首先是有點悲傷的，儘管已是常識了，但每想起來依然不免讓人悲傷——訊息如此一致，那就是，古往今來所有稍微認真想過公義問題的人都告訴我們，公義不可能在當下就完成，還不可能在人有生之年內完成，乃至於需要數不清個一輩子（如佛家的輪迴），甚至於時間的無限遠處才是它完滿成功之日。無限遠，同時包含著「不可能」和「必然」這兩個原本並不相容的東西，如古希臘人不說兩道平行線永不相交，而是說相交於無窮遠處；借助文字語言的詭計裝置，讓它們相容於同一個允諾裡，那就是不可能實現又必然完整實現的公義。

僅僅把公義不可能在當下、在人生裡真正完成，想成是某種人對眼前世界的不滿及其批判，這是低估了困難，也就容易弄錯方向，而且沒辦法真正做對事情。也就是說，我們當然得奮力讓眼前世界更準確更公義，但在此同時，我們也得充分意識到，人的認知能力、辨識能力尤其鑑賞能力，總是難以察覺以及不可能察覺的陷溺於當下，這根本處是無望克服的，也必須是人保持對自身「無知」（蘇格拉底）的深刻覺知。當世公義，當世聲譽，當世成佛，所有事情都能在短短幾十年人生做完，是很過癮很快意沒錯，但也必定是侷限的粗糙的，說到底，幾十年能做成的事有哪些？能是哪些？很多珍貴慎重的東西在如此窄迫急躁的心思狀態下只能被刪除，反而是毫無機會的。

好消息是，我們對此還不至於一無知覺一無關懷，某些人、某種作為、某個成果或作品、某些書，我們（至少一小部分夠專業夠認真的人）會感覺出它的非比尋常，看見它的晶瑩微光，心知肚明它有某種極動人的可能，溢出當下，恍如隔世。多年的出版編輯生涯，我的工作成績乏善可陳，比起我的老朋友初安民更是失職丟人，若還有什麼回想起來還會微微激動的事，便是曾經辨識出某個作者、某本書，讓它躲過當下財富世界市場獎懲羅網的阻攔，把它送回到時間裡——當然不可能撐多久，尤其在當前台灣如此「有效率」的書店作業下，但一個版本總延續一定時間，從書市流通再到人的記憶，就看日後是否還有人繼續接手而已。我一直很喜歡艾可《玫瑰的名字》寫見習僧埃森在大圖書館廢墟撿拾書冊碎片的那一段，大火早已熄滅，所有相關人等都已死去多年，真相依然不為人知，眼前世界也沒更好更公義，只是持續如此，埃森裝了好幾袋子的書冊碎片，為此「還丟掉一些可用的東西」，我以為我完全看得懂，而且還有一點點類似經驗，宛如置身現場。

死後公義和死後聲譽當然不是兩個不同東西——正確的聲譽當然是公義的，公義的成立需要多長的時間，聲譽的圓滿也就需要多長的時間。

另一種「不要命的自負」

稍前，我們提到過大經濟學者海耶克的「不要命的自負」這一詞，這其實是他非常重要的一本書的名字，書寫於他近八十高齡的晚年，有攤牌的味道，副標題是「社會主義的種種錯誤」，所以，設定的駁斥對象是另一邊的左翼思維，尤其是彼時蘇維埃式的經濟思維統治思維，也就是另一位大經濟學者米塞斯所說的：「社會主義是個既豪壯、浮誇又天真單純的主意……事實上，可以說它是人類精神上最具勃勃野心的發明之一……它既莊嚴華麗，又蠻橫大膽，當然會激起世人前所未有的稱羨。因此，如果想要這個世界免於沉淪到野蠻的地步，我們就應該起而駁斥社會主義，而不能只是隨便的棄之如敝屣就算了。」

所以說，「不要命的自負」指的是什麼？是人不知死活的自認已洞悉一切掌握一切包括未來的全部奧祕，人已知道怎麼最恰當的安排世界和所有人（「雖然這是一個錯誤的想法，它卻是一個高貴的錯誤」）；人用自己這隻特定的手，來取代近乎自然原理的那隻看不見的手。

書是精采的、極有見地的，歷史也很快就把大辯論的贏家桂冠頒給了它——書寫成於一九八〇年左右，當時社會主義的經濟思維連同其統治形式已屆臨圖窮匕見，接著是冷戰中止，柏林圍牆倒下；然後，整個世界「再沒有誰稍微認真的反對資本主義了」，也再沒幾個人如海耶克所擔心的自負了。

然而，駁斥一個錯誤往往就只是避免這個特定錯誤而已，並不等於自動正確，邏輯如此，真實世界的進行更如此，對某一特定錯誤愈乾淨、愈徹底的攻擊，總是愈把我們帶往另一個極端處，這是我們並不容易警覺但非時時提醒自己不可的（但倒不意味著我們得放鬆對錯誤的揭發追究）。

所以，我們可以這麼試著描述嗎？——從特定的手到看不見的手，兩者主要的差別是否只是人數？從一（幾）個人到所有人？這裡於是有個詭計，或至少一種疏忽，那就是，當我們把某種想法和作為歸屬於「所有人」時，往往好像就升等成某個自然原理，觸到某種「本質」，得到一種超時間性的無可懷疑的說明力量云云。這在比方說研究某種粒子時可能直接成立（物理學的歸納法），但生命沒有這樣超時空的一致性恆定性，尤其是人，尤其是人又建構了自身的世界之後，所謂人的物種集體便已失去了它絕大部分的意義，其涵蓋面、其限制性、其說明力都變得很有限。而且這裡，我們所指稱的「所有人」其實並非人類全體，差得可遠了，基本上指的只是某一薄薄切片時間、某一歷史階段的（暫時）所有人而已。這種「所有人」是不斷更替的，不用一世紀差不多就全數換完，事情也許還來得更快，尤其是活在不斷加速變化的現代世界，不必靠死亡，而是從前種種譬如昨日死，人三年五年就可以完全是另一個樣子，從想法到做法。現代世界有個非常強大重要但我以為仍被遠遠低估的東西叫作「時尚」，它驅動人、決定人（又很快拋下人）的，並不只發生於所謂的流行次文化層面而已。

還有另一個也許更加關鍵的疏忽——從一個人「退回」到所有人，原是為著得到某種柔軟的、容受各種歧異可能的、可深思熟慮的「空間」。但深思熟慮及其必要充分討論沒如人預期的發生，而且愈來愈不像會發生。現實中，「所有人」往往是裡外同質的「一個東西」，一頭不思不想的巨獸，它的決定往往遠快過一個單一個人，事實上，我們還不斷在改進此一作業速度及其配備，從直接投票表決到意見調查再到臉書按讚（某種黑道式、幫派式的相挺，台灣也從大陸學來一個極噁心的詞：哥們），從問題發生到答覆完成間不容髮，甚至（絕沒任何誇大的甚至）答覆先問題發生，它已先等在那裡。

補個不合時宜的老資料：在英國這個一大堆現代思維的起源地、實驗場，曾經有一段時日人們如此相信也確確實實如此執行，國會，可以幾星期幾個月只談同一個問題，爭辯到所有人滿意或累垮了為止；法院，法官可全無顧忌全沒壓力的聽審，直到他認為都聽完了、所有相關意見已得到充分表述可做決定了為止——但很快世界變了人變了，或者說，這本來就不可能真正成立真能執行（想想那些堆積如山的待審法案和司法案件），只是人一度高估了世界、更嚴重高估了自己而已。

這也正是我對小彌爾最為服氣的地方之一，他的目光穿透過重重的時間簾幕，太厲害了——在那個民主仍意味著所有人對抗一個人、一些人的年代，他已充分看清並仔細的說明，「所有人」可能也會是另一種暴政（他稱之為多數專制，「要一千人聽命於一個人是專制，而要一個人聽命於一千人也同樣是專制」），甚至還會是某種更糟糕、更徹底、更入侵到人靈魂的專制形式，這是民主絕不可加以掩飾的可能風險。民主把權力從一個人、幾個人手裡奪回，交還給所有人，這只是民主建構時日的歷史障礙掃除，在民主的「正常」日子裡，當然不是用來保護總是被誇大為所有人的大多數人這邊（幹嘛保護一個已是最強大的東西？這還真是勇氣十足），而是為著容受、存留一個人、幾個人、少數人，也就是波赫士希望我們成為的「那另一些人」。小彌爾一定自始至終懷抱著這一認識不懈，這才能讓他不惑於一時的歷史現象以及人的階段策略，怎麼可能會是另外的原因呢？

要詆毀小彌爾反民主當然是天大笑話（但其實不難，類似笑話如今在臉書世界裡天天發生，已是一個常態），他對民主這些不順耳的憂心話語，來自於他對民主極認真的熱愛，民主破毀不起——像是密爾頓曾豪氣的說：「把所有學說都釋放出來吧……在自由公開的遭遇中，誰說真理會敵不過邪惡？」不，真理是真的會敵不過邪惡的，小彌爾進一步指出，真理更經常的狀態是失敗的，甚至還會被徹底殲滅，這是現實一再發生的事，接下來小彌爾的這番話，我引述不只一回，是我珍視無比並努力信其為真的：「但是這一真理終將戰勝迫害的格言，卻是人們津津樂道、直等它變為老生常談的美麗謊言之一，然而已為一切經驗所推翻。歷史上充滿了真理被迫害鎮壓的事例，如果不是永遠被壓制，也可能被退後若干世紀……迫害通常總是成功的，除非異教徒結成一個堅強的黨，不能有效施加迫害。沒有一個有理性的人，會懷疑基督教曾可能為羅馬帝國所消滅……真理在這方面所占的真正優勢是：如果一種言論是真實的，儘管它會一次、兩次，或很多次被消滅，在若干時間過程中仍會再被人發現，一直等到它的再現落在一個具有有利環境的時期，使它能夠逃避迫害，逐漸占有優勢，力能抵擋其後一切壓制它的企圖。」

是的，絕對需要更長時間，一次又一次重來的時間，總超出人一輩子所有、宛如歷史輪迴的時間。

如此，回頭來看海耶克和米塞斯的此一主張（相當堅強的亞當・史密斯繼承者），我們便不得不也說這真的一樣是「既豪壯、浮誇又天真單純的主意」、是「人類精神上最具勃勃野心的發明之一」——市場機制當然就是個大獎懲報稱系統，依經濟學主流，這還是一個（最接近）完美的系統，乃至於不再需要其他任何獎懲，以免干擾它污染它。這是即時性的，也是人原始本能的；同時，用以檢視、衡量計算並獎懲的，就是財貨就是貨幣一項而已（意即只承認成果和貨幣的兌換關係，不能兌換為貨幣的部分因此等於是不存在的）；而且，是集體的、多數人的。如此，放心相信人類世界用來決定人世間何物何事何種行為該存該廢，依據的就只是人的原始本能、人當下的選擇、人的集體公約數認知（平庸的、淡漠的、小彌爾所說「既定意見的沉睡」），以及唯貨幣是從，這樣的信心從何而來？這怎麼會不是人另一種不要命的自負？另一種用心高貴的錯誤呢？

如果一個出版編輯只相信這個，聽命由它把自己安排、驅趕到所謂的最適最有利地點，那依二〇一五年台灣當下，我們大概只出版著色書（但二〇一六、一七又是些什麼？）。契訶夫的五品文官巴赫羅木金最終服膺的也是這一獎懲系統，所以他刪除掉自己的珍罕天分，讓他驚喜莫名但仔細想想兌換不了財貨的繪畫寫詩天分，像做了個夢；這只花他半天時間，而且如此合理明智不難受。

不莊嚴、不華麗、不足稱羨

很長一段時日，人類一直想找到某個一次解決的終極東西，某種統一場論，萬能的神也似的把一切辛苦、困難、無法確定安心的事全交託給祂——社會主義是有此傾向，但不斷追打嘲笑它這一點的資本主義又何嘗不是，所以漢娜・鄂蘭指出，亞當・史密斯和卡爾・馬克思所說的人都是生物性的人，回歸生物性讓人「齊一」，這樣才能順利建構如此統一性、終極性的理論。

人仍然得老老實實的奮力辨識、選擇、決定，一次又一次的，想出好東西並說出來，給做對事的人鼓掌或至少微笑，每隔一陣子買本寫得很好很認真的書云云。如果我們杞憂的依然是，這是人的自負，會形成某種獨斷、某種霸權，我會說，這絕不成其為人轉而不思不想不分辨的理由；而且現在我還會說，諸如此類的致命危險應該已從人類歷史裡完全殞沒了消失了——其實我真正想說的是，省省吧，在胡扯什麼？人想偷懶想自私，這不是什麼大不了的事，何必找這種理由。

放棄選擇不會是答案，事實上，放棄選擇的結果並不是不選擇，也無法避免錯誤發生（只是避免了責任而已）。如今，我們真正該稍微憂心的是另一種錯誤及其危險，這才是我們當下的真正處境——人放棄辨識，其結果當然只是把選擇憑空交出去而已，有不戰而降的味道，由一般的、既定的、流俗的主流意見接手，這才真正是加入了、強化了霸權（儘管有你沒你一個微不足道），人成為「集體專制」（小彌爾用語）的一部分、一個原子。

經濟封閉思維裡，亞當・史密斯命名為「看不見的手」的這個東西，釋放到政治、社會乃至於一般的生活領域裡，霍布士則稱之為利維坦，或譯為巨靈或巨獸——這其實是同一個東西。

你看費里尼的《阿瑪柯德》且津津樂道逢人就講，這一絲一毫也撼動不了好萊塢如全球天網的霸權，還想取代它你做夢啊；你就算成功的偷渡出版亞歷山大・赫爾岑的《我的過去與思想》（自由主義大師以撒・柏林推崇為「整個十九世紀最偉大的自由主義之書」），仍然不會在台灣書市賣超過三百本——站在今日世界，人拒絕財富和權勢的支配，奮力做出辨識和選擇，這可能（讓他們感覺）蠻橫大膽，但絕不會如米塞斯說的那種「莊嚴華麗」，也再激不起「世人前所未有的稱羨」。這只是人給自己的一個很不容易的工作，隻身的、安靜的、隔離的、有結果通常也是有去無回的，但如波赫士所說，這是一個義務。

百貨公司裡的天堂

接下來，我們來說財富世界的一個美麗圖像，也就是財富成果所能做到、呈現的某種最好看的樣子。卓別林的《摩登時代》默片裡，創造了一處極樂天堂，財富的物質的天堂，但想法是很悲傷的——流浪漢卓別林和那個貧窮但如此美麗狂野的小偷女孩，夜間溜進一家打烊的百貨公司裡如進入天堂。說「他們夢想的這裡全都有」（好像個爛廣告詞）可能不大對，只因為人的夢想仍依據於、取決於他的知識、經歷和需求，如波特萊爾所言「幻境是很個人性的」，這兩個壓在世間最底層、沒真正見過什麼像樣東西的流浪漢和菜市場小偷，能夢想的其實很有限，所以，這裡「溢」出了他兩人的全部夢想，有太多第一次見到、不知道名稱更不知道何用的奇妙東西，遂演變為一場卓別林式的災難狂歡，黑白影像裡，我們彷彿都看得到繽紛四射的色彩光影。

但是當然，這只能一夜。夜間的百貨公司天堂，恰恰好和我們每天用來睡覺做夢的時間一樣長。

對台灣我們這一代稍老的、更老的人而言，大世界的確比我們夢想的進展快多了，別說實際生活，我們就連夢想都追不上世界的變化。這說起來好笑但微微辛酸，我有一個多年後才闊綽起來的同齡老友，連換三部車子都是白色ＢＭＷ，以至於展示新車驕其年少貧賤朋友時，大家還以為他只是洗了車打了蠟非常掃興——不是因為他對BMW如此忠誠，只是因為他當時根本不曉得有更誇富拉風、更合適用來載女生的車子（另一個名車笑話是詹宏志回憶的，他一位娶了富家女的老實人同事，講不出岳父給的那輛捷豹或當時依港譯為積架的新車，把它的標誌說成「有一隻奄奄一息的狗」）。一如台灣很長日子裡，尤其道上兄弟和警察，人只知道、只戴那一兩款堪稱該瑞士名廠最土產品的勞力士金錶，以及宛如天花患者的滿天星碎鑽金錶。

如今，這類笑話鬧得少了，我們誰沒看過超跑也都在電視電影裡看過超跑滿街跑，事實上，更多人是知道一切（舉凡馬力、年份、價格、汽缸引擎輪胎電路系統云云，還熟知該車出廠以來的所有逸聞故事），就只差真的擁有一輛。夢的傳遞速度仍比實物快，如今，我們的夢想不再依據實際生活經驗而是大眾傳播，集體的夢取代了個人的夢，以至於夢有了全球化的形式規格包括談戀愛，連戀愛都是有全套SOP的。這是人全新的、不會再退回去的處境，包含了其全部的華美和困難辛苦，比方托克維爾所擔憂的，如今窮人富人擠成一堆（不管他們實際的居住生活地點距離多遠），人成天浸泡在自己得不到的眼花撩亂東西裡，這對人性的確是相當相當沉重的考驗，生命的基調很容易是沮喪的、失意的、怨毒的。

另一面則是，卓別林這樣愛麗絲仙境也似的天堂不會再發生了——百貨公司有保全和幾無死角的全館監視系統，不再只依賴兩名昏昏欲睡的夜班警衛，狂歡持續不了三分鐘。

關於百貨公司（我總覺得這是某個難以說清但呼之欲出的人類歷史象徵物），我自己也有一處如此財富的、物質的「天堂」，東西更豐富，人也更平等，不在往高處去的樓層，而是下到比較接近地獄的B1、B2、B3。

牛虻

《阿彌陀經》裡，世尊對他的大弟子如此描述極樂之國極樂之地——

其國眾生，無有眾苦，但受諸樂，故名極樂。
七重欄楯，七重羅網，七重行樹，皆是四寶周匝圍繞。
有七寶池、八功德水充滿其中，池底純以金沙布地。
四邊階道，金銀、琉璃、玻璃合成，上有樓閣，亦以金銀、琉璃、玻璃、硨磲、赤珠、瑪瑙而嚴飾之。
池中蓮花大如車輪，青色青光，黃色黃光，赤色赤光，白色白光，微妙香潔。
常作之樂，黃金為地，晝夜六時，雨天曼陀羅華。
有種種奇妙雜色之鳥，白鶴、孔雀、鸚鵡、舍利、迦陵頻伽、共命之鳥。是諸眾鳥，晝夜六時，出和雅音。

這是非常非常有趣的一番細膩描繪，如此具體，甚至就是物質的，與其說是極樂天國，還不如說就是某種（當時人們所能想像）最理想的家、最優質的居住環境——從建築格局、建材、居家擺設和裝潢、光線處理、空氣品質控制、聲音和色彩的安排選擇等等，我們幾乎都可以一樣一樣用現代話語、用現代的建築和生活配備「翻譯」過來。所以有回和小說家阿城談到這部華美的佛經，阿城開玩笑說，你看釋迦幾乎是在誘惑他的弟子，現場眾人一定被說得恨不得現在就全家搬過去住。

但這也是說，如今要得到一個這樣的居住之地，已經沒那麼難了，至少不必無休無止的輪迴和修行，不用在「智慧」上有所突破，花得起錢就都有了，果然某種當世成佛——這上頭，人類世界的進步是最確確實實的，驚人，而且很動人。

在《世間的名字》書裡，我有稍微提到這個——歷史上有諸多好心的智者哲人，努力為我們設想出各種版本理想的、人可能活得最好的世界樣貌，我總試著去察看它們的「原點」：原來的問題是什麼？人們的渴求是什麼？這是為著回應當時哪些具體（甚至迫切）的匱乏、不滿不平和種種折磨？人究竟是困在何種難受的生命處境裡得如此找答案或找安慰？然後，我也總是試著一樣一樣檢查，這些個人們原來普遍以為是空想的、遙不可及的、得有鬼神介入才行的純思維成果，有哪些居然是可實現的、已實現的，人可以用什麼代價和方式來得到它實現它。

我那個地底的、每下愈況愈明的百貨公司天堂，指的是那種整層幾乎不隔間的、賣各種生食熟食和每天消耗性生活什物的、所有東西齊備到超過、而且所有人幾乎都可直接伸手去拿的超市，這是在百貨公司裡我唯一會徘徊流連的地方，每回站在這個滿滿什物的世界裡，我總有點「感動」，這是我所知道最接近所謂天下昇平、風調雨順、物阜民豐、品類流行甚至眾生平等這一串不太能當真話語的真實景象，財富成果最好的一幅圖像，我還會想起來，儘管這有些誇張，但真的：「故天不愛其道，地不愛其寶，人不愛其情。故天降膏露，地出醴泉，山出器車，河出馬圖，鳳凰麒麟皆在郊陬，龜龍在宮沼，其餘鳥獸之卵胎，皆可俯而窺也。」

和樓上卓別林的不同，樓上是分割的世界，每個樓層有它各自的目標顧客，尤其對我這種如葛林《事物的核心》裡斯高比式「生活愈過、東西愈少」的人而言，依我看也多是不急之物，真缺了也妨礙不了每天生活。好萊塢有那種電影，某種大浩劫原因死光了整座城市只剩一個人、幾個人，這種魯濱遜時刻，真正能讓人活下去的是這個地下樓層。

（《魯濱遜漂流記》裡，他在擱淺的船上找到一堆有用東西，也發現有錢，一人生活的魯濱遜覺得好笑，也淺淺的感慨了一下子——但滿腦子經濟思維、銀行記帳員也似的作者笛福讓他把錢留下來，彷彿知道他仍會回到那個貨幣才真正是人每日所需之物的人類世界。）

亞洲尤其東亞的百貨公司以日式的百貨公司為樣本並趨同。於日常生活之物，日本人有一種近乎執念的專注和惡魔也似的想像力，以及由此而生的各式迷人工匠技藝，尤其是泡沫經濟那段日子裡，人人錢多到不知如何是好，銀行存款利息又趨近於零不划算，無處可去的消費力拉動各種奇奇怪怪的生產發明，一整代人幾乎把所有的聰明才智連同資源集中於此，成果驚人，惟遺忘了文學創作和閱讀（這早已不再是個好讀書的國家了），也相當程度錯失了接下來全球電子爭奪戰的必要準備工作。日本人的蔬菜、水果、肉類和魚大概是全世界長最漂亮的（還不饜足的不斷輸入、引入、改良世界各國的不同品類品種），調理之後的熟食也好看，擺設起來更是好看，整個構成一種豐饒之美富庶之美，而且，這裡還是一般人的、庶民的，更多就是急著趕電車回家做晚餐的家庭主婦。

這種時候，我會覺得自己像隻牛虻，蘇格拉底自喻的牛虻，我一直嗡嗡不休的「騷擾」這個世界是幹什麼呢？

那些了不起的智者哲人，用盡自己人生全部，無非也就是希望人能過這樣的生活不是嗎？就像誰講過的，一世紀前偉大壯麗的蘇維埃革命這一場，真正允諾的也不過就是人們有土豆加牛肉可吃。

這裡可遠遠不只是牛肉加土豆而已；而且牛肉是日本和牛，土豆是北海道生產的名物男爵馬鈴薯。如果人人的生活已超出歷史預期到這樣，就算得絕聖棄智，不再知道康德，不讀托爾斯泰、福克納、喬伊斯，應該也無妨或說代價合理不是嗎？

這種時候，我希望自己的想法連同所有的憂慮全是錯的。

請你駐留

但一定不好說「這真美好，請你駐留」對不對？依原作者歌德，這是不祥的——《浮士德》詩裡，當浮士德博士忘情講出這句話的那一剎那，依約定就是魔鬼現身拿走一切的時刻了；而且，浮士德看到的其實是幻象，連日夜光黯都是顛倒的，那不是一群勤奮歡快的年輕男女，而是獰惡的掘墓人，敲敲打打的聲音不是美麗王國的營建，而是挖墳。

這裡，真正問題不在於可否駐留，也不在於是否幻象，而是——這終究只能是偌大世界的一小角，仍在人類世界的尖端之處。這裡所說的庶民、一般人，其實只是某地區、某城市、某個國家的某一部分的人而已；要說幻象，確實這就是幻象，即庶民、一般人這詞這概念所帶來的美好幻象，你無法真的把它放大到、複製到全世界、全人類去，馬上就真相畢露。

你很快就會撞上馬爾薩斯牧師這個陰鬱的老幽靈。

我在寫《盡頭》談老人照護問題時說到過，台灣的老人照護當然是「利用」了國家與國家的經濟落差，利用了別人的窮苦。若依台灣自身的人力價格，應該是三倍左右（可能還找不到足夠人願意做），換句話說，這就不是一般人家庭能負擔得了（證諸台灣除了那百分之一的人再沒家庭幫傭這事）；換句話也說，台灣現階段的老人照護現狀已遠遠高出人類全體的平均能力了。但即便是這樣，仍然弄得我們狼狽不堪，尤其我這輩年歲的人，個個都神經衰弱了。

地底超市這些平價的生活之物其實也是這樣，看一下它們的產地吧，這同樣是利用了某鄉、某國的經濟落差，才提供得起特定地區、城市、國家的「一般人」所能支付的價格。

我們常開玩笑講，日本人如今一定很後悔教會了半個世界吃鮪魚吃鰻魚——鮪魚原本是經濟效益極低的魚種，一直只用為飼料和罐頭，全球漁夫恨之入骨，因為牠海中惡霸般四處掠食、驅趕其他魚群，現在日本人全球低價收購鮪魚的好日子已過去了，而且不可能再回來；鰻魚的問題更嚴重，價格只飆更快，只因為一直到此時此刻為止，人類到得了火星，卻奇怪始終無法人工孵育鰻魚，養殖者只能跟大海其他攝食魚類搶鰻苗。三十年前左右，用漏斗形細網捕撈鰻苗是台灣沿海人家的重要經濟副業（如今已枯竭了），像我還算常去的宜蘭過嶺海邊一帶，隨時可看到一堆老人小孩半身泡在冬天冰冷而且洶湧的大海浪裡，能否過個稍好的年就憑本事看運氣了。

台灣前些年中藥材的全面翻倍騰貴也是這樣——原產地的中國大陸大國崛起，人們不必再需要忍受病痛犧牲壽命長度來換取當下的生活溫飽了，絕對不是那裡的人天賦異稟不生病不用吃藥。所以說，經濟學兩利性的貿易交換原則不是不對，但真的說得太雲淡風輕了不是嗎？所謂交易用的「剩餘之物」究竟是怎麼剩餘的？是單純多出來的還是硬生生擠出來的？更奇怪的是，那些單純多出來的（進步國家）往往價格遠高於那些不得已擠出來的（落後國家）不是嗎？要賣多少斤蜜柑才能換得一支手機？

人不斷會做錯事做壞事這絲毫不必懷疑，但這不是馬爾薩斯預言的關注重點，馬爾薩斯指出的只是我們這顆藍色小行星的最終負荷力承受力，惟這顆行星不會成長、變大、每年多個百分之三、百分之五。道理簡單、生硬、可拖延，但終究無法永遠騰挪迴避——像中國大陸定期量產的霧霾已是全球大事，嚴重到逼近人眼前了，尤其冬季，順著北風輸出到周遭鄰國如化武攻擊。但我們來問人究竟多做了什麼新的錯事、壞事？大體上，人只是重複做著他們成千上萬年來一直做著的事而已，冬天當然得燒煤生火，否則怎麼活下去？人沒變，只是撞上了等在那裡的馬爾薩斯而已。

因此，我們只要稍微想過便很難說出口「你真美好，請你駐留」這句話，不因為不祥（誰還信這個），而是因為這不該是答案——這樣一個超市一堆好東西，尤其遠從四面八方產地而來，卻仍如此生鮮欲滴模樣，宛如施了魔法，這些不會憑空發生，這從無到有一路耗用著多少資源和人力，整個是建立在大量浪費才撐得住的全球經濟機制上，你怎麼可能只要這個不要那個呢？跟著一併駐留的得是這一整個經濟體制，包含必要的一堆窮國，一堆窮鄉僻壤，一堆無法享用自己生產好東西的人，一堆因此得去做你抵死不從之事的人。一堆人願意丟下自己父母，千里迢迢跑來你家幫你奉侍孝順父母；一堆人願意擠在血汗工廠裡，所以我們可以無聊的用手機用電腦聊天、自拍、哀怨自憐、成天胡言亂語還隨口罵人、告訴全世界我晚餐吃什麼、用各式炫目武器裝備日殺十人百人千人萬人（端看哪款遊戲）。是的，通過自由市場機制看不見的那隻手的巧妙安排，大家全都是自己願意，只是有些人永遠比其他人更願意而已。

在這樣的超市購物，我們銀貨兩訖不偷不搶還舉止合宜，這是再正當不過的事，也無需負咎。只是，我們的確都占了點便宜，占了這顆地球一點便宜，不管是哀矜勿喜或樂在其中，都應該記得這一點。

失意的人

我想把有關財富部分的思索暫停於它的這個準幻象天堂——財富和權勢本來就不是這本書的真正關注，只是不得不去想而已，得盡可能弄清楚聲譽如今卡在何種現實處境裡。

但因為不想像是「遁詞」，這裡再往下延伸幾句，以下，我用直通通彷彿斷言的形式來講，不再多附帶說明討論，所以武斷大言不是原意，只是句型使然。

財富超越了權勢，編組起、並相當真實意義的統治著全球，但這不會是某種所謂的歷史終結，更不會從此平靖無事，接下來，至少這三件事必定持續的發生，成為常態性的世界不安因子；或更正確的說，已發生而且將愈來愈清楚巨大，無法再以其他各種解釋蓋住它繞開它，說成只是某個暫時性、摩擦性的短暫現象，這是資本主義的「一個歷史階段」——

一是，有效需求將長期處於不足狀態，不斷刺激、下各種猛藥重手叫出消費是愈經常性但效果愈來愈有限的事，消費已明顯追不上、撐不住不斷擴大的全球經濟體制，不能說成是所謂的「不完整復甦」云云。

二是，勞動市場仍持續窄化而且趨於劣化。製造業不斷削減、趕出來的勞動人口，無法真如傳統經濟學者所說（其實從頭到尾是猜測）由服務業來完全承接，普遍的失業問題很難克服，要做到不惡化都已相當相當難了；更違反經濟學一般解釋和流傳神話的是，服務業的工作不是人由藍領走向白領的「提升」，而是普遍下落到更低階之地的派遣化、打工化和時薪化，所得更低不說，其垂直晉陞的傳統職場之路也嚴重變小變窄近乎腰斬，人的工作經歷喪失了累積，長期的專業養成近乎不可能，「沒有希望」。

三是，財富分配持續兩極化，中間消失。貨幣是一切的核心，掌握貨幣者取走絕大比例利得（粗魯的說，也就是有錢人將更有錢，且如克魯曼所說，不僅僅是更有錢而已），貨幣的全球流動和掠奪（毫無誇大的用詞）是全球經濟持續性、定期不定期、處處是爆發點災變的真正火藥庫。

人類這套資本主義經濟體制已大到處處考驗這顆小星球終極能耐的地步，這是無可逾越的右牆（依目前光景看，我們來不及殖民火星掙脫地球，漢娜・鄂蘭因此偏樂觀的未來判斷和人行動能耐的評價可能是錯的），我們好像一直聽到各處各種的撞擊聲音了——這使得人的處境加倍（可能不止加倍）困難，得被迫考慮更多，過往那種用發展解決發展問題、用成長掙脫成長困境的簡易舒適想當然耳的思維已不再適用了。

接下來，會是這套經濟機制不斷救火和自我修補的不舒服過程，人可能非得不斷做出一定程度的自我約束和犧牲才行（也就是不再單一服從自利之心），百年千年行之不疑的事如今不能做了，理所當然的事不理所當然了，端看這一帶著警覺性自省性的必要修正舉措和可預期災難之間的討價還價以及誰先誰後。終極的來說，我願意相信人的生命最深處有一種韌性，一種接近於死皮賴臉的可敬韌性，所有信誓旦旦絕不會做不肯做甯死不做的事仍然會一件一件做出來（這些年，光是看一個一個愛台灣愛到成天喊打喊殺的人去到中國大陸如此奇妙且一致的溫馴言行就夠見端倪了），這是我對人最後的、也最無可救藥的樂觀和信任。

我很喜歡的英國學者兼《衛報》專欄作家艾希也這麼指出——多虧那些見風轉舵的人，這讓民主政治的政權轉移得以如此平順。

因此，會來的不是天堂，也不會是末日，只是某種較不舒服也艱難起來的生活方式，以及因之而起的種種必然混亂——人要面對的不是經濟體系的轟然崩潰（不少以預言為業的人偏愛這種說法和語調），在我們可預見的、有意義時間長度的未來應該不至於如此，也不會以這種方式發生；或這麼講，會先來的不是一次崩毀，有太多的瓦解會遠遠搶在它前頭發生，不是大樓倒塌，而是不斷掉磚掉瓦，這才是人的真正處境。

基本上，人類世界的現實主體問題仍發生於生存線之上而非之下，不是人餓死凍死的問題（最邊緣地帶的確會這樣），而是人以什麼方式過活的問題；某種對「生活鐵律」、對生活規格生命規格的不得不下修，所引發的不安、沮喪、抗拒和怨怒云云。畢竟，人這樣生活、希望和生命安排已經幾十幾百年了，不止如此，我們的家庭建構、社會建構、政治建構乃至於一整個人的生命網絡，已不知不覺完全立基、密合、依存於對此一經濟機制的預期、信任和計算之上，說不上來從哪一天開始，這個世界「忽然」翻臉也似的一樣一樣告訴你，你的預期不會這樣發生了，你的這個那個計算是不成立的，凡此。因此，所謂的瓦解係以種種很具體、很實際的事件形式綿密的發生，一件一件來看也許都不致命，卻讓人焦躁狼狽不已，而且都僅僅像是個別遭遇個人的不運和失誤，某種孤立無援還難言。像是人忽然被迫提前退休或中年被公司裁出（儘管依勞基法取得補償），家裡小孩該順利就業自立卻一直沒工作，原本應該有辦法支應的房貸愈來愈像付不出來，老父母的照護遠比想像的沉重而且漫長，種種種種。先衝擊到的不是存亡問題的身體，而是人的心志和精神層面，就像大經濟學者克魯曼越過他本行正確無比的指出來，失業問題真正強大而且駐留不去的破壞力，係發生於社會面而非經濟面，一個國家失業率上揚三五個百分點，之於經濟活動的順利運行與否仍可以看得很輕，乃至於只是經濟機制的摩擦調整、數字起伏，卻總是在人、家庭和社會這一邊引發連鎖性的不安、混亂和瓦解，給一整個社會和人心注入了陰鬱、怨怒和絕望這些火藥也似的東西。

讀過某人回憶他某個年代的這麼一句昂揚的話語：「當時我們一無所有，卻有著人類從未有過的最美好希望。」今天，我們也許可誇張的把話倒過來：「我們可能有著人類歷史上最多的東西，就只是少掉了希望。」

不是會餓死的人，而是失意的人——「失意」這詞及其概念，我完整借自於霍弗這位碼頭工人哲學家學者兼社會運動祖師爺級人物。其實托克維爾也大致這麼說過，他回憶自己在法國大革命現場種種，指出起身革命的並不是日後馬克思所說除了腳鐐手銬再沒其他損失的人，而是一些僥倖取利者，更普遍的則是失意的、感覺在這個社會這個國家已失去希望的人。

失意的空氣如今瀰漫大半個世界，最濃稠如霧霾的地點可能是亞洲，尤其是東亞。合理推想的原因是，亞洲尤其東亞一如經濟學者再三指出的，是最接近經濟學所謂「經濟人」定義的社會，也就是人把生命價值較單面押在經濟物質層面的社會；而這也可以說是一個歷史現象階段現象——從日本到亞洲四小龍，才剛剛是高度成長的社會，又被說成（且一直自詡）是奇蹟，從實質生活到心理深層都太適應、太依賴這一毋甯只是階段性的高成長數字，成長數字同時已是某種（神聖）象徵，遠超出它原來的經濟指涉意義，是凱因斯所說「超過別人」、「優越感」的唯一依仗。因此，陷入掙扎的，不只是經濟實況和經濟指望的下修，還有從某個高處摔下來的異樣感覺，日已西夕，榮光逝矣，卻又暫時不習慣也無法接受自己只是個尋常的亞洲國家亞洲社會。日本早年提出的「脫亞入歐」主張，極勢利眼但誠實無隱，其實相似的心思也一直在東亞成龍這四個社會裡徘徊不去，如今打回原形不說，就連亞洲其他窮鄰居窮親戚國家也全追上來了。

經濟問題（暫時）不以經濟問題的面貌和形式爆發出來，而是沉入底層成為某種遍在的不安要素，構成人事事不順、宛如身在地雷區又像免疫力嚴重不足的現實處境，一點點火花、一點點細菌病毒入侵都有事——當下以及可見的未來時日，台灣社會可能很難有脫困之感，也很難真正獲得平靖，人感受的遠比經濟數字顯示的糟，沮喪、自憐自傷和時不時的洩憤性攻擊性狂暴，仍會是整個社會的基本情緒，典型的失意人社會。

在這樣失意人遍在的社會，最該阻止但必定發生的是所謂「尋找替罪羊」的遊戲，社會最廉價也最不公義的自我療癒方式，這可能是傷害性最大的部分，或應該說是腐蝕的——歷史經驗充分告訴我們（比方中世紀的女巫獵殺或幾世紀才堪堪落幕的猶太人迫害），人可能出現最難看最獰惡的樣子，出現在這一遊戲隊伍中，自私、殘酷、嗜血而且人人滿口謊言，集體進入一種附魔的瘋狂狀態還洋洋自得，人的素質以一種「如崩」的速度向原始野蠻無知倒退，沒有一個再好的社會禁得住這樣。

台灣這些年算慢慢看清自己了，這個島嶼真正的珍稀成就並非經濟成績（我們只是還不錯而已，連在亞洲都不算頂尖），而是在不錯的經濟成果基礎上成功搭建起來的社會整體樣態——某種平和、自在、安適，某種文明教養，最拿得出去也最代表性的就是台北市（一個奇怪飽受自己人污衊的城市、歷史名城），不大不高不美不耀眼，只靜靜煥發著某種難以言喻的柔和之光，遠方到來的異鄉異國人反而更容易感受到這個，事實上，這些年我們也正是借助他們的新鮮眼光才真正認清此事，原來如此。台灣知道自己最該防衛這個嗎？

經濟不好的日子，什麼能保衛我們？

這個有點悲慘的笑話應該誰都聽過，是某人算命時的對話——「你的命太糟糕了，四十歲之前一事無成窮苦潦倒。」「四十歲以後就好了？」「不，四十歲以後你就習慣了。」

時間一定有作用，尤其對東亞、台灣，所謂的「習慣」是習慣於大約百分之一到三的成長甚至不成長，把自己全面調整為適應新經濟局面的社會，也稱之為著陸，回到某種「正常」狀態來，像先走一步的日本，便花了約二十年時間。只是，除了如基度山伯爵的臨別贈言：「等待和希望」，這段不會太舒服太平靜的時間裡，我們還能為自己多做點什麼？

基於某種難以說清楚的彆扭心理，以下這些話我其實非常非常不願講，但是，除了身邊幾名可說話的人，我仍然會想到為數很少但一直善意耐心讀我書的遠方不識朋友，我永遠感覺虧欠了他們什麼。

當然不是什麼了不起的意見，就只是我愈來愈不想說服任何人而已，乃至於不願意讓自己做出任何像是想說服誰的樣子、表情和言論。

我這兩句不合時宜的意見是——在可見經濟較低迷、不安、時不時動盪起伏的未來時日裡，真正能保衛台灣這個社會不墜的，不是什麼聰明機巧的經濟策略（極可能並沒有這樣的東西），而是我們丟棄或至少閑置已久、看不起已久的基本價值信念。

台灣太小，全球化的經濟機制太大，兩者完全不成比例，不可能用尾巴來搖動狗這是一切的前提。我們很難單獨對經濟問題有主張，也別把其他不當心志寄寓其上（比方某種國族企圖、某種國族榮光的尋求），那是自找麻煩，經濟問題就只是硬生生的經濟問題。台灣在自身權勢的管轄範圍內能做的事，別說全球經濟規模，就以台灣自身的經濟規模而言，所占比例都不到百分之三十（即所謂外貿依存）；台灣在經濟上能做的是這個全球大經濟體的「順民」，卡好某個位置，保持專注、靈動和彈性，隨之上下浮沉起伏，世界經濟平穩的日子，我們比全球平均值好一些，世界經濟波動，我們趨吉避凶躲開其鋒芒——這上頭我還算有信心，證諸雷曼兄弟風暴以來這平靖不下來的幾年，台灣的實際表現也差不多就是如此。台灣的總體體質不惡，這些年，儘管仍有些虛張聲勢的話語流竄，但台灣也愈來愈清楚顯現這是一個移民之島移民性格社會，整體來說還是非常務實的。唯一要留心的反倒是，務實傾向的移民社會東西扔得快，某些有益但不即時有用的價值信念愈容易跟著流失，人的素質也因此容易低落下去，而人的素質，一直是台灣經濟表現和經濟未來的一項無可取代的資產。

這裡有一個接近通則的現象——在經濟較掙扎困阨的日子裡，人容易趨於兩端，一是窮斯濫矣的變壞，人日趨虛無、自私、粗暴而且愈愚蠢愈富攻擊性；另一是困而學之的正好用來好好整理自己，下雨天是人修修補補東西並做好預備的日子，困難的處境讓人去想一些、學一些舒服日子裡不會也無暇去想的事，這上頭人有自我選擇和作為的餘地，永遠有，無關乎經濟規模大小，無需相稱的經濟資源和預算數字。

以人類歷史經驗來看，前者的機率較高，也來得快，是我們說過的「如崩」；後者則需要人的自覺、人把自己好好撐住，是「如登」。

我們說過，經濟問題的具體破壞力，必然是不斷攻擊、引爆於社會各層面各角落，家庭、工作、求學、健康、戀愛（是的，就連戀愛都會有事，感覺如此沉重而且眼前一片黯然）云云。人生氣憤恨有其依據有其理由，根本處確確實實是社會的公平正義問題（特別是在財富分配持續惡化的實況下），但事實一再證明，過度的沮喪失意、太誇張的自戀自私、太簡單廉價的狂暴，會把我們一再帶離真正的問題所在，趕走認真的人，讓有意義、可持續的思索和討論中止，放過真正應該負責的人，只成就那幾個虛假的、取利的、不堪認真一問的「英雄」。像這些年台灣向富人多徵稅的經過便反覆如此，從商業稅到股市和健保，不是立法因此拖延不成，就是好不容易立了又廢，兩邊看似最處於極端的人，包括無意的和處心積慮的，最終的事實結果是共謀。

價值信念是個其實不難懂只是較不容易細說清楚完整的東西。這裡我要指出來只是這一面——談價值信念並非保守、並非維護所有秩序，基本上，它真心防衛的是人自身而不是社會，規範的、維持的、支撐的是人的心志和行為而非社會秩序；它的公共性意義傾向於應然而非實然，實存的當下現實之於它只是某種非理解、非考慮進去不可的限制性材料性條件，是作為一個場域基礎而非其既定存在形式（既定存在形式可以是暫時的、不義的、愚蠢的）。大白話來說，必要的話，既存的國家社會都是可推倒可翻轉的，乃至於就該被推倒被翻轉，不僅這樣思索和討論，也實際上如此行動，這在人類歷史上一再正當的發生。

只是台灣暫時還用不著這樣不是嗎？事實上，那些口出各式愚蠢狂言看來很帶種的人，確切的說，既沒有這樣的足夠認識，也根本沒這樣的勇氣，他們只是躲在伺服器後頭而已，根本沒想什麼，偶爾誤上街頭，還要父母送便當飲料、要學校老師不記曠課、還哭叫要吹冷氣，這是什麼個東西？在經濟掙扎不安的日子裡，尤其台灣這種size的小經濟體，重談價值信念（我幾乎不敢用「建構」這一實現之詞），我們一定會發現，這原來遠比想出某個經濟策略（比方試圖以兩千三百萬人口的市場單獨拉動景氣）更務實。

基本的前提及其必要心理準備是：時間，這樣的日子不會太短。像日本這所謂「失落的十年」（或二十年，因為不斷延長），我們現在知道了，這並非日本的獨特經濟現象，正是領頭高成長的日本領頭著陸的「正常」階段處境，整個社會需要足夠的時間一樣一樣調整過來，從結構、從法規制度到生活習慣和人心，想快也快不起來。

站在財富、權勢和聲譽交鋒的位置

以下，我回轉我出版編輯（以及讀者）的身分來想事情——人有各自觀看並持續和世界對話相處的基本位置，我的是編輯和讀者。

要講的當然不是出版業，純經濟意義上，台灣出版業小到、萎弱到垮了沒了都無所謂，我唯一會掛念的只是昔日的這群編輯朋友何去何從——經濟學總說他們自會去到某個於己更有利、於公眾更富效益的地方（但那大約會是哪裡？）；真實裡，則比較會是沙林傑《麥田捕手》問的：「公園池塘結冰了，這些野鴨子哪裡去？」

還有，沒出版業對一個社會是什麼意思？什麼真實局面？除了那種「從幾十人到兩三千人」的部落式社群之外，說真的，究竟有沒有一個社會沒自身的出版業呢？

我以為，出版在世間的各行各業裡有個稍稍特別或說極端些醒目些之處——那就是位於某個「前沿」，某個伸頭出去的地方，很難平靜，很難關上門專一的工作；也很像居住於、耕植於某個戰場，諸神管轄的交壞曖昧之地，賊來迎賊賊去迎官，同時間得侍奉好幾個神，必須繳納遂也得生產不一樣要求的祭品。

一直以來，出版者的最大危險，普遍認定係來自權勢統治，自古通往刑場牢獄的大路，其中一條正是由文字鋪成的，這確實無誤，全世界也諸多國度至今依然。但如果以為只要權勢大神離去就從此過著幸福快樂的生活，那就大錯了還天真爛漫。出版真正躲不開、如影子如附體存在的統治是財富大神，祂不自外來，祂和出版工作者長住一起，每個階段、每處細節都在場，有要求有指示並恫嚇，祂更接近監視器一類的東西，時時盯著，事後還能調出來一格一格檢視查證（最可怕、最像監視器的就是數字）。

所以嚴格來說，這一行業人得同時具備兩種忠誠。對權勢倒不必，除非你本身就是那樣的人；對權勢只是躲閃的、應付的、暫時屈從的，台語賴皮俗諺所說「危險跳走，氣魄仍在」——聲譽和財富，知識傳承和市場法則，好書和賣得好的書。一個編輯，最好明智的把這分開為背反的衝突的兩種東西，偶爾相容，那是禮物，天上每隔一陣子會掉下來，這樣比較實在，比較不會弄得自己進退失據同時如遭雷擊，也比較能一一做對事情，如李維-史陀講的，人在相當徹底的悲觀深處，所孕生出來那最確確實實的一點樂觀精神。

老實說，我自己並不介意那些做「賣得好的書」的編輯朋友，我真正在意的，是那幾位有辦法把「賣得好的書」做成看起來像是「好書」的厲害編輯，包含了憤怒和失望。

兩種背反的忠誠集於一身，意味著人被迫用兩種角度和方式看世界。

兩千的奇蹟而今安在哉？

二〇一〇年夏香港書展講座，我的談話題目是「兩千本的奇蹟」，不是演說，而是先寫好一篇一萬八千字的講稿到現場「念完」——出版或說書這東西，真正吸引我的不是某一本書能賣出五十萬冊（中國大陸則放大到五百萬冊），而是那一整排只賣兩千本的書；這也是出版這個行業最不可思議、最不馴服之處，背反或說抗拒著基本商業常識：想想，一個商品從生到死只售出兩千個單位，這在今天的商業機制裡居然可以成立。不是灰撲撲的、偷偷摸摸的存在，而是活得堂堂皇皇儘管不免辛苦但不改其欣然；不是特例的、偶一為之的，而是普遍的、經常的，甚至可直接講，兩千本的書就是出版的主體所在、是出版物的基本樣態。所以說，從編輯到讀者，必定有「多出」於生產者和消費者的某些什麼，兩者的關係也非供需法則這一經濟學天條所能充分解釋，這個不起眼但如此美好而且重要無比（我以為）的奇蹟，一直是編輯和讀者聯手完成的。

所以，書也不僅僅是商品。

奇蹟呈現的具體圖像是——書籍品類流行琳琅滿目而且還源源生出來，以至於年復一年成為「正常」，不再像是奇蹟而是自然狀態，不都一直是這樣子嗎？光台灣這麼一個出版世界（出版幾百年來一直以英語世界為主體，所以別再強調活字版印刷是中國人畢昇發明的，作為後世子孫再說下去就是丟人了）的邊緣小市場，每年出版書種保持在三萬種左右；我們用一種較迷人的方式來說是，但凡人心生某個念頭，奇怪的、細瑣的、不合時宜的乃至於危險的罪惡的愚蠢的混帳的，都可以依循這道書之路說出來，白紙黑字（黑紙白字也行）留存下來，幾乎可做到這樣。更好的是，讀者這一側總會「派出」兩千個基本額人數來買它支撐它，非常安定，並構成一個生生不息的循環性系統。兩千個買書的人不見得都看（意即嚴格來說需求性並非充分），可能只是買錯了而已，但是，持續買錯卻不改其志的作為（在其他生活層面人很少這樣），說明其背後有某種應然性的認知，有某種價值信念確確實實存在且深植人心，從而不感覺異常，乃至於有某種身分性的自覺，讓此一平靜不波的行為接近於一個讀者的「高貴的義務」。

商業市場的真正通則是，一種成熟而且充分競爭的商品，一般留下來的不會超出三到五種；或者說，品質和數量多寡取決於集體性和個人性的比例交換關係，其前提是得到達、滿足必要的最低限商業規模，最低限的商業規模是一個乘積的常數，計算公式很簡單就是價格×數量，因此，所謂多樣化但少量的商品，一般得是昂貴的稀有的，非常非常昂貴因此稀有，乃至於策略性的、控制性的稀有（甚至銘印上編號或您的尊姓大名，製造出全球只你一個人獨有的假象），好瞄準那百分之一到百分之五、誇富的、錢多到不知如何是好、用了也不會變少、不誇富還有什麼事可做的所謂頂級尊榮級顧客。你稍微注意過哈利溫斯頓珠寶的門市嗎（用門市來說它真是不敬）？寬敞、明亮、典雅、清涼、安寧，有點像《阿彌陀經》描繪的那樣，我猜極可能永遠不會發生顧客多於店員的景況（中國崛起之後有改變嗎？），也不需要，順利支撐這個門市並不需要一天完成一筆交易，但有一天賣不了一本書還活著的書店和其老闆一家嗎？書籍多樣少量卻又廉價，所謂廉價有各種換算法（比方兩碗牛肉麵等於一本書云云），我較喜歡的是，一個了不起的、如人類禮物和祝福的思維者書寫者，他一生如焚燒自己結晶下來的全部成果，我們大概幾千塊台幣、也就是一雙球鞋的價錢就可買齊。

這是我熟知而且熱愛的一個世界。

2016-2010=6，六年過去了，但也才六年不到，這一奇蹟還無恙嗎？是何種模樣？——六年後，我們來追蹤一下。

從兩千到五百，死亡之書

台灣的書籍出版景況持續的、定向的衰退，跟全世界各地一模一樣，惟近年來有稍微加快的既成事實跡象，如同不再抗拒或承認抗拒無效了——也就是，其實並未發生什麼具體可說的災變，也就難以或說沒什麼理由進行救援，整個是結構性的，問題根由在遠大於書籍出版的外頭大世界裡，這一切遂如流水般進行，從「萬山不許一溪奔」，終究來到了「前頭山腳盡」，過了這個點，這道溪水便堂堂的、順暢的不回頭而去了。注入到哪條大河、哪片汪洋呢？

要產業性的憂心、討論台灣的夕暉似書籍出版遠景也行，但這不太是我這個已退休編輯的職責和關懷，我只掛念那一堆如老朋友般的兩千本之書，我以為追問這個比較重要——現況簡單明白易懂，銷量下滑是全面反映的，是書這個古老東西的蒼老弱化，而不是書種的橫向轉移消長（也發生，如二〇一五奇妙熱賣的著色書，彷彿大家一起回轉幼稚園無憂歲月，但其效應被更巨大的整體衰退覆蓋住了、吃掉了）。所以，原本估計可賣十萬冊的跌成二萬冊左右；如今，六千本以上就有資格稱之為暢銷書；兩千本之書則個個消瘦到五百頂多一千，大致如此，六年不到時光。

其實，二〇一〇年我提出兩千本的奇蹟這個話題當時，我自己心裡清楚，也因此才選擇這個話題，所謂的兩千本之書當時已岌岌可危了，已是站在沉船桅杆上發出的訊號。

暢銷書的下修和兩千本之書的萎縮，兩者意義大大不同，實際命運也大大不同——前者的衝擊集中於產業面，書本身沒事，仍舊是這個小世界的領頭之書，只是從牛頭變雞首罷了，其爭搶、出版毫不受影響，甚至更加熾烈非理性。兩千本書跌到五百則不是營業損失而已，兩千本同時是一個供需的臨界點，一個出版成立與否的下限數字，講白了，就是這堆書從此不能出版了，就商業法則而言沒有資格出版了，人的這部分思維成果（在台灣）再無法依循書之路進到世界，這是生與死的問題。

誰都曉得，內容品質最好、最富價值和意義的書，絕大部分都歸屬於這兩千本之書、沒頂消失之書——於此，從書籍來看，我們來到了一個後多樣的時代看來沒錯，連同其深刻性和價值。

有個很簡單很簡單的解救辦法，純粹從出版條件來想——荷蘭小孩也似的伸手堵住堤防破口、補上這消失掉的一千到一千五百本銷售損失，不就讓這堆沒頂之書又浮上台灣出版水面嗎？「我們」也認真計算過實際金額大小，老實說，出奇得少：一本定價四百元的書以六折實價入市是為二百四十元，乘以少掉的一千五百本，得出的缺口金額為二十五萬元台幣；也就是說，只要花兩千五百萬元，台灣每年就能「救出」一千種消逝的書，多划算多麼可行不是嗎？

「我們」，指的是三個台灣現役總編輯、發行人的老朋友，他們一起討論、構想此事。他們以為，要每年找到兩千五百萬元應該不難，仍然有幾個身家百億的企業鉅子聽得懂這些話；至不濟還可以就自己來，由他們三人、三家公司自掏腰包頂住——不是該由國家來做嗎？大家世故的不考慮這個，根據各式各樣國家補助案的實戰經驗，這一定很快「做壞掉」，一個光朗的構想兩下子就弄髒；最重要的是必然早早喪失了原意，回不到這嗷嗷待救的「五百本之書」身上，只單純成為不搶白不搶的搶錢行為，讓樣子已夠狼狽酸苦的台灣出版面貌變得更不好看而已。

乍看單純是金錢問題，但實際想下去做下去遠遠不只是金錢問題。有關長期執行的重重困難就不在這裡多說了——我印象較深的具體困難之一是，找誰？如何找到可靠可信的人（三個？五個？七個？），來逐年擔負一本一本書的審核工作，執行這樣累死人又必然引來一堆流言謾罵的工作？台灣這些年消逝最快、或說破壞得最有效率的便是「可信任的人」這個東西，最後一個名字可能是央行總裁彭淮南（所以他才成為萬用的「副總統人選」），連彭淮南都不可信，全台灣大概從此再無可信的公眾人物了。

還有，反覆把一千種書送進書店再回收究竟是什麼意思？是否只是刺激配送業、倉儲業和紙業？——可預期的，最恨此一拯救作業的必定是書店的可憐店員們，除非如陶侃搬磚那樣用來練身體練意志力；更可能發生的是，貼上被拯救的標籤，不就等於昭告全天下讀者，這是一批保證沉悶、保證不必買來看的書？這樣的事真的發生過，有好幾年時間，報紙年度十大好書的選取特別「學術」，由報社免費供應的貼紙又黏得幾乎撕不下來，出版社因此傷透腦筋，知道這是殊榮沒錯，但能不能別告訴別人？

真心高懸於這三位出版業不死老兵頭頂上不去的烏雲是——讀者少了，走過去了，且頂好想成不會再回來。

不再假裝、也應該不會回來的讀者

二〇一〇香港書展當時，我把這兩千本之書的讀者同心圓狀分解為三層——中心是正確的讀者；再一環是假裝的讀者，最外頭一圈則只是一些買錯書的讀者、誤會的讀者。

我最留意並懷抱希望的是假裝的讀者這一環。

「假裝」這詞，係來自於「久假而不歸，烏知其非有也」這一想法，白話來說就是，人假裝久了、裝了五年十年大半輩子，原來假的，也就像是、變成、等於真的了（但千萬別引伸入財富世界權勢世界，像台灣一度已成政治人物潛規則的公營行庫貸款，錢久借不還，好像這錢本來就是你的）——這乍聽輕微噁心，但其實就是人一個學習、自我提升的過程，幾乎是必要的必然的；假裝一詞也可以替換成模仿、模擬，一日復一日臨寫鍾繇或王獻之的字，一次又一次重複麥可・喬丹的後仰跳投動作云云。波赫士講，模仿某人那樣出聲朗讀一首詩，包含其全部語氣腔調和肢體俯仰，其實是嘗試著進入到他的感受方式裡，想得到和他相似的某個迷人體認，乃至於學著像他那樣子思考、那樣想事情，人想成為某個比當下這個自己更好些的人。

於是，一個正確的讀者同時也是個假裝的讀者，假裝之處正是他新的生長點，今天的假裝讀者，有一定比例就是明天的正確讀者——讀者是雜食的也是瞻望的，書的世界浩瀚多樣多重，總這裡那裡存留著某些更好的人，某個你還不熟悉的世界，以及更多你沒有但何妨一試的不一樣思考途徑、看世界的途徑。

二〇一〇的當時，我記得我也一併指出（指出這已夠明顯的真相並不難）——這批一直很穩定、如一代一代人頂上來的假裝的讀者正在減少，讀者世界的源源生態出現了斷點。長此以往，得想成是核心的正確讀者多流逝卻少補充，這一萎縮是連動的、幾乎是可以計算的。

二〇一六的今天，用我們這裡的話語來理解是，這也是一種聲譽現象及其消長——假裝、模擬，當然是（通過）聲譽的作用拉動的。人不再裝了，直接顯示出人不再聆聽、遵循這種種召喚；聽不見了，或不相信不再被吸引，也就是聲譽的消失或毀損。

書種的持續減少是基本事實，這很難讓我們輕鬆的解釋為只是某種新選擇、某種價值信念的橫向替換轉移；更何況，這裡明顯有著質的巨大落差，如果硬把一本著色書和一部《戰爭與和平》這樣偉大的作品放在同一平面，說成是單純的交換，那就是扯淡了。

從讀者到消費者

編輯有兩種屢屢不相容如雙面間諜的忠誠，他得同時服侍財富之神和聲譽之神；讀者一樣也兩種身分集於一身，就財富世界的供需位置他是顧客，一個高出於書（商品）的身分，而就聲譽世界的古老規矩他則是學徒，一個由最底處開始的謙卑身分——人在（實體）書店的經常性肢體姿態，巧合但不無巧妙的大致呼應著他的此一雙重身分，他總是俯視、隨手翻揀攤平熱賣的書，也仰起頭搜尋，伸手向書架上層的某一本書。

本來是這樣，但整個大世界繼續向財富面傾斜，必然的，也人性的，讀者也逐漸只留下顧客這個較舒服的身分，書店是所謂的一般零售業商家而不是某個「殿堂」，實際交易過程跟著如此變異。

實話實說，我自己最在意的是書籍世界的此一人心變異，幾乎是痛恨了——這個討厭的東西叫「消費者意識」，讓人放縱自己、誤以為自己可指指戳戳胡言亂語、還以為所有人時時處處計算侵犯你權益。當然，誰都曉得這本來有正當性而且必要，但很快就全面越界了濫用了，還迅速接上集體暴力（通過網路再方便不過），也許糟糕的正因為那一點正當性必要性，為人的自私和愚昧披上社會正義的外衣，成為某種正當的愚蠢和公義的自私（但有這種怪東西嗎？）。如今，這在各個較純粹商業交易行為的領域裡都是討厭的，遑論書籍世界，而且早有各自的固定稱謂，可見行之有年及其普遍性，比方在學校稱之為「怪獸家長」，在一般商家則叫「奧客」云云。這十幾年時間，我幾乎一天不缺席的在咖啡館工作且冷眼旁觀，「累積飛行時數」約三萬個小時，而且無利益、沒興趣、不參與，正是漢娜・鄂蘭所說最宜於看清事實真相的位置，我以為我有資格提出這樣一個人類學式的田野結論：我親眼所見從發生到結局的兩造糾紛，十次有九次半是顧客的問題，顧客無理找碴，或者因為自己沒搞清楚，或者只因為心情不好出門前和家人吵了一架，或者是他本來就以為自己可以這樣、他就是這種人——

咖啡館川流不居的工作人員，幾乎都是小女生，年紀二十上下，多半是工讀學生或才畢業，時薪一百元出頭，她們同年齡同班的朋友此刻可能正舒舒服服宅在家裡連自己杯子都不收不洗，很多人家裡有這樣的女兒。說說看，欺負她們究竟有哪一點社會公義可言？帶種的話以相同方式、相同話語對自己女兒也來一遍如何？

每天早晨，我花一百五十元（從七年前的一百元合理的緩步調升），得到一份頗豐盛的早午餐，兩杯咖啡（可續杯一次，但常常不止），一個書寫位置，五小時左右的工作時間，還有她們節制的、沉默的善意和侍候。我的家人若肯這樣，我樂意每天付五百元甚至更多並感動莫名（如今所有當人家父母的多會這樣）；我也跟一些對我工作狀態好奇的朋友解釋計算過，把這想成是每個月四千五百元租用一個辦公室寫字樓，還附管家和廚師（且食材由她辦理並全額支付），聽過的人都很驚奇原來如此划算——這一百五十元，我自始至終不認為還該多換取到什麼，我更不相信、打死都不信，只因為我付了這一百五十元，就讓我搖身成為事事正確、永遠正確、從心所欲連聖哲和基督教的神都做不到的人。是非善惡儘管時時處處辨識不易，但自有其嚴謹不奪的判準，權勢與財富，如果強權如蘇格拉底所說不該就是正義，使用金錢也一樣必定不就等於正義，還有比這個更明顯的道理嗎？

儘管絕對平等會破壞不少東西，平等的思維得有其邊界，但人是平等的，我以為這是人跟人各種複雜多重關係的唯一根基，唯一可能、或者說絕不容許退縮取消的最終底線。然而，作為一個讀者的時候，我會「明智」的讓自己（暫時）站在一個稍低的位置，當然不是毀棄此一原則，更不可能是對還收你錢的書店、出版社，其實也不盡然是針對書寫者本人（如中國人講君子有三畏之一的「畏聖人之言」，不是敬畏說話的人，而是他講出來的話語和道理），是因著書裡那些高遠的、本來就比你此刻所在高而遠的好東西。我自己從不喜歡（事實上不免感覺有點噁心）那種「在××面前，人必須學會曲膝低頭」的說法，不管這××填的是真理、正義、是非善惡云云；我甯可說這其實是自然的或說物理性的，不是曲膝而是抬起頭，你仍是直挺挺站著的，你看一棵大樹、一座山、一天星辰，不就自自然然是這個姿勢嗎？

把粗糙的平等用在這裡，不是道德錯誤，只是很不聰明而已，如同平視的目光會錯失所有高處的東西；若進一步用消費者自以為居高臨下的視角，那就是愚蠢了，這樣的人即便站到喜馬拉雅山前，能看到的也就是腳邊的亂石野草而已——這裡我說愚蠢不是罵人的話，而是一個中性、平實、求其精確的用詞。這樣做真的非常非常愚蠢。

二〇一五，侯孝賢的《刺客聶隱娘》在坎城得獎並首次在中國大陸院線上片，首映時，我因自已新書《眼前》的出版事宜人在北京（儘管半點不重要但順便說一下，網路這個造謠中心簡直把我和我的家人說成已長居中國大陸，連我們幾個愚蠢的友人都信以為真，其實我一年平均不到一次，一次約五到七天事畢即回，朱天心更少到三年才一次），評論一片叫好，但我其實很擔心票房不當的太好，進來太多錯誤的觀眾——電影遠比文學深植財富世界，好萊塢侍候觀眾的能耐登峰造極，以至於電影早已如昆德拉所說封閉了其他可能，電影觀眾的消費者身分極單一排他。台灣我不擔心，相關話題吵了已二十年，大致上人們已知道怎麼看（以及絕不看）侯孝賢的電影，上帝歸上帝凱撒歸凱撒，還學會記得帶個枕頭進場因為不免睡著；中國大陸的影視熱潮才起，卻已是全球最大單一市場，這一切來得又快又急又淺，像地理學所說的荒溪型之河，都不斷聽見金錢的各種撞擊聲音了，絕大多數人們因此只（來得及）看過「一種」電影，乃至於認定電影只此一種，打從魯米耶兄弟開始就是這樣。一旦不符合如此窄迫的觀影習慣觀影預期，人很容易覺得被騙了被占便宜，很容易被莫名激怒，很正當但愚蠢的憤怒，以及所有跟著而來很正當但品質愚蠢的發言。

我總會不斷想起耶穌赴死前在客西瑪林園裡那番「分別為聖」的談話（可想而知，好萊塢大片《達文西密碼》絕不會留意極可能正是耶穌一生最深沉觸動的這番話語；服侍消費者買書人的丹•布朗沒這腦子，也沒這個習慣）。是啊，能否把這分開來，相互憎惡也沒關係，只是讓那些對的以及假裝的觀眾好好看一部電影？——我當然曉得這不可能，愈來愈不可能了；而且電影比文學更不可能，電影的規格、成本太大太昂貴（可想成和書籍之比是三億對三十萬），它更難脫離財富世界的掌控，這是電影作為一種創作形式、思索形式較脆弱、少掉太多自由的地方。

大導演們如黑澤明最讚美乃至不勝歆羨侯孝賢的正是自由，久違了的、原來還能這麼拍電影的一點點自由（從文學書寫來看的確不太多），這多少是靠著侯孝賢本人的「魯莽」和不在意才堪堪存留——不在意什麼？侯孝賢確確實實是我一生少見最不在意名利的人之一，生活也一直過得如此簡單，這當然是同一件事。

仔細回想，我自己這大半生也不乏進入電視電影世界工作的各種機會，但我一秒鐘也沒動過這念頭，一直到今天，我仍覺得自己是明智的；還有福克納這個怪人，他一生不斷缺錢，解決的辦法是心不甘情不願去一趟當時已如金粉世界的好萊塢，負責編寫修改當時的冷硬偵探電影劇本（漢密特、錢德勒等），但福克納非常厲害，他賺到設定的有限金額，便掉頭回到自己的南方小說世界，絕不多停留一分鐘，我不曉得還有誰能做到這樣。

所有作品都得接受檢視批評，這是聲譽最不容情到屆臨殘酷之處——還不是只一小段時日、一種思潮或意識形態判準。我們說真正的聲譽是在本人死後很久才堪堪完成，這意味著作品得經歷各個不同時代，各種不同現實情境，通過各種思維和視角，所以，一個書寫者創作者頂好先相信並做好心理準備，自己所犯的每一處可能錯誤，想錯的、記錯的、寫錯的包括筆誤、心存詭計僥倖的、情感情緒失控的，乃至於只是校對印刷失誤，每一個都躲不掉，都會在漫長時間大河中被某人看出來。除非是那些只配被遺忘的、消費物件也似的、所以也就無所謂的作品。

但不是這種消費者意見，這種「只因為我買了一張電影票」的批評方式、這種不爽——這真的有點悲哀，就因為一張電影票？能不能就退錢給你呢？

一直到今天，日本的飯店旅館仍可分為兩種，儘管另一種已漸漸稀少在財富世界如花凋零——我要講的是某些通常一泊二食的傳統和式旅館。和後來的飯店營運方式不同，這種旅館不是以設法滿足顧客的一切可能需求為原則，而是倒過來，是我們拿出來我們認為最適合的、能力可及最好的東西和安排，你選擇這個旅館，代表你接受我們這樣的款待方式，也許不同於甚至冒犯了你的某個習慣，但要不要安心下來、沉靜下來好好體味我們為你認真準備的這一切呢？我們在百年來接待一個一個客人的時間裡習得並不斷調整的這一切？京都著名的俵屋旅館，甚至會婉言提醒你不必住宿超過三天，三天是我們完整的一個接待循環、一趟旅程，超過三天就是又重複了，你不划算，我們也不心安。

這裡面，隱藏著一個措詞溫和但不屈不讓的專業思維，包括著這幾句沒說出口的話——有更多的好東西不在你既有的習慣裡，遠遠超過了你已知的和已習慣的。

追著書的腳印

在編輯生涯後期，我說過不止一次，我有意的少進書店，不看各種量的或質的排行書單（往往，質的排行榜讓我更難受），並對書的銷售數字保持大略知道即可。如卡爾維諾講的，避免直接瞪視已宛如蛇髮女妖梅杜莎的現實世界，柏修斯砍得了她的頭是通過青銅盾牌的折射才得以不被石化；也像日本高段圍碁手愛講的，這麼做是為著培養接下來的戰鬥勇氣。

然而退休後這幾年，我反倒刻意的、尋找的看各種書單，這一如昔日需要很多精神上、心志上的耐力，但強迫自己非如此無法看清某些事實真相，有捨此無由的味道。

我們講過，人發明了貨幣這東西，便成功讓財富取得穿越空間和時間的能耐，因此，像推理小說裡的偵探常做的，追著錢的線索跑，往往最快通往隱藏的謀殺真相和犯人；聲譽非得穿過漫長時間不可，能讓這個本來只是光和影的稍縱即逝東西不散失不消退，我以為靠的就是書，書的行進軌跡（而不是哪本特定的書），記錄著聲譽的變動消長，我得追著書的線索跑。

來看這一紙書單，並猜猜看它是什麼——

1. 噩盡島　莫仁著

2. 哈利波特　羅琳著
3. 日月當空　黃易著
4. 淘寶筆記　打眼著
5. 奇峰異石傳　鄭丰著
6. 解憂雜貨店　東野圭吾著
7. 天觀雙俠　鄭丰著
8. 刑名師爺　沐軼著
9. 大唐雙龍傳　黃易著
10. 錦衣夜行　月關著

這乍看何其熟悉（不是熟悉這幾本書和其作者，而是此一圖像），尤其是曾經普遍買不大起書的我們這代人，極可能夜深忽夢少年事的甜蜜斷言：這一定是那種一本兩塊錢一天的街巷租書店排行是吧？其實也差不多對了，只是如今其來頭要堂皇許多，這是台灣公共圖書館二〇一三年借閱排行榜前十大——二〇一三絲毫沒特殊性，我只是順手抄下，二〇一四、一五也都長這樣子，從而沒理由說二〇一六以後會是另一種樣子，事實上，二〇一五的書單不算更糟但更荒唐，前十五名是十四本東野圭吾加那本文字都寫不通的《格雷的五十道陰影》。

我們可能恍然大悟，原來記憶裡的武俠小說言情小說租書店，如今移往公共圖書館了。

只是，這紙書單絕非孤立現象，它只是比較特別比較好玩罷了，它有整體的代表性及其說明力量（比方台灣最大樣本數的博客來網路書店排行也一樣，只是沒這麼「露骨」而已），這和其他書單相容而且行動一致——如果我們稍微完整的搜集比方近五年以來台灣的各式書單，很容易從中浮出來一個再清晰不過的主圖像或說軌跡：這很像一個集體行動隊伍，正同步走向同一個地方。目標所指之地，依我們的不同關懷或可稱之為通俗，稱之為時尚流行，稱之為消耗性商品，稱之為享樂云云，這裡，我稱之為「當下」，以及「遺忘」。

質的排行榜也持續如此呼應，愈來愈接近臉書的集體相挺按讚，時間感極窄迫，與其說是鑑別，不如說是反應，底下縱橫交錯著種種本來不該屬於這裡的即時性欲望、恩怨情仇和策略——沒有評論，只有交際應酬。

老實說，中國大陸的書單還好，還好相當不少，甚至仍四處看得到但丁《神曲》乃至於康德《純粹理性批判》這些我以為最冷最不可能的書。這是個才部分釋放開自己的社會，累積了一堆空白一堆功課待補的追趕中社會，也是一個事事方興未艾、有大問題可想且非想不可的社會，但前方路途遙遙啊——我很容易看懂這個，只因為台灣也才這樣，佐以相近似的書單和閱讀，曾幾何時。也因此，我並不以為這可長期駐留，也一直說著在地人們不愛聽的話：我以為這一切會（或正在）快速崩落，這些書會一本一本從書單上消失，很快且不斷加速，只因為當前世界的行進腳步遠比我們二三十年前快多了；此外，我也看不出來這個社會有足夠多的人意圖抵抗這個、有足夠堅強的理由抵抗這個，我看到較普遍的是人撒錢也似而且洋洋自得的購買力及其權益意識。

我有一個最簡單但絕對正確無誤的算術，是我當編輯的日子裡自然知道的——大體上，一個社會乃至於一整個世界，人們一定時間內的書寫成果、創作成果仍應該想成是均勻的，尤其足夠水準的好書，古老形態的手工行當，和現代工業技術和配備的改良關係不大，仍然得老老實實一字一句慢慢來，真正取決的只是人心智的速度這一項而已。因此，如果說一年時間能得出五本夠好的書，十年就是五十本，一百年就是五百本，硬得很；也因此，之前很長一段編輯生涯，我總覺得書是出不完的，心急如焚，永遠在追趕，並時時不耐煩出版作業的處處沉重遲緩，這樣要搞到哪天我們才能堪堪湊齊、相稱於人類世界的完整書寫成果？然而忽然有一天，你驀然發覺這個源源不絕的人類成果倉庫空掉了（只剩那些你想但不可能出版的又冷又硬之書），你原來已不知不覺跋涉過漫漫時間來到了當下，你不耐煩的換成是那幾個活著的一流書寫者，老兄能不能稍微寫快一點啊？

這個簡單的算術我也帶進我讀者的世界裡來，這麼做（我以為）當然是明智的、唯一正確的——一直到現在，我相當程度自然依此時間比例閱讀（你依書的內容本質選擇閱讀其實會自動符合這一比例），也許即時性的書仍略略偏高一些，算是我活於當下的必要代價，是我對當前世界的多一點關懷和理解方式，多少得忍受次一級的東西，好知道人們正想些什麼、想錯什麼云云。然而，書終究不同於一般大眾傳媒，書的真正價值和功能不在此，老實說，這世界真正有意思、有意義、值得一看一記的事也不會就只是一天生命而已，不必太害怕會錯失它。

波赫士多次公開承認，他幾乎不讀當下的書，我沒他這麼激烈或說放心，也絕不在這類得失寸心自知、損失不起的事情上擺出某種抗爭的姿態，這種事沒有策略使用空間。我只是牢記我的好書生產公式，不願急於抓取那五本當下好書，失去另外那四十五本、四百九十五本、四千九百九十五本，如此而已——我少讀當下的書係基於這樣的信心，讓時間可以好好發揮它水流自清般的沉澱滌洗效應，你耐心等它一下，折戟沉沙鐵未銷，它會洗出那五本書的名字來，我以為這麼做是恰當的、極理性考量的。

時間就是流逝，不是人真可擊敗的，我們再珍視不捨的所有東西最終仍會消亡，不管你把它藏放在哪裡、哪種裝置裡。漫漫長日，以書為業的人甚至如此想過、追究過，現代用來印書的工業生產用紙究竟多長時間會自然分解，乃至於過去人們的手工紙、羊皮卷、竹簡木簡、紙莎草、泥版云云各自能挨多久？沒記錯的話，安博托・艾可便這麼詢問過（校稿階段，傳來他病逝的消息，又少一個了，願他安息，但你我都知道，他這個人不會好好安息的），當然這無關宏旨，書可以再印再版，問題從來就不在於技術層面。

但老實說，人從不真的需要無限長的時間，這毋寧更接近一種必要的意識和概念，好讓我們得以順利的想事情；赫爾岑說的比較對，有意義的目標不能太遠，必須稍微近一點。書籍，之於人類有意義長度的時間流逝消蝕，仍有相當的抵抗能耐補救能耐，也因此發明和使用。某種意義來說，它的形態正是種籽，能挨相當時間，據說古埃及出土的一顆蓮籽仍能發芽生長，跨越沉睡的五千年整整，只是我們要不要這樣想事情？賭這種機會機率？或者說，那是不是也就該奮力留存一些必要的種籽？

朱天心的如此四句對話，我以為是當代經典級別的，牢記於胸。這是她一次獲邀到北一女講話時發生的。校友關係不好拒絕，說話對象又嚴選過是學校文科資優班學生，這直接可以就想成，台灣最好的一批文學談話的年輕聆聽者齊聚於此，難以更好了。會後是更直接真實的交談問答，學生們請朱天心開文學閱讀書單，朱天心和我一樣是不大會也不願意開書單的人，惟盛情難卻，考慮到她們年紀以及當前台灣的空氣成分，朱天心刻意選較好看、較易入口的——

「可以考慮張愛玲。」

「她不是死了嗎？」
「那白先勇。」
「可是他那麼老。」

可是他們都死了啊

小說家馮內果曾說起他這麼一位友人，大概是大家閑聊各自身後的事，很奇怪這傢伙對自己妻女完全不在意絲毫不掛心，但他辯解道：「可是我已經死了不是嗎？」他看著所有人又說了一次：「我死了啊。」

其實我們聽得懂他說什麼，他的意思大致是，我不是不關心她們，而是屆時我已關心不起她們了，甚至說，根本已經不存在關心不關心這種東西了，我沒有了。

可是我已經死了不是嗎？——這也是我看這一張一張書單總不斷會想的事，這裡頭驅之不去藏著一種異常的荒謬，人從生到死、並提前意識到死亡的一個無解的荒謬，人留下來的是作品而不是他這個人，作品（海明威所說如果幸運的話）自己往前走，書寫者本人能依附其上的真的並不多，而且往往充滿著種種誤解、疏漏以及不在意，讀書的虔敬讀者甚少以相稱於投注於書的心力同等對待寫書的人，甚至不知道不確定他是誰都無妨，有一派當代的讀者思維（其實是一群美國學院蛋頭）還振振其詞辯稱根本不必意識到原作者，他是誰、想什麼，以及寫這本書的意念意圖為何半點不重要，我們只看到作品，並且有權利以各種方式閱讀、詮釋、肢解作品，他們稱自己為享樂派。

在此同時，這個作品所贏取的全部榮光以及絕大部分利益，都再回不到原書寫者身上了，他死了啊（伯恩公約的著作權法修訂過，原著作者權利死後再保留五十年，此期間發生的利益交給他的繼承人，五十年後則歸於公共所有云云。我們要不要也考慮在財富世界這麼做？富人遺留下來的貨幣到五十年後這一天全數自動銷毀，技術上有點難但並非做不到），極端點的例子比方文生・梵谷，如今他一幅畫動輒幾十個億，但拿走錢的都是些誰呢？梵谷生前是賣過一幅畫，得款五十法郎，他死後才瘋狂飆升（尤其近年，是相當純粹的貨幣現象）的畫價，其實只產生一個聲譽逆向效應，那就是讓梵谷變得庸俗難受難言，不再是一個孤寂受苦的人，法國南方如同能燒熔人腦子的暴烈陽光，如今更像是金錢的光與熱，他的畫只是一種金融商品，交換於財富世界裡，他的聲譽不升反降，我們錯覺已抵償了他，但真的沒有。

因此，聲譽作為一個特殊報稱系統，抵償人無以其他回報的生命燃燒並以勵來者云云，實際上一直是大有疑問的。這一點，我自己倒是很樂意把它從原作者分離出來，不怎麼及於他、關他的事，而只是我們現世的一個特別註記，一個指引，帶著我們循此找到好的東西、好的書，如此而已。如果我們覺得不需要了，或不在意，放由充滿各種盲點以各式操作詭計的當下聲名來污損它替代它，那也就是這樣了，是我們自己的事，「咱們有罪各自承擔」。

沒看錯的話，台灣正進入一個新階段的沽名釣譽期，這是臉書使用成熟的效應——我總會想起一位新結識的郁姓友人講的，人也許沒是非心了，但總該還有羞恥心吧？

聲譽的脆弱性可疑性，這不會正好到今天我們才知道，我於是總回頭去想：人究竟為何而寫？靠著什麼支撐他知道絕大比例成果一定有去無回的忘情書寫？他想幹什麼？是何種東西一直驅動著他呢？尤其，我們通常以為（現在慢慢不會了）這些都是人類世界每一時代最聰明絕頂的人，我們甚至稱他們為天才、上天禮物、星辰下凡、神靈降附於他身上云云，如果他們真如此聰明（作品成果在在證實他們是），但做著這麼誰都曉得並不很聰明的事（其智可及、其愚不可及嗎？）還往往一輩子不改不悔，那就有趣了。

漢娜・鄂蘭這個質疑人死後聲譽的了不起女子，當然也是個了不起的、罵名不去、毀譽集於一身的一輩子書寫者，她在書寫的末端年歲也一貫的這麼講自己：「每一次你書寫了什麼東西把它散播到世界裡，它就成了公共的東西了。每個人顯然都可以任意處置它，的確也應該如此。我沒什麼要抗議的。不管你自己的思考遭受什麼樣的待遇，你都不該插手，你應該試著從別人如何對待它而得到一些啟發。」

本來就不倚賴聲譽報償的書寫

對於未來，人相信什麼這多少包含著選擇，未來沒發生無從證實也可以抵賴，這給予了我們相當的選擇餘地，而人類一代代、一個一個人的反覆不同猜想和期望，也已構成一大張清單提供我們挑揀，勇敢些或虛無些、開朗些或悲苦些、不可測個人些或生物性集體些，等等。福克納領諾貝爾獎時不帶任何理由（也有點扞格於他的小說內容）說的是，他拒絕相信末日，他也不信人的聲音哪天會孤寂空洞，如同只是某種無人海岸的潮水聲音，他選擇相信人類所做到的這一切不僅有意義，而且有著源源不斷的現實作用，用他的話來說是「人必將獲勝」；李維—史陀則不抗拒科學基本認知的說，人會死，宇宙會有終結，到那一天，我們所有的東西都不會留下來（當然包括聲譽、尤其是聲譽），人必須而且敢於正視這個，並且在這樣的意識底下繼續生活工作。

福克納的斷言比較好懂，也不能多說些什麼，除了講但願如此。李維—史陀的比較麻煩難受卻有趣，但把這快快想成是李太白式的行樂及時、所以只有當下是真的云云，那是最糟糕（不管糟糕的是腦子還是心性）的一種聽話方式。李維—史陀是不懈的工作者，他的神話學恢宏建構可半點也不當下不享樂，或正確的說，絕對不是你們說的那種「當下」和「享樂」，而且，他講這番話正是回應人們對他大半生人類學華美成就的讚譽和好奇。然而我們說，李維-史陀確實以如此踏實但奇妙的時間意識讓一切回歸到當下，回轉到人此時此刻的工作位置上，藉著未來的截斷和自此歸於虛無，讓時間有了盡頭，個人時間有限，就連薪盡火傳的人類全體時間都是有限的，人不用胡思亂想，種種只會紊亂人心思和工作的東西皆該放下；如此，未來彷彿成了當下，但不是取消、限縮回薄薄的一層，而是把當下延伸、推遠到那一時間消失點，一種有奇妙厚度的當下；人失去了永恆，卻掌握住更多時間。

這樣，意義、價值的確遭到一記重擊，彷彿喪失了最終保證，宗教性的保證——但我們也（被逼著）可以開始想，意義、價值為什麼非得不朽不滅才算成立？它們真的這麼單調、這麼脆弱嗎？而且它們一定得這麼巨大才行嗎？

我自己一直比較喜歡葛林於此的想法，小說家總是抓得住更具體實在的東西。《一個燒毀的痲瘋病例》書裡，柯林醫生對喪失了生命意義感、亡魂也似飄到剛果叢林來的世界級大建築師奎理（正是個看透了、噁心於聲名的人）講，你找錯地方了，也許你把要找的東西想成太大、太亮了。

我以為，李維-史陀講出了一個工作者的時間感（相較起來，福克納站在諾貝爾獎舞台頂端，像是代表「人類」發言，有點虛張聲勢，至少有些配合著此一身分期待的成分）。對一個日復一日的工作者而言，未來不是也無法只是一個空洞的、可任意裝填內容的詞，依循著工作的進行，未來毋甯較像是「接下來會發生的事」，是人此時此刻的延續、實現及其變化。

書寫是一個工作，不是胡思亂想，人當然會忍不住時時胡思亂想，可一旦進入到書寫，便只能夠留下確確實實的部分，可轉為確確實實的思維、真正能想得下去的部分。因此，「未來」很難是書寫的真正目標，我們人不站在那裡，缺乏書寫絕不可少的稠密度。不同作品內容裡程度不等的未來成分，我這麼想，之所以必要、必有，只因為當下是進行中的，每一個你此時此刻看著的、想著的東西通常是未完成的，都還不是它已靜止、完整的模樣，就像《易經》在第六十三卦的既濟（已完成）之後以第六十四卦的未濟（仍未完成）終結（孔子因此斷言，《易經》作者必定是個經歷著憂患、持續想事情的人）。人想要較完整的說清楚任一個當下都得加進一定長度的未來，書寫者甚至得提前「偷渡」進未來，站到未來的某一個點來回看當下，為著描述它、說明它，以及能夠的話，證實它或有效的駁斥它。

我們也不難自己歸結出來，未來成分增多，往往等比例的意味著書寫者對當下某事某現狀的反對和試圖糾正，乃至於是賭氣了，所謂藏諸名山等候風雨，大家走著瞧吧，看是誰對。

我要說的正是，書寫的真正核心關懷一定是當下，只能是當下，一種不截斷它時間來歷和它未來去向因此才可解的當下，一種其然也包含著其所以然的有厚度當下；人的當下，而不是生物意義的當下——說到底，人真正能想的、寫的也只有這個，這是人僅有的工作位置。

當然，我們是在某個層面以上講這些話，我們說的只限於那些夠好、夠認真的書寫者——漢娜・鄂蘭常說人是完全不可測的，這是她最終仍能夠開朗面向著人類未來的真正理由；但更多時候，我以為最不可測的不是人的明智而是人的愚蠢。人即便最華麗看似不可思議的想像力（比方達文西、費里尼這兩個相隔幾世紀的義大利人）都是有所本也有線索的，但人愚蠢起來可以跟任何可依循的因果邏輯完全脫鉤，可以好像不知道伸手到火裡會燙傷會痛不欲生也似的，沒來由、沒徵兆、沒好處、沒底。

聲譽，作為一個大報稱系統的始終不完善以及如今愈來愈不可能，這有不好的影響嗎？短期來說我以為還好——除了看著難受一些、心思不免寥落一些（是的，人就算不在乎是非善惡，總該有羞恥心吧），我倒不認為這會根本動搖那些真正夠好、夠認真的現役書寫者。說到底，我們在意的，乃至於真正用來丈量每一階段時間書寫成就的，也就是那幾支頂尖之筆的成果而已。我信賴的不是他們人格心性部分，他們也和一般人一樣受著各種誘引，也仍然有其生命的韌度極限；我真正信任的是這個工作和人的基本關係，這在足夠長的書寫日復一日時間裡，必然已生成為某種綿密的、糾結盤纏的「絆」，其中有情非得已可抱怨的部分（「他媽的我當時怎麼選了這條路」云云），但也的確有一堆會心的、充實的、還真難捨還真不換的東西，像是書寫本身給人的回報，一種隱藏的也延遲的真正報稱系統，一種難以言喻的生命歸屬感甚或波赫士所講的「幸福」。如果我們說現在才想改行已來不及了，這是玩笑話或者嘲笑，可也一定程度是正經的、嚴肅的，這裡沒僥倖的餘地，你心知肚明換一條路從頭來過絕對來不及走到這裡、這種程度，認真想下去，你不會想換的，你捨不得。

事實上，短期之內我們甚至可預期有著「反彈」，書寫者感覺有事發生甚至感覺有危險、被侵犯——人類世界諸多動人的、勇敢的、平穩日子裡不容易發生的作品正是這麼寫出來的。族繁不及備載，像海明威在他生命裡第一個聲譽谷底生氣的寫出《老人與海》，幾乎是一揮而成宛如神助；我近日裡聽到的是台灣小說家林俊頴，他的生氣則比較是義憤（一個消失中的好東西），以至於這個名利之心一直極淡漠不爭的書寫者決定提前開筆，有某個異乎尋常的驅動力量，寫起來也遠比他預期的要快要順手，這部名為《猛暑》的新小說，我非常非常期待。

惟長期呢？長期來說的確會有不好的影響，在書寫本身還沒足夠時間「抓住」新書寫者的情況下，華歆多管寧少，書寫現實圖像應該會緩緩變異成這樣子——在當前財富以權勢和聲譽為羽翼所統治的世界裡，我們總會一直注意到像好萊塢、像日本動漫界通俗小說界有著微光狀閃閃發亮的很厲害東西，眾裡藏它不住消滅不了，我以為我完全知道這從何而來。我相信，這是那些原來可以成為一流書寫者創作者的人做出來的，只是他們提前走上了人多那條路。

就像NBA籃球那些天賦異稟的頂尖球員，換一種人生，他們在賺錢較少的賽跑、跳高跳遠、三鐵乃至於其他種球類競技，原來也可以是最好的。

最終，書寫者該過什麼樣的日子？

本來，接下來該進一步談的是書寫的公共性，好較周全回答書寫的內在驅動之力此一詢問，在聲譽召喚力日漸可疑並只會再微弱下去的現實情況下。但我試了一下決定算了（廢去了五張成稿）——我猜想，那些夠好的書寫者不會樂意我這麼說話，這總是太像為書寫一事「請命」了。好的書寫者總多出來一些硬頸的成分，他受不了這個乃至感覺反胃，「拜託你們讓我也盡點力、讓我有機會為大家服務」云云，這是只有候選人才說得出口的奇妙話語。世與我而相違，我相信書寫者甯可說書寫是單純的個人之事，這一切只是個人的選擇和堅持，完畢。

書寫最根柢處當然是公共的，書是公共的形式，語言文字也都是公共意義的——如果這個世界真的完全喪失此一可能，書寫者最終仍有一個拒絕再說再寫的選項，如相傳當年騎著牛瀟灑出關、完全回歸成他一人的智者老子。

所以，我們轉為具體的來想這個小問題，時不時有人提起來的——書寫者該過什麼樣的日子才對？好一些、還是糟糕一些？

如今收在《番石榴飄香》這本很好看的種種書寫真相揭示之書裡頭——賈西亞·馬奎茲講他對

書寫環境的尋求和依賴，很多更像只是個人的習慣和怪癖，如梭羅講的，換一個人不僅沒必要，可能連聽都沒聽過。當時，賈西亞・馬奎茲「回到」他墨西哥的住家，他說他要求屋內的溫度得暖一些（不是容易昏昏欲睡嗎？沒有那種清操厲冰雪的抖擻之感？），也講他對電動打字機的無法替代依賴、他近乎浪費的紙張消耗量；甚至，他發現自己對番石榴花香氣的奇妙需要，他怎麼也寫不順手的這部小說，始終呼之欲出就是少了一個非常非常重要的東西，原來就是空氣裡的番石榴花飄香……

少來了，我們太知道他的生平了，他是一個最沒辦法躲到他作品後頭的書寫者，他的聲譽神蹟般來得又急又大——在《百年孤寂》取得巨大當下聲譽和財富報償之前的長段書寫生涯裡，我們完全清楚比方他靠四下推銷百科全書乃至於人們善意接待的那段潦倒不成日子，當時他如何要求這些？哪裡能堅持哪個哪個是絕不能少的？就寫吧，像福克納說過的，最終書寫就是一支筆和一些紙，至於福克納同時也說的香菸和一點點酒，他自己都曉得那是他偷加進去的。

我也知道晚年宛如世界公民或文學共和國公民的納布可夫用以書寫的瑞士旅館細節種種（相對的，他不大提自己的流亡歲月，納布可夫正是最硬頸的書寫者，不是那種滿嘴怨言、成天怪罪異國世界對他不公的哭兮兮之人），納布可夫也講，這家以及這一帶旅館正是當年托爾斯泰等一干舊俄貴族書寫者的寓居之地，他們有機會就溜出冰封的俄羅斯，這裡有較溫暖也較多一點自由的空氣。

有些人更有這樣的文學好奇習慣，會一地一地的尋訪這些了不起書寫者的昔日故居，如狄更斯、如谷崎潤一郎等等，好像有些書寫的奧祕以及作品的線索收藏在這裡，也確實多多少少真的如此——書寫的實際環境高高低低、幸與不幸不一。但大體上我們仍可以歸結出來：一、早年一個成功寫出來（沒成功之前就不確定了）的書寫者，所過的日子的確好一些乃至於好不少，相對於彼時人們的一般生活水平，這不囉嗦直接顯示，普世的來說，書寫者的現實社會地位和經濟力是在往下調降中沒錯；二、老實說，作品的成就，完全看不出來和其生活高下好壞有什麼聯繫。

書寫者跟一般人一樣，渴望也有權要求過更好的生活，以至於從他們自己的發言裡，我們並不容易分離出來，哪些是書寫的、哪些其實是一般生活的；還有，年齡也是另一個變動要素，如《禮記》時代就知道的，人在不同年紀對生命條件有不一樣的需求及其承受力，尋常的四季流轉氣溫變化，年輕時可不當回事還覺得好玩，到一定年歲就曉得那是生命持續存活的一次又一次考驗，身體裡某處、某個東西可能應聲斷掉。

安適的書寫環境讓書寫穩定、專注、心不旁騖，可以的話應該這樣，但有趣的是，書寫一事就是沒這麼簡單，尤其是文學書寫——太過安適乃至於高出於當代人一大截的生活方式，對一個數學家、物理學家也許是純粹的好事，但對一個文學書寫者我們便不得不去留意其侷限，這也正是普希金、托爾斯泰等人的驚覺。普希金看到了寫烏克蘭民間生活的果戈里，托爾斯泰看到了貧窮還身背上一代債務的契訶夫，他們寫出了普希金、托爾斯泰完全寫不來的東西，當然不是文學書寫技藝，而是他們所在、所生活並瞭若指掌的那個更大世界。

這是文學書寫的基本事實，文學史的ＡＢＣ，書寫者的社會位置往下調降，最終徹底離開宮廷取得（或被迫成為）獨立身分散落於一般社會之中，書寫的範疇卻也因此亦步亦趨的不斷擴大，及於一般人，及於邊緣人，及於那一個又一個被忽視、被遺棄、被欺負被侮辱的人；書寫者生活於哪裡，那一個世界才打開來、進入到我們眼中。

從另一面看，冷血一點，這樣的玩笑話因此也是對的——書寫者過得太好，文學可能就不太好了；書寫者有辦法，文學書寫就沒辦法了。

我自己相信，真正的關鍵、接近於唯一的需求，正在於書寫的專注、心不旁鶩，這的確是個需要極高純度專注、且長時間持續專注的困難幽微工作，以至於人很難同時真正追逐另外一個目標（當然，應付一般生活可以不是問題，書寫者可別拿這個做張做致起來），像馬克斯·韋伯勸戒我們的那樣，你得認準這個生命中唯一的魔神，並專心侍奉祂一個。因此，書寫者有限度的境遇好壞甯可只是命運問題，基本上取決於他活在哪個時代、哪種社會，乃至於個別的來說，被拋擲在哪一家庭，他所剩餘為數已不多的心力智力（倒還不見得是時間），通常不足以改變此一命運的基本設定，也不用於改變它（真覺得好生活名流生活重要，就換個工作換個神吧）。所以，這不是背反決裂，而是人合理的、沉靜的一種自我價值排序，是人可以做的選擇：我要寫得更好，這先於我想生活得更好。

我們說過這個，人可見未來的經濟麻煩仍發生在生存線之上而非之下，在這樣一個後文學後書寫的年代，聲譽無能且不斷變質，書寫領域的下滑速度也一定快過、大過平均值。我建議，以書寫為志業的人可以自己稍微想一下整理一下，從心志到實際生活到和世界的關係設定，認真、嚴謹、朝向遠方的書寫仍是做得到的——真正到了完全不行的那一天，我們再一起來談（或大聲厲聲疾呼）書寫的公共意義和公共價值，談書寫對世界、對社會、對每個人的未來何等重要不可或缺，談書寫理當索取的報償該得到社會多少物質支援財富支援等等。在這之前，我們仍然沉靜、專心的、好好的寫吧。

亞洲，尤其東亞這幾個傾向於單一價值選擇（比方相對於西歐）、較典型經濟人式的社會，缺少蛛絲網般複雜多樣價值信念的纏繞黏著攔阻，其相對下滑程度最為劇烈，這是我們當下的處境，台灣如此，日本也如此，這應該想成是全球較極端的特例呢？還是應該想成整個世界的領先指標？於此，中國大陸的現況是個例外，截至目前為止，中國大陸的書寫者極可能就是全世界物質待遇最好的，記憶裡，台灣半世紀以來從未曾有過如此光景，日本有過，差不多到三島由紀夫為止，那是書寫者的華美年代，稍微像回事的作家都過著人上人的生活。

二〇一三年冬天，我因《盡頭》一書的出版去了趟北京，有一場和大陸的八〇後年輕作家的談話。我不認為中國大陸的如此書寫好景會久留，我更相信這十三億五的大書籍市場正走向M型化，快速的往通俗傾斜，這是結構性的，是全球資本主義的統治邏輯。我由此擔心這批年輕書寫者恰好處於一種較困難、較尷尬的轉換時刻，他們容易殘留著過度美好的記憶和期待如失樂園，讓自己只不斷感覺失意、沮喪、難以輕快的進入到一步步沉重起來的現實（得想辦法讓自己從身體到心智都輕快起來才行，如卡爾維諾以穿著飛鞋的柏修斯為例，這正是他的第一個叮嚀）。我活過比他們長的時間，留意過一個個社會參差迂迴但終歸趨同的此一現實進展，以為有必要提醒他們一些事——我選了一個聽起來不會舒服的題目，大致是「中國大陸當前書寫的三個奢侈」：書寫題材的奢侈，書寫者聲譽的奢侈（包括國內和國外），還有當然是書寫物質報酬的奢侈。奢侈，意思是多於、高於「正常」，也就是不容易久留、可一直這樣的東西，奢侈的最無可逃遁的危險正是成為一個習慣；這本來是好運，乃至於禮物，但一不小心就會轉成陷阱、轉為詛咒。

大概因此遭天譴了吧，當天下午談話才結束，我就因胃出血送醫，花了兩整天考察了北京的醫療現狀，並很不禮貌的取消了南下廣州深圳的原行程，直到現在，我還不知道廣州深圳真長什麼樣子。

現在是二〇一六年二月一日早晨，剛剛發生最有趣的事情是，台北市幾天前下了雪，還有就是日本央行破天荒宣布「負利率」，比零更進一步，往後各銀行得付日本央行貨幣保管費了，如同回到銀行歷史的最從前。當然，這仍是為著把貨幣趕出來，讓日本錢淹腳目，再重重一次刺激消費。所謂「不完整復甦」的說法並不準確，還有點逃避事實真相的味道，真正的問題是，有效需求結構性的、長期性的不足。

來讀波赫士的這首詩，詩的名字就叫〈詩兩首〉，其實是同一物的正反兩面，沒讀錯的話，說的應該就是詩人、書寫者，乃至於波赫士他自己，他帶給這個世界的禮物和騷擾，他的欣喜和負咎，他的堅持和猶豫，他的晝和夜——

正面

你在睡著。這會兒醒了。
明燦的清晨帶來初始的憧憬。
你早已忘卻了維吉爾。那兒就是他的詩歌作品。
我為你帶來了許多東西。
希臘人的四大根基：土、水、火、氣。
一個女人的名字。

月亮的親和。
地圖的淡雅色澤。
具有陶冶淨化功能的忘卻。
挑挑揀揀並再次發現的記憶。
讓我們覺得自己不會死去的習慣。
標記捉摸不到的時光的錶盤和時針。
檀香的芬芳。
被我們不無虛榮稱之為形而上學的疑慮。
你的手期望抓取的手杖柄。
葡萄和蜂蜜的滋味。

反面

想起一個睡著的人
是一件普通而常見
卻又讓人內心震顫的事情。
想起一個睡著的人
就是將自己沒有晨昏的
光陰世界的無邊囚禁

強加給別人，
就是向其表明
自己是囿於一個將其公之於世的名字、
囿於往昔累積的人或物，
就是騷擾他的永恆，
就是讓他承受世紀和星辰的重負。
就是為歲月再造
一個往事難忘的乞丐，
就是褻瀆忘川的清流。

我這一趟關於聲譽（以及財富和權勢）的簡單思索，先暫停在這裡。

文學叢書 577

我有關聲譽、財富和權勢的簡單思索

作　　者　唐　諾
總 編 輯　初安民
責任編輯　陳健瑜
美術編輯　林麗華　陳淑美
校　　對　吳美滿　陳健瑜　唐　諾

發 行 人　張書銘
出　　版　INK 印刻文學生活雜誌出版股份有限公司
新北市中和區建一路249號8樓
電話：02-22281626
傳真：02-22281598
e-mail : ink.book@msa.hinet.net
網　　址　舒讀網http : //www.sudu.cc

法律顧問　巨鼎博達法律事務所
施竣中律師
總 代 理　成陽出版股份有限公司
電話：03-3589000（代表號）
傳真：03-3556521
郵政劃撥　19000691　印刻文學生活雜誌出版股份有限公司
印　　刷　海王印刷事業股份有限公司

港澳總經銷　泛華發行代理有限公司
地　　址　香港新界將軍澳工業邨駿昌街7號2樓
電　　話　(852) 2798 2220
傳　　真　(852) 2796 5471
網　　址　www.gccd.com.hk

出版日期　2018年10月　初版
ISBN　978-986-387-241-2

定價　370元

國家圖書館出版品預行編目資料

我有關聲譽、財富和權勢的簡單思索／唐諾 著 .--
-- 初版. -- 新北市：
INK印刻文學，2018.10
面；　公分. --（文學叢書；577）
ISBN 978-986-387-241-2（平裝）
1.言論集
078　107006499